【目　　次】

共通論題

共通論題①　経済安全保障による企業活動への影響と国際経済法

座長コメント………………………………………………梅島　修　1

経済安全保障による企業活動への影響と国際経済法…………風木　淳　9
　　──先端・重要技術に焦点を当てた考察

自由な貿易投資と経済安全保障の一体的実現に向けて………森田清隆　30

国際経済法秩序と経済安全保障……………………………阿部克則　42

共通論題②　経済規制法規の域外適用をめぐる新たな展開

座長コメント………………………………………………土田和博　61
　　──世界と日本の域外適用：「新しい常態」と特異態？

国境を跨ぐデジタルサービスの提供にかかる規制の
　　域外適用のあり方………………………………………林　秀弥　71

外国における特許発明の「譲渡等」と
　　その「申出」について…………………………………玉井克哉　90

米国輸出管理規則の域外適用及び中国の対抗立法に関する
　　考察………………………………………………………淀川詔子　125

経済規制の域外適用とグローバル・ガバナンス……………加藤紫帆　145

自由論題

気候変動対策としての炭素国境調整措置の意義と
　　WTO協定との両立性……………………………………早川　修　162

新たな投資紛争解決機関による判断の承認・執行 ………………… 田　村　侑　也　189
　　―― UNCITRAL 第 3 作業部会事務局による
　　　条文草案を手がかりに

ブロックチェーン技術の活用と競争法 …………………………… 渕　川　和　彦　206

文献紹介

Tomoko Ishikawa,
　Corporate Environmental Responsibility in Investor-State
　Dispute Settlement: The Unexhausted Potential
　of Current Mechanisms …………………………………………… 新　谷　里　美　225

Lukasz Gruszczynski and Joanne Scott,
　The WTO Agreement on Sanitary
　and Phytosanitary Measures: A Commentary,
　Second Edition ……………………………………………………… 内　記　香　子　229

Zoe Phillips Williams,
　The Political Economy of Investment Arbitration ………… 土　屋　志　穂　234

Sam Ricketson & Jane C. Ginsburg,
　International Copyright and Neighbouring Rights:
　The Berne Convention and Beyond, 3rd Edition …………… 佐　藤　恵　太　238

中野俊一郎
　『国際仲裁と国際私法』………………………………………………… 馮　　　　茜　242

Eric A. Posner,
　How Antitrust Failed Workers …………………………………… 宍　戸　　　聖　247

2023年貿易・投資紛争事例の概況

貿易紛争事例 ………………………………………………………………… 濱　田　太　郎　252
投資仲裁決定 ………………………………………………………………… 猪　瀬　貴　道　261

　編集後記 ……………………………………………………………………………………… 271

謝　辞

　維持会員の皆様には，日本国際経済法学会（本学会）の目的に賛同し，本学会の事業を支援していただいております。深く感謝し，ここに記して謝意を表します。

（五十音順・敬称略）

　　　　アンダーソン・毛利・友常法律事務所
　　　　大江橋法律事務所
　　　　TMI 総合法律事務所
　　　　長島・大野・常松法律事務所
　　　　21世紀政策研究所　事務局長　吉村隆
　　　　森・濱田松本法律事務所

共通論題① 経済安全保障による企業活動への影響と国際経済法

座長コメント

梅島　修

　Ⅰ　はじめに
　Ⅱ　WTO 規律による世界経済の発展
　Ⅲ　中国のプレゼンスと経済安全保障措置の拡大
　　1　経済的威圧の利用
　　2　中国の発展政策と西側諸国との衝突
　　3　経済安全保障措置の必然性
　Ⅳ　本シンポジウムについて
　Ⅴ　おわりに

Ⅰ　はじめに

　WTO は1995年の創設から30年近く経過し，加盟国も原76ヵ国から165ヵ国まで拡大した。[1)]その拡大により，GATT 時代の西側諸国の貿易ルールを世界の殆どすべての貿易に対して適用される規則，規律へと発展させ，それらの実効性を各種委員会，紛争解決機関を通じて確保する機関へと発展してきた。しかし，2010年代半ばから，WTO 体制を支えた加盟国間の経済力や政治力のバランスの変化が顕著となり，そこに地政学的な変化が加わり，その規範性，執行力に陰りが出てきた。その中で，経済安全保障のための措置と自由貿易との調和が重要な課題となってきている。我々は，今，世界貿易秩序の新たな岐路に立っている。

　本シンポジウムは，かかる状況において，「経済安全保障による企業活動への影響と国際経済法」と題し，経済産業省の風木淳氏，経済団体連合会の森田清隆氏，学習院大学の阿部克則教授からご議論いただいたものである。

Ⅱ　WTO 規律による世界経済の発展

　WTO は米国，EU（当時は EC），日本，カナダの 4 極による主導により成立

へと導かれたことに異論はないであろう。

　WTO成立後，途上国の発言力が拡大し，4極の指導力のみをもってしては新たなルール形成はままならないことが明確となってくる。2001年に立ち上げることができたドーハラウンドもインドの強い抵抗に直面した。2003年のカンクーン閣僚会議では，先進国の懸案事項であったシンガポール・イッシューが途上国の反対により交渉対象とならないことが明白となった。ドーハラウンド交渉は継続されたが，2006年7月には加盟国間の対立は危機的状況にあるとされ，2008年7月の閣僚会議においても，農業交渉における途上国と先進国間のモダリティ対立は解消されなかった。ついに2011年12月の第8回閣僚会議において，パスカル・ラミーWTO事務局長がドーハラウンド交渉が頓挫したと宣言するに至る。

　そのような状況においても，各国の努力によりWTOの多国間交渉の場としての役割は維持されてきた。例えば2013年，貿易円滑化協定が合意に達した。2015年には第2次情報技術協定（Information Technology Agreement: ITA）が合意され，協定参加国が譲許表を変更することにより実施された。これらの成功は，個別問題に絞った交渉によるWTOのルール形成機能は依然として有効であることを世界に示すことができた。

　しかし，その後，WTOの役割に陰りが出てくる。貿易円滑化協定は紆余曲折の末，2017年にようやく発効する一方，ITAに引き続いて2014年に開始された環境物品協定（Environment Goods Agreement: EGA）交渉は2017年，米国にトランプ政権が成立し頓挫する。

　これ以降，交渉は，単なる先進国と途上国の対立という従来の形ばかりでなく，国家体制の相違に由来する経済運営の考え方の対立が顕在化し，各国間の調整は困難を極めることとなる。

Ⅲ　中国のプレゼンスと経済安全保障措置の拡大

1　経済的威圧の利用

　トランプ大統領の登場した時期は，中国の経済的及び軍事的プレゼンスの拡大が明確となってきた時期でもある。このパワーバランスまた地政学的な変化

が，先進国を経済安全保障重視へと向かわせる。

　中国は，鄧小平主席による改革開放を推進し，韜光養晦を旨として尖閣諸島問題や南シナ海問題などを棚上げして西側諸国との融和を進めることで経済を発展させてきた。2001年にはWTO加盟を果たし，自由貿易原則を謳歌して，前年比10％を上回るGDP拡大を続けて世界貿易における存在を高めてきた。2008-09年の金融危機において9％台となるものの，その後10％成長ペースを回復し，2010年には日本を追い抜いてGDP世界第2位の経済大国となった。[11]

　このような経済的地位の上昇と同じくして，中国はその政治的立場を他国に明確にする目的で経済取引を利用することも躊躇しなくなってくる。2010年9月7日に起きた尖閣諸島での中国漁船衝突事件後のレアアースの輸出停滞により[12]，それが明確とされる。その2か月前に，温家宝首相が「中国はレアアースを駆け引きの道具（bargaining chip）には絶対にしない」と述べていたとされているところと対照的である。当該輸入制限は2015年1月，上級委員会判断を受けて撤廃される。[13]

　しかし，その後も，中国が貿易取引を政治目的で利用して，中国の意思に反する行為を行う相手国に対して経済的な威圧を行うことが貿易相手国に強く認識されることとなる。2020年にオーストラリアがCOVID-19に係わり武漢での第三国調査を中国に要求したときには，同年5月にオーストラリア産大麦に対して[14]，同年11月には同国産ワインに対してアンチダンピング関税及び相殺関税措置を課した。[15] 米国のペロシ下院議員が台湾を訪問した際には，米国に対して8件の経済的対抗措置を行った。[16] 台湾における民進党の独立色の強い動きに対しては2021年3月に台湾産パイナップルの輸入禁止を行った。[17] さらに，2024年1月，539品目について海峡両岸経済協力枠組み協定に基づく関税撤廃措置を停止し，6月には134品目について関税削減措置を停止するなど，対立することを厭わない。[18] 日本に対しても，福島第一原発の処理水海洋放出に対し，2023年8月，日本産の水産物の輸入を禁止した。[19] 2024年6月にEUが中国製電気自動車に相殺関税を課すとの事前開示を行うと[20]，中国はEU産豚肉に対してアンチダンピング措置を課すための調査開始を検討していると伝えられた。[21]

　このように，中国は自国の意に添わない措置を行う国に対して，貿易制限措

置を課すことに躊躇がない。

2　中国の発展政策と西側諸国との衝突

　2013年に習近平氏が国家主席となり，中国は特定産業に重点を絞った経済成長を推進することが明確となる。2015年5月に「中国製造2025」を発表して，10分野を中核とした産業競争力を強化し，25年までに「世界の製造強国の仲間入り」することを目標と定める。

　一般的に，豊富な労働力が低賃金で供給されることを武器として発展してきた中所得国が，その地位から脱出して高所得国へと発展してゆくためには，自国産業独自のイノベーション，技術革新を進める必要があり，従業員にその能力が備わっている必要があるとされている。中国は，2016年に国民一人当たりGNIが8,000米ドルを超え，まさにその時期に立っていた[22]。同時期，それまでの高度経済成長に陰りが見え始める[23]。2021年には国民一人当たりGNIは11,950米ドル，2022年には12,850米ドルに達するが，2023年は12,597米ドルと29年ぶりに減少したと伝えられており[24]，2022年に13,846米ドル以上とされた高所得国となる直前で足踏みしている[25]。中国は，今，高所得国へとステップアップする正念場にある[26]。

　このような状況に対し，トランプ政権は，301条調査により技術及び知的財産の中国国内への移転を推進する中国の政策に対抗することを明確とした。将に中国の発展の方向性に立ちはだかるものであった。（ただし，対抗策として執られた輸入追加関税の当該目的への貢献度は立証されなかった。）[27] バイデン政権となってもその方針は変更されず，むしろ，2022年10月には半導体技術の中国流失を防ぐための措置を強化している[28]。2024年5月には，301条調査に基づく制裁措置を強化しようとして動き始めた[29]。現在の米中関係は「民主主義と専制主義の闘争」であるとされ，トランプ政権時代において「中国のWTO加盟は誤りであった」と述べられているところが示すように，米国自身が「自由貿易」から「安全保障重視の産業政策」に転換したと指摘されている[30]。

　これらは，米中の対立構造は悪化することはあれ，改善する見込みは低いことを示している。

3　経済安全保障措置の必然性

かくして，WTO において，GATT 時代のようなラウンドによる関税引下げ，貿易自由化交渉はもはや望むべくもない。

WTO 創設以来，モノづくりは経済的最適解を求めて，中国を含めた世界各国へ原材料，中間財，最終製品の製造拠点を分散化してきた。これは，GATT の基本理念に従えば世界平和の基礎固めとなるものである。

しかし近年のパワーバランスの変化は，中国の覇権拡大による軍事的脅威による安全保障上のリスクを拡大するばかりでなく，国際通商における経済的な安全保障の確保が求められている。経済的威圧行為に躊躇しない国の存在は，経済的合理性のみに基づいて構築されたグローバルバリューチェーンに依存して生産活動が今後の最適解とは言えないことを示している。このような状況は，すべての WTO 加盟国と自由かつ対等に貿易を行うとする WTO の基本理念のゆらぎを顕在化させているのである。

まさに，どのような方向へ進むべきか，我々は岐路に立たされている。

Ⅳ　本シンポジウムについて

本シンポジウムでは，このような状況を踏まえて，多方面からの検討がなされた。

経済産業省・内閣府において経済安全保障に直接携わってこられた風木淳先生には，わが国の経済安全保障政策を詳細にご説明いただき，企業が執るべき対応策についてご論考いただいた。さらに，政府当局及びアカデミアが果たすべき事項についてご指摘いただいている。

阿部克則教授は，現代の経済安全保障とは，従来の「『安全保障』の経済的手段による確保」に加え，サプライチェーンのグローバル化により「『経済』の安全保障の確保」という要請が拡大しているところ，日本の経済安全保障推進法制度と WTO 規律との関係を検討した上で，国際貿易法そして WTO 体制は，従来の原則を維持しつつ，進行する「部分化」に対処することが試されている，と分析されている。

日本経済団体連合会の森田清隆氏は，経済安全保障を確保するために自由な

貿易投資環境を後退させないよう対処することが求められていると警鐘を鳴らされている。そのためのサプライチェーン強靭化には，EPA/FTAの拡大強化により，経済的威圧に対して歩調を合わせた対抗措置をとることを含め，ルールベースでの自由貿易を経済連携協定の推進により確保すべきであり，自由，民主主義といった価値観の共有を含むべきではないと指摘される。他方，輸出管理においては価値観を共有する有志国間での連携，民間の知見を踏まえた規制が，対内投資については必要最小限の管理が求められているとして，具体的な対策をご提言いただいている。

Ⅴ　おわりに

まさに，本シンポジウムでの議論は，国際経済法の今後の方向性を示しているものである，本シンポジウムが各位の今後の研究の一助となれば幸いである。

1) 2024年2月の第13回閣僚会議では，東ティモールの加盟が承認されたが，本稿執筆の時点において加盟手続きは完了していない。
2) 投資，競争，政府調達透明性，貿易円滑化の4分野を指す。外務省『WTO第5回閣僚会議（概要と評価）』, at https://www.mofa.go.jp/mofaj/gaiko/wto/wto_5/gh.html
3) WTO "We are now in crisis.' Director-General to try to break impasse", at https://www.wto.org/English/news_e/news06_e/mod06_summary_01july_e.htm
4) 農林水産省「農林水産大臣談話（平成20年7月29日）」, at https://www.maff.go.jp/j/kokusai/kousyo/wto/w_06_zyokyo/index.html
5) WTO "Closing statement by Director General Pascal Lamy" (17 December 2011), p. 3, at https://www.wto.org/english/thewto_e/minist_e/min11_e/stat_e/lamy_closing_e.doc
6) WTO "Trade Facilitation", at https://www.wto.org/english/tratop_e/tradfa_e/tradfa_e.htm
7) WTO "WTO members conclude landmark $1.3 trillion IT trade deal", dated 16 December 2015, at https://www.wto.org/english/news_e/news15_e/ita_16dec15_e.htm
8) 前掲（注6）参照。
9) WTO "Azevêdo welcomes launch of plurilateral environmental goods negotiations", dated, 8 July 2014, at https://www.wto.org/english/news_e/news14_e/envir_08jul14_e.htm
10) 2016年7月の国際海洋法条約に基づく仲裁廷が南シナ海を巡るフィリピンとの紛争についての裁定（PCA Case No.2013-19, In the Matter of an Arbitration before An Arbi-

座長コメント

tral Tribunal Constituted under Annex VII to the 1982 United Nations Conventions on the Law of the Sea between the Republic of the Philippines and the People Republic of China, Award, 12 July 2016）により中国の主張する九段線に係る権利は否定されたにも拘わらず，中国は低潮高地の埋め立てを行い，フィリピン船へ放水を行うなど，実効支配を強化している。

11） World Bank database, "Data Bank World Development Indicators", at https://databank.worldbank.org/indicator/NY.GDP.PCAP.CD/1ff4a498/Popular-Indicators

12） 日本経済新聞電子版「中国のレアアース，対日輸出滞る　日中政府は禁輸否定」2010年9月23日，at https://www.nikkei.com/article/DGXNASFS23012_T20C10A9EE1000/

13） 経済産業省『2013年版不公正貿易報告書』（2013）277頁。

14） Panel Report, *China – Antidumping and Countervailing Duty Measures against Barley from Australia*, WT/DS598/R, circulated on 24 August 2023, mutually agreed solution notified on 11 August 2023.

15） Panel Report, *China – Antidumping and Countervailing Duty Measures on Wine from Australia*, WT/DS602/R, circulated on 19 April 2024, mutually agreed solution notified on 29 March 2024.

16） 日本貿易振興機構「中国，米国へ8つの対抗措置，ペロシ下院議長にも制裁」『ビジネス短信』（2022年8月），at https://www.jetro.go.jp/biznews/2022/08/75ecb5e5f0dc1cbc.html

17） 日本貿易振興機構「税関総署，3月1日から台湾産パイナップル輸入を暫時停止」（2021年3月），at https://www.jetro.go.jp/biznews/2021/03/9e86e9b7eeb3b346.html

18） 日本貿易振興機構「ECFAの134品目関税引き下げ措置停止に対し，影響はコントロールできる範囲内と表明」（2024年6月），at https://www.jetro.go.jp/biznews/2024/06/6def0f3f2f8655c0.html）

19） 日本国駐華大使館「中国の輸入規制の概要（2023年8月24日以降）」, at https://www.cn.emb-japan.go.jp/files/100569327.pdf

20） European Commission, Director General – Trade, Case AS689 - New battery electric vehicles for passengers "Information at preliminary Stage（pre-disclosure）" TRADE. G.3.01/(2024)471676/, dated 12 June 2024, at https://tron.trade.ec.europa.eu/investigations/case-view?caseId=2684

21） 日本経済新聞「中国，EU産豚肉を調査へ」2024年6月15日付夕刊，3頁。

22） 内閣府『〈2013年下半期　世界経済報告〉中国の安定成長に向けた課題』（2013），at https://www5.cao.go.jp/j-j/sekai_chouryuu/sa13-02/html/index.html, 第2章第1節。

23） 横塚仁士『製造業の高度化を目指す中国――中国は21世紀の「製造強国」になり得るか』（国際金融2017年1月号抜粋, at https://www.murc.jp/wp-content/uploads/2022/10/global_1803.pdf

24） 日本経済新聞電子版「中国「高所得国」遠のく　ドル建て国民総所得29年ぶり減」2024年2月29日付（https://www.nikkei.com/article/DGXZQOGM2836D0Y4A220C2000000/

25） 三井住友信託銀行「『中所得国の罠』再考――アジアを中心に」『調査月報』2023年5

月号，at https://www.smtb.jp/-/media/tb/personal/useful/report-economy/pdf/133_2.pdf
26） トラン・ヴァン・トウ，刈込俊二『中所得国の罠と中国・ASESN』（勁草書房，2019年）171-174頁。
27） Panel Report, *United States – Tariff Measures on Certain Goods from China*, WT/DS543/R, circulated to WTO Members on 15 September 2020, appealed; adoption pending, para. 7.222.
28） Bureau of Industry and Security, the Department of Commerce "Commerce Implements New Export Controls on Advanced Computing and Semiconductor Manufacturing Items to the People's Republic of China (PRC)", dated October 7, 2022, at https://www.bis.doc.gov/index.php/documents/about-bis/newsroom/press-releases/3158-2022-10-07-bis-press-release-advanced-computing-and-semiconductor-manufacturing-controls-final/file
29） Office of the United States Trade Representative, Executive Office of the President "*Four-Year Review of Actions Taken in the Section 301 Investigation: China's Acts, Policies, and Practices Related to Technology Transfer, Intellectual Property, and Innovation*", dated May 14, 2024, at https://ustr.gov/sites/default/files/USTR%20Report%20Four%20Year%20Review%20of%20China%20Tech%20Transfer%20Section%20301.pdf
30） 石川正樹「輸出管理と自由貿易体制」鈴木一人，西脇修監修『経済安全保障と技術優位』（勁草書房，2023年）66-67頁。

参考文献
岩田伸人『WTO体制下の貿易政策』（文眞堂，2024年）
風木淳『経済安全保障と先端・重要技術──実践論』（信山社，2023年）
鈴木一人，西脇修監修『経済安全保障と技術優位』（勁草書房，2023年）
大野元己「中国製造2025と政策実験」（東京財団政策研究所，2023年），at https://www.tkfd.or.jp/research/detail.php?id=4185
木村福成・西脇修編著『国際通商秩序の地殻変動・米中対立・WTO・地域統合と日本』（勁草書房，2022年）
戸堂康之・西脇修編著『経済安全保障と半導体サプライチェーン』（文眞堂，2023年）
内閣府『〈2013年下半期　世界経済報告〉中国の安定成長に向けた課題』（2013年），at https://www5.cao.go.jp/j-j/sekai_chouryuu/sa13-02/html/index.html
鍋嶋郁「『中所得国の罠』脱却に向けた3つのポイント──貿易自由化，産業集積，イノベーション」『アジ研ポリシー・ブリーフ』No.53（2015年），at https://www.ide.go.jp/library/Japanese/Publish/Reports/AjikenPolicyBrief/pdf/053.pdf

（高崎経済大学経済学部教授・学部長）

> 共通論題①　経済安全保障による企業活動への影響と国際経済法

経済安全保障による企業活動への影響と国際経済法
——先端・重要技術に焦点を当てた考察——

風　木　　　淳[*]

- I　はじめに
- II　経済安全保障の定義
  - 1　経済安全保障の定義を巡る議論
  - 2　学術的視点
- III　日本の経済安全保障政策
  - 1　経済安全保障政策の全体像
  - 2　経済安全保障推進法の4つの柱
  - 3　特定重要技術の定義
  - 4　研究開発ビジョン
- IV　国家安全保障戦略における経済安全保障と先端・重要技術
- V　経済安全保障と企業経営・対外経済政策
  - 1　企業の対応
  - 2　政策当局の対応
- VI　おわりに（課題総括）（参考ケース・スタディ）

I　はじめに

　本稿は，「経済安全保障による企業活動への影響と国際経済法」という課題設定に対して，特に経済安全保障政策や関連法を分析するに当たって重要な要素である「先端・重要技術」に焦点を当てた考察を行うものである。[1]

　生成 AI や量子コンピューティング，バイオ製造など急速に発展する先端技術（advanced technology）・新興技術（emerging technology）や，半導体・半導体製造装置などサプライチェーン上で欠かせない基盤（foundation）となる技術の重要性が益々高まっている。また，軍民両用技術（dual-use technology）は，特に機微度が高いものは「機微技術」と呼ばれ国際的な枠組みでの管理も行われている。経済安全保障と関係する技術には様々な括りがあり，その定義や範囲は法令や政策の中での位置付けに注意を要するが，本稿では，全体を総称して

「先端・重要技術」（advanced and critical technology）として焦点を当てていく。

先端・重要技術の管理対象は，大企業だけでなく，大学や研究機関，中堅・中小企業やベンチャー・スタートアップに拡大している。特に2015年頃より「中国製造2025」や「軍民融合戦略」を掲げ，軍事能力を高める中国の脅威を受け，米国を中心に先端・重要技術の輸出管理や投資管理，その執行強化，更には大型研究開発投資が進み，日本や欧州での動きも加速している[2]。更に2020年からのコロナ感染症の拡大や2022年2月24日以降のロシアのウクライナ軍事侵攻・侵略，直近では，台湾海峡の平和と安定の問題などが，先端・重要技術と絡み合いながら国際秩序に大きな影響を与えている。経済と安全保障，先端・重要技術の問題がより密接に関連して議論され始めた。

本稿では，「経済安全保障の定義」の確認から始め，次に「日本の経済安全保障政策」を概観し，「国家安全保障戦略における経済安全保障と先端・重要技術」について触れた後に，「経済安全保障と企業経営・対外経済政策」を論じることとし，最後にケース・スタディの重要性を指摘して締めくくる。

II　経済安全保障の定義

1　経済安全保障の定義を巡る議論

経済安全保障の定義や範囲については，政官学含め長年様々な議論がなされてきたところである。そうした中で経済安全保障が先端・重要技術と関連しながら政府文書に体系的政策群として記載されたのは，2021年6月の「骨太方針」，「成長戦略実行計画」，「統合イノベーション戦略2021」が最初である[3]。それまでは「知る」，「守る」，「育てる」の柱を具体化した「統合イノベーション戦略2020」[4]や，それ以前の段階から，機微技術流出防止やサプライチェーン強化，あるいは海洋安全保障，サイバーセキュリティ，エネルギー安全保障や食糧安全保障の観点で多義的に用語が使用されてきた。

米国では経済制裁の理論的支柱として，長年エコノミック・ステイトクラフト（Economic Statecraft）として議論されてきており，国連制裁の他に独自の経済制裁や一方的措置を行うなど経済的手段で対外政策の目的を達成する場合に使われて来た経緯もある。先端・重要技術を輸出管理で扱う中で経済安全保障

の用語が徐々に使用されて始めた。EUにおいては，従来，安全保障が各国の権限であり，北大西洋条約機構（NATO）との関係で議論され，欧州の経済統合を図る経済面と別途議論されてきた経緯があり，直近までは一般的ではなかった概念でもある。第二次大戦後の復興のマーシャルプランに淵源のある経済協力開発機構（OECD）が先進国加盟国により安全保障や防衛以外の貿易自由化，経済成長，開発援助を扱い，NATOが安全保障・防衛を扱ってきたことと関連している。フランスやイギリスなど安全保障を個々の国の権限として整理している欧州各国にとっては，経済と安全保障のリンケージは，先端・重要技術の革新的な発展や脅威シナリオの広がりの中で，最近になって受容性が高まった概念である。

　以上のとおり，経済安全保障（Economic Security）の概念や定義は世界的には依然として議論があるところであるが，先端・重要技術に着目した技術保全・守る（protection/defense）と開発促進・育てる・攻める（promotion/offense）の側面では，米国，中国，欧州，日本で共通項が見られる。日本においては，後に述べる戦略的な自律性，不可欠性，ルール・ベースの国際秩序の要素が軸となっている。いずれにせよ，攻めと守りのための先端・重要技術やそのサプライチェーンを「知る」（know）ことが重要なのは言うまでもなく，世界中の政府及び関係機関，シンクタンク，産学が凌ぎを削っている。

　こうした中で政府は，2022年12月16日に閣議決定された国家安全保障戦略2022[5]において「我が国の平和と安全や経済的な繁栄等の国益を経済上の措置を講じ確保することが経済安全保障」と定義した。これに先立つ経済安全保障推進法の国会審議においては，「国家・国民の安全を経済面から確保する」といった説明がなされていたところである[6]。

2　学術的視点

　学術的には，経済安全保障をサプライチェーンのレジリエンス，技術不拡散，他国の規制などの要素で整理するものや，経済と安全保障のリンケージで捉えるものなど多様である[7]。経済安全保障について1980年代に一定程度議論が行われたが確立した定義はないとしつつ，①経済的な力を安全保障目的や外交

目的のために利用すること，②経済レジリエンスの確保，重要インフラの保護などのための諸措置をとること，③自由で開かれた国際経済秩序を維持・強化の主に3つに分類する考え方も指摘されている。それら3つが排他的でなく相互補完的であり，③は国際経済法学で多くの蓄積があるが①と②は一層の検討が必要との指摘がある[8]。

また，経済安全保障と類似する考え方として「地経学」の視点もある。例えば，「地経学戦略」について「地域における経済的利益の促進から安定の維持と影響力の強化に至るまで，特定の国家目標を政府が掲げ，地域でそれを追求する対外政策」と定義した上で，「貿易・投資」，「金融・通貨」，「援助・開発」の3つの分野で体系的に論じるものがあり，1990年代から2020年頃までの日本の政策立案の動きと世界の動きを経済規模等の各種データや「出来事」の変遷を含めて世界の様々な文献から分析する興味深いものがある[9]。経済安全保障と企業，先端・重要技術の関係を国際経済法の視点で論じるに当たり，その前提となる刻々と変化する国際情勢を理解する上で参考になる[10]。

また，日本における「安全・安心に関するシンクタンク」設立への試みは，学術と政策が密接に関連し，科学技術基本計画や骨太方針などにも位置付けられているが，その試行事業の分析の中で，経済安全保障の脅威シナリオや先端・重要技術の特定の手法の開発などが展開されており，経済安全保障の定義や射程を巡る議論においても今後の参考になると考えられる[11]。

Ⅲ　日本の経済安全保障政策

1　経済安全保障政策の全体像

経済安全保障政策の全体像は，2021年11月の第一回経済安全保障推進会議において整理した形で示された。①自律性向上，②不可欠性確保，③国際秩序維持，ルール・ベースの3点が基本的な軸となっている。着手済みの取組や今後も不断に検討し強化していく取組があるが，2022年5月11日に成立した経済安全保障推進法は全体の中の一部として捉えられている（表1）。

表1　経済安全保障政策の全体像

1　これまでに着手した取組で，今後も継続・強化していく分野
(1) 自律性の向上
- リスク対応・脆弱性点検：基幹産業の複雑化したリスクへの対応と脆弱性を点検・把握
- 土地法整備：重要施設周辺等の土地等所有について，実態把握を強化（2021年6月法成立）

(2) 不可欠性・優位性の確保
- 経済安全保障重要技術育成プログラム：先端的な重要技術の実用化に向けた重点支援
- シンクタンク機能：先端的な重要技術の育成・支援等に資する調査・分析を実施
- 技術情報管理：外為法上の「みなし輸出」の対象を明確化（外国の影響を受けた居住者にも拡大）
- 投資審査：外為法上の投資審査・事後モニタリングの執行体制を強化。重要鉱物・重要物資等をコア業種に追加
- 外国資金受入状況開示：競争的研究費申請時の資金受入等の開示など研究インテグリティへの政府方針を決定
- 留学生等の受入審査：機微技術流出防止のため国内体制整備等の推進

(3) 国際秩序の維持・強化
- 国際社会との連携：経済安全保障課題の共通認識を醸成，
- 国際機関：邦人幹部職員数増による更なる貢献
- ルール・メイキング：通商・データ・技術標準等でルールの維持・強化・構築

※(1)(2)(3)共通課題：
- 経済インテリジェンス：情報収集等の強化
- 体制整備：関係府省庁の体制強化

2　経済安全保障推進法
- サプライチェーン：重要物資や原材料のサプライチェーンを強靱化
- 基幹インフラ：基幹インフラ役務の安定的な提供を確保
- 官民技術協力：官民が連携し，技術情報を共有・活用することにより，先端的な重要技術を育成・支援する枠組み
- 非公開特許：出願人の権利を確保しつつ，安全保障上機微な発明の特許出願の公表・流出防止

3　今後の情勢変化を見据え，課題を不断に検討（→セキュリティクリアランス制度，サイバーセキュリティ等）

（出典）　第1回経済安全保障推進会議（2021年11月）内閣官房資料に基づき作成・一部更新[12]

共通論題① 経済安全保障による企業活動への影響と国際経済法

2 経済安全保障推進法の4つの柱

経済安全保障推進法（2022年5月11日成立）は，①サプライチェーンの強靱化，②基幹インフラの安全性・信頼性の確保，③先端的な重要技術の開発支援，④特許出願の非公開，の4つの柱からなり，正式には，「経済施策を一体的に講ずることによる安全保障の確保の推進に関する法律」として，公布後6月以内から2年以内で段階的施行することとされた（表2）。

表2 経済安全保障推進法の概要

目的：この法律は，国際情勢の複雑化，社会経済構造の変化等に伴い，安全保障を確保するためには，経済活動に関して行われる国家及び国民の安全を害する行為を未然に防止する重要性が増大していることに鑑み，経済施策を一体的に講ずることによる安全保障の確保の推進に関する基本的な方針を策定するとともに，安全保障の確保に関する経済施策として，特定重要物資の安定的な供給の確保及び特定社会基盤役務の安定的な提供の確保に関する制度並びに特定重要技術の開発支援及び特許出願の非公開に関する制度を創設することにより，安全保障の確保に関する経済施策を総合的かつ効果的に推進することを目的とする。（第1条）

基本方針（第2条）

1　サプライチェーンの強靱化　「安定供給確保基本指針」（第2章第6条）
　国民の生存，国民生活・経済に大きな影響のある物資の安定供給の確保を図るため，特定重要物資の指定，民間事業者の計画の認定・支援措置，特別の対策としての政府による取組等を措置。（2022年9月30日に基本指針を閣議決定）
　→特定重要物資の指定　事業者の計画認定・支援措置　政府による備蓄等の措置

2　基幹インフラの安全性・信頼性の確保　「特定社会基盤役務基本指針」（第3章第49条）
　外部から行われる役務の安定的な提供を妨害する行為の手段として使用されることを防止するため，重要設備の導入・維持管理等の委託の事前審査，勧告・命令等を措置。（2023年4月28日に基本指針を閣議決定）
　→対象事業等を法律・政省令等で規定　事前届出・審査　勧告・命令

3　先端的な重要技術の開発支援　「特定重要技術研究開発基本指針」（第4章第60条）
　先端的な重要技術の研究開発の促進とその成果の適切な活用のため，資金支援，官民伴走支援のための協議会設置，調査研究業務の委託（シンクタンク）等を措置。（2022年9月30日に基本指針を閣議決定）
　→国による支援　官民パートナーシップ（協議会）　調査研究業務の委託（シンクタンク

> 4 特許出願の非公開 「特許出願非公開基本指針」(第5章第65条)
> 　安全保障上機微な発明の特許出願について，公開や流出を防止するとともに，安全保障を損なわずに特許法上の権利を得られるようにするため，保全指定をして公開を留保する仕組み，外国出願制限等を措置。(2023年4月28日に基本指針を閣議決定)
> 　→技術分野等によるスクリーニング　保全審査　保全指定　外国出願制限　補償
>
> (出典)「経済施策を一体的に講ずることによる安全保障の確保の推進に関する法律」(経済安全保障推進法)(令和4年法律第43号)から整理。

　本稿の先端・重要技術との関係では，サプライチェーンの強靱化に係る「特定重要物資」の指定や基幹インフラの保全に関連するサイバー関連技術，特許出願の非公開に係る技術のスクリーニングの範囲など幅広く技術的要素が関連する。

　特に「特定重要物資」については，「物資」といっても「技術」と密接な関係にあるが安定供給に焦点を当てている点が特徴である。2022年12月20日に特定重要物資の指定等に関する政令閣議決定(12月23日施行)が行われ，抗菌性物質製剤，肥料，永久磁石，工作機械・産業用ロボット，航空機の部品，半導体，蓄電池，クラウドプログラム，天然ガス，重要鉱物，船舶の部品の11の物資の指定が行われている。その後，農水省(肥料)・国交省(船舶の部品)，厚労省(抗菌薬)・経産省(8物資)において「安定供給確保取組方針」が策定され，事業者の供給確保計画の認定を通じた支援が開始されている。これらの物資は法律上の要件である，重要性，外部依存性，供給途絶等の蓋然性，本制度による措置の必要性の要件から指定されているが，指定物資の追加や既存物資の取組拡充・取組方針の改定など不断の更新がなされている[13]。

　この「特定重要物資」に係る柱は以上述べたとおり安定供給確保が念頭にあるが，一方で以下に述べる「特定重要技術」は，重要技術の育成や研究開発を柱としており，本稿では，この柱を以下で深掘りしていきたい。

3　特定重要技術の定義

　経済安全保障推進法の中の先端的な重要技術の開発支援の柱について更に詳細を見ていく。まず，「特定重要技術」の定義は「特定重要技術研究開発指針」

共通論題①　経済安全保障による企業活動への影響と国際経済法

(2022年9月30日閣議決定)[14]により明らかにされている。

「先端的技術」は，将来の国民生活及び経済活動の維持にとって重要なものとなり得る先端技術とされ，「特定重要技術」は，先端的技術のうち以下の①から③のいずれか（複数もあり得る）において，国家及び国民の安全を損なう事態を生ずるおそれがあるもの，とされている。

　①当該技術を外部に不当に利用された場合
　②当該技術の研究開発に用いられる情報が外部に不当に利用された場合
　③当該技術を用いた物資又は役務を外部に依存することで外部から行われる行為によってこれらを安定的に利用できなくなった場合

「特定重要技術」に該当する場合は協議会（官民パートナーシップ）の技術領域毎の組織が可能となり，特に優先して育成すべきものは，「経済安全保障重要技術育成プログラムの研究開発ビジョン」（研究開発ビジョン）に示され，指定基金を用いた研究開発が実施されることとなった（2021年度補正予算2500億円，2022年度補正予算2500億円）。

また，「特定重要技術」の対象を見極める上で特定重要技術が含まれうる幅広い技術領域を対象に，内閣総理大臣は本指針に基づき「調査研究実施方針」を策定し，「特定重要技術調査研究機関」（シンクタンク）も活用しながら，絞り込みや育成に資するための調査研究を実施する。「特定重要技術開発基本指針」に例示された20技術領域は次のとおりである。①バイオ技術，②医療・公衆衛生技術（ゲノム学含む），③人工知能・機械学習技術，④先端コンピューティング技術，⑤マイクロプロセッサ・半導体技術，⑥データ科学・分析・蓄積・運用技術，⑦先端エンジニアリング・製造技術，⑧ロボット工学，⑨量子情報科学，⑩先端監視・測位・センサー技術，⑪脳コンピュータ・インターフェース技術，⑫先端エネルギー・蓄エネルギー技術，⑬高度情報通信・ネットワーク技術，⑭サイバーセキュリティ技術，⑮宇宙関連技術，⑯海洋関連技術，⑰輸送技術，⑱極超音速，⑲化学・生物・放射性物質及び核（CBRN），⑳先端材料科学。

4　研究開発ビジョン

「研究開発ビジョン」は「経済安全保障重要技術育成プログラム」実施のための研究開発ビジョンとして経済安全保障推進会議及び統合イノベーション戦略推進会議が決定している。[15] 第一次は以下のとおり，①海洋領域，②航空宇宙領域，③横断領域・サイバー空間，バイオ領域の3領域，量子，AI等の新興技術・最先端技術を扱っている。公的利用・民生利用の多義性「マルチユース」を視野に入れている。中長期的な視点（10年程度）を持ちつつ概ね5年程度のスパンで社会実装を見据えた研究開発を行うこととしている（表3）。

表3　研究開発ビジョン（第一次）（2022年9月16日）支援対象技術

1　海洋領域
　資源利用等の海洋権益の確保，海洋国家日本の平和と安定の維持，国民の生命・身体・財産の安全の確保に向けた総合的な海洋の安全保障の確保

- 海洋観測・調査・モニタリング能力の拡大（より広範囲・機動的）：①自律型無人探査機（AUV）の無人・省人による運搬・投入・回収技術，②AUV機体性能向上技術（小型化・軽量化），③量子技術等の最先端技術を用いた海中（非GPS環境）における高精度航法技術
- 海洋観測・調査・モニタリング能力の拡大（常時継続的）：④先進センシング技術を用いた海面から海底に至る空間の観測技術，⑤観測データから有用な情報を抽出・解析し統合処理する技術，⑥量子技術等の最先端技術を用いた海中における革新的センシング技術
- 一般船舶の未活用情報の活用：⑦現行の自動船舶識別システム（AIS）を高度化した次世代データ共有システム技術

2　宇宙・航空領域
　宇宙利用の優位を確保する自立した宇宙利用大国の実現，安全で利便性の高い航空輸送・航空機利用の発展

- 衛星通信・センシング能力の抜本強化：⑧低軌道衛星間光通信技術，⑨自動・自律運用可能な衛星コンステレーション・ネットワークシステム技術，⑩高性能小型衛星技術，⑪小型かつ高感度の多波長赤外線センサー技術
- 民生・公的利用における無人航空機の利活用拡大：⑫長距離等の飛行を可能とする小型無人機技術，⑬小型無人機を含む運航安全管理技術，⑭小型無人機との信頼性の高い情報通信技術
- 優位性につながり得る無人航空機技術の開拓：⑮小型無人機の自律制御・分散制御技術，⑯空域の安全性を高める小型無人機等の検知技術，⑰小型無人機の飛行経路

共通論題①　経済安全保障による企業活動への影響と国際経済法

の風況観測技
- 航空分野での先端的な優位技術の維持・確保：⑱デジタル技術を用いた航空機開発製造プロセス高度化技術，⑲航空機エンジン向け先進材料技術（複合材製造技術），⑳超音速要素技術（低騒音機体設計技術），㉑極超音速要素技術（幅広い作動域を有するエンジン設計技術）

3　領域横断，サイバー空間，バイオ領域
　領域をまたがるサイバー空間と現実空間の融合システムによる安全・安心を確保する基盤，感染症やテロ等，有事の際の危機管理基盤の構築
㉒ハイパワーを要するモビリティ等に搭載可能な次世代蓄電池技術，㉓宇宙線ミュオンを用いた革新的測位・構造物イメージング等応用技術，㉔AIセキュリティに係る知識・技術体系，㉕不正機能検証技術（ファームウェア・ソフトウェア／ハードウェア），㉖ハイブリッドクラウド利用基盤技術，㉗生体分子シークエンサー等の先端研究分析機器・技術

※特に横断領域は，国としてのニーズが網羅的に整理されているとは必ずしも言えない状況であること等から，ニーズや課題を同定しつつ，今後引き続き検討を進める）

- 量子，AI等の新興技術・最先端技術
　支援対象とする技術の研究開発や育成支援に関しては，個々の技術開発を行うことに加え，要素技術の組み合わせによるシステム化，様々なセンシング等により得られたビッグデータ処理，設計製造へのデジタル技術の活用などの取組を含みうることに留意する。システム化にあたっては，技術全体を俯瞰的に捉え，多義性も考慮しながら開発の程度や範囲についても検討する必要がある。AI技術関連：⑤⑧⑮㉔，量子技術（※）関連：③⑥，ロボット工学（無人機）①⑫，先端センサー技術④⑩⑯⑰㉓，先端エネルギー技術㉒

※「量子技術」についてのビジョンでの記載：革新的な量子センサーに関する研究開発は，主に文部科学省Q-LEAPにおいて萌芽的な研究開発を実施中。量子コンピューター（誤り耐性型，ネットワーク型など）の研究開発は，主にムーンショット目標6（2050年までに，経済・産業・安全保障を飛躍的に発展させる誤り耐性型用量子コンピューターを実現）にて研究開発を実施中。量子暗号通信に関する研究開発は，主にSIP（光・量子を活用したSociety 5.0実現化技術）や総務省（グローバル量子暗号通信網構築のための研究開発）にて研究開発を実施中。

　　（出典）「研究開発ビジョン」経済安全保障推進会議及び統合イノベーション戦略推進会議決定（2022年9月16日）

※2023年8月28日に同会議にて第二次ビジョンが追加されており概要以下のとおり。
研究開発ビジョン（第二次）（2023年8月28日）支援対象技術（詳細略）
1　海洋領域（資源利用等の海洋権益の確保，海洋国家日本の平和と安定の維持，国

民の生命・身体・財産の安全の確保に向けた総合的な海洋の安全保障の確保）
- 海洋観測・調査・モニタリング能力の拡大（海中作業の飛躍的な無人化・効率化を可能とする海中無線通信技術）
- 安定的な海上輸送の確保（デジタル技術を用いた高性能次世代船舶開発技術。船舶の安定運航等に資する高解像度・高精度な環境変動予測技術）

2　宇宙・航空領域（宇宙利用の優位を確保する自立した宇宙利用大国の実現，安全で利便性の高い航空輸送・航空機利用の発展）
- センシング能力の抜本的な強化（高高度無人機を活用した高解像度かつ継続性のあるリモートセンシング技術。超高分解能常時観測を実現する光学アンテナ技術）
- 機能保証のための能力強化（衛星の寿命延長に資する燃料補給技術）
- 無人航空機の利活用の拡大（長距離物資輸送用無人航空機技術）

3　サイバー空間・横断領域（領域をまたがるサイバー空間と現実空間の融合システムによる安全・安心を確保する基盤の構築）
- 先進的サイバー防御機能・分析能力の強化（サイバー空間の状況把握・防御技術。セキュアなデータ流通を支える暗号関連技術），・偽情報分析に係る技術，・ノウハウの効果的な伝承につながる人作業伝達等の研究デジタル基盤技術，・多様なニーズに対応した複雑形状・高機能製品の先端製造技術（高度な金属積層造形システム技術，高効率・高品質なレーザー加工技術），・省レアメタル高機能金属材料（耐熱超合金の高性能化・省レアメタル化技術，重希土フリー磁石の高耐熱・高磁力化技術），・輸送機等の革新的な構造を実現する複合材料等の接着技術，・次世代半導体材料・製造技術（次世代半導体微細加工プロセス技術，高出力・高効率なパワーデバイス／高周波デバイス向け材料技術），・孤立・極限環境に適用可能な次世代蓄電池技術，・多様な機器・システムへの応用を可能とする超伝導基盤技術

4　バイオ領域（感染症やテロ等，有事の際の危機管理基盤の構築）
- 多様な物質の検知・識別を可能とする迅速・高精度なマルチガスセンシングシステム技術
- 有事に備えた止血製剤製造技術
- 脳波等を活用した高精度ブレインテックに関する先端技術

以上，概観してきた取組について，法令に基づく国家的な支援措置であるが，国際経済法との関係については，後述Vで触れることとしたい。

IV　国家安全保障戦略における経済安全保障と先端・重要技術

2022年12月16日に閣議決定された「国家安全保障戦略」（以下「国家安全保障

共通論題① 経済安全保障による企業活動への影響と国際経済法

戦略2022」[16]）は，日本の安全保障に関する最上位の政策文書とされ，外交，防衛，経済安全保障，技術，サイバー，海洋，宇宙，情報，政府開発援助，エネルギー等の我が国の安全保障に関連する分野の諸政策に戦略的な指針を与えるものとされている。2013年に日本初の国家安全保障戦略（2013年12月17日閣議決定）が策定され，日本は国際協調を旨とする積極的平和主義の下での平和安全法制の制定等により，安全保障上の事態に切れ目なく対応できる枠組みを整えたが，今回の「国家安全保障戦略2022」に基づく戦略的な指針と施策は，その枠組みに基づき，日本の安全保障に関する基本的な原則を維持しつつ，戦後の日本の安全保障政策を「実践面から大きく転換」するものとされる。

この国家安全保障戦略2022には，「自主的な経済的繁栄を実現するための経済安全保障政策の促進」とタイトルが付けられた関連部分を始め，経済安全保障と先端・重要技術について多くの記載がある。経済安全保障政策を推進する中で経済安全保障推進法の着実な実施と不断の見直しはもとより，「技術育成・保全等の観点から，先端重要技術の情報収集・開発・育成に向けた更なる支援強化・体制整備，投資審査や輸出管理の更なる強化，強制技術移転への対応強化，研究インテグリティの一層の推進，人材流出対策等について具体的な検討を進める」とされている（表4）。

表4 国家安全保障戦略2022の経済安全保障政策の促進関連

　我が国の平和と安全や経済的な繁栄等の国益を経済上の措置を講じ確保することが経済安全保障であり，経済的手段を通じた様々な脅威が存在していることを踏まえ，我が国の自律性の向上，技術等に関する我が国の優位性，不可欠性の確保等に向けた必要な経済施策に関する考え方を整理し，総合的，効果的かつ集中的に措置を講じていく。
　具体的には，経済安全保障政策を進めるための体制を強化し，同盟国・同志国等との連携を図りつつ，民間と協調し，以下を含む措置に取り組む。なお，取り組んでいく措置は不断に検討・見直しを行い，特に，各産業等が抱えるリスクを継続的に点検し，安全保障上の観点から政府一体となって必要な取組を行う。
ア　経済施策を一体的に講ずることによる安全保障の確保の推進に関する法律（令和4年法律第43号。以下「推進法」という。）の着実な実施と不断の見直し，更なる取組を強化する。
イ　サプライチェーン強靱化について，特定国への過度な依存を低下させ，次世代半

導体の開発・製造拠点整備,レアアース等の重要な物資の安定的な供給の確保等を進めるほか,重要な物資や技術を担う民間企業への資本強化の取組や政策金融の機能強化等を進める。
ウ 重要インフラ分野について,地方公共団体を含む政府調達の在り方や,推進法の事前審査制度の対象拡大の検討等を進める。
エ データ・情報保護について,機微なデータのより適切な管理や情報通信技術サービスの安全性・信頼性確保に向けた更なる対策を講ずる。また,主要国の情報保全の在り方や産業界等のニーズも踏まえ,セキュリティ・クリアランスを含む我が国の情報保全の強化に向けた検討を進める。
オ 技術育成・保全等の観点から,先端重要技術の情報収集・開発・育成に向けた更なる支援強化・体制整備,投資審査や輸出管理の更なる強化,強制技術移転への対応強化,研究インテグリティの一層の推進,人材流出対策等について具体的な検討を進める。
カ 外国からの経済的な威圧に対する効果的な取組を進める。

(出典) 国家安全保障戦略2022 Ⅵ.2.(5)自主的な経済的繁栄を実現するための経済安全保障政策の促進[17]

Ⅴ 経済安全保障と企業経営・対外経済政策

1 企業の対応

米中技術覇権争い,コロナ感染症の拡大,ロシアのウクライナ軍事侵攻・侵略,環境・人権問題への対応など,サプライチェーンのリスクが高まる中,グローバルに展開する企業にとって以下の3点が重要と考えられる。[18]

①自社のサプライチェーン上のリスクを総点検し,重要物資・技術を特定し適切に対処する。その際,輸出管理部門,法務部門,知財部門での対応のみならず,営業部門,調達部門,研究開発部門,経営企画・戦略部門含めた経営層をトップとした横断的・俯瞰的な対応が不可欠である。

②各国の法令上のコンプライアンスは当然として,米中欧日の主要国での規制の内容やタイミングが微妙に異なる場合には,情報収集・インテリジェンス機能を発揮し,過度に萎縮せず,果敢に経営判断を行い企業の成長につなげる。各国の規制と関わらない,いわゆるレピュテーション・リスク(環境・人権・安保で企業名が悪印象でレポートに公表・報道される)については,社内体制整

備の他，市場・メディア・関係機関との対話を通じ粘り強く対応する。

③こうした対応には，人材育成・確保が不可欠である。また，個社では対応が難しい場合，横断的なグループ，同志国の企業・グループの活動や，専門家やシンクタンクとの連携，各国政府との意思疎通が重要である。

以上の３点を更に発展させ，経済安全保障に関する官民の戦略的対話を本格化するにあたり，経済産業省は，経済安全保障に関する産業・技術基盤を強化するための取組の方向性と内容をパッケージとしてまとめ，2023年10月31日付けで公表している[19]。具体的には，「経済安全保障に係る産業・技術基盤強化アクションプラン」をまとめ，各政策領域における取組として，①産業支援策（promotion），②産業防衛策（protection），③国際枠組みの構築（partnership）[20]として整理している。とりわけ，②の関連で，企業自ら又は官民連携による技術管理を強化することは，責任ある技術保有国として国際的な平和・安全に貢献することに加え，産業基盤の維持・発展にとっても重要な要素であることが強調されている。2024年４月24日付けで同アクションプランの進捗を示した改訂版が公表されている[21]。その際，同日付けで貿易管理分野については，産業構造審議会 通商・貿易分科会安全保障貿易管理小委員会が「中間報告」を公表し，汎用品・汎用技術の軍事転用可能性の高まりに対応した補完的輸出規制の見直しや，技術管理の重要性が高まる中で外為法の仕組みを活用した技術管理強化のための官民対話スキームの構築，機動的・実効的な輸出管理のための重層的な国際連携，安全保障上の懸念度等に応じた制度・運用の合理化・重点化などの点で制度見直しの提言を行っている[22]。

2　政策当局の対応

サプライチェーンのリスクが高まる中，対外経済政策・通商政策においても経済安全保障と先端・重要技術の軸が重要である。例えば，米中の一方的措置のエスカレート，域外適用はサプライチェーンの攪乱要因となる。日本政府や欧州委員会の貿易総局などは産業界と連携して日頃より懸念を表明しているところ，引き続き同志国連合，多角的アプローチを志向することが求められる。特にルールメイキングや執行を併せて行う必要がある[23]。

通商政策の歴史を振り返ると1970年代・80年代・90年代前半までは日米通商摩擦（繊維，TV，鉄鋼，工作機械，自動車，半導体）が主要な課題であった。1995年WTO創設によるルール・ベースのマルチラテラル体制の確立で日米間の課題も徐々に国内の構造問題に移行した。更に2001年の中国のWTO加盟，WTO交渉停滞による経済連携協定・メガEPA時代（TPP，日EU，RCEP等）となった。2008年のリーマン・ショック後の中国の高度成長，自主創造政策，中国製造2025，軍民統合政策（2015年～）などを背景に米中摩擦が進展した。サプライチェーンリスクへの対応や環境や人権など普遍的価値に基づくルールメイキングが大きな課題となり，最近では，IPEFが開かれたインド太平洋に関連した当面の課題となった。経済産業政策の新機軸においてもミッション志向の経済産業政策の一つとして経済安全保障が位置付けられている。[24]

　執行面では，日本では「不公正貿易報告書」が1992年以来，30年以上の歴史と実績がある。WTO紛争処理制度の活用を始め，ルール・ベースの取組の支柱となっている（2022年版P11「不公正貿易報告書30年のあゆみ」参照）。[25] 現下ではWTO紛争処理機能の回復が急務である。また，貿易救済措置については，近年，日本においても活用が進展している。[26] 経済安全保障推進法30条は市場環境整備として特定重要物資の貿易救済措置の前提となる調査を主務大臣が行うことができると規定している。[27]

　なお，国際法，国際経済法全般との関係では，経済安全保障推進法第5条（この法律の規定による規制措置の実施に当たっての留意事項）においては「この法律の規定による規制措置は，経済活動に与える影響を考慮し，安全保障を確保するため合理的に必要と認められる限度において行わなければならない」とされており，90条（国際約束の誠実な履行）においては「この法律の施行に当たっては，我が国が締結した条約その他の国際約束の誠実な履行を妨げることがないよう留意しなければならない」とされている。本稿Ⅲの経済安全保障推進法に基づく国家支援措置についてもこれらの規定に基づくものとされている。[28]

　筆者は，中国製造2025や軍民統合戦略などが顕在化しその後の米中技術覇権争いの端緒ともなった2015年，拙稿「貿易と安全保障――実務家から見た法の支配」（岩沢・中谷編「国際法研究」第4巻2016年3月）でGATTの安全保障例外

共通論題①　経済安全保障による企業活動への影響と国際経済法

(21条)の援用について，自由貿易と安全保障の間で実務家の間で繊細な均衡がある旨指摘したが，その後の世界情勢やWTOケースの進展，経済安全保障に関連する一連の措置を踏まえた新たな均衡の模索については，国際法，国際経済法実務家の一層の弛まぬ努力が必要と考えられ，こうした取組に参画する人材エコシステムが重要である[29]。

VI　おわりに（課題総括）（参考ケース・スタディ）

　経済安全保障と先端・重要技術を巡っては，より大局的に様々な課題がある。内外政府，関係機関，シンクタンク，アカデミア，産業界等での様々な議論により全体の動きを俯瞰しながら，課題と機会を捉え優先順位とリソース配分，重複や縦割排除に留意しながら各論を進める必要がある。その際，ケース・スタディが有効であり巻末にポイントを要約した。

　経済安全保障法制に関する有識者会議の政府資料（2022年7月25日）による「国会審議における論点等」によれば衆参両院での附帯決議なども踏まえて以下の論点が「今後の課題」とされている[30]。

・国家安全保障戦略における経済安全保障の位置付け（※実現済），経済安全保障の推進に向けた体制整備
・我が国の基幹産業が直面するリスクの総点検・評価の継続的な実施
・セキュリティ・クリアランス[31]
・サイバーセキュリティに関するリスクへの対応
　（この他，サプライチェーン，インフラ，技術開発，非公開特許の4分野ごとの論点）
　（※経済安全保障推進法施行・実施継続）

　この他，経済安全保障推進会議で示された政策体系や骨太方針，日米欧の対外経済政策課題も併せて踏まえると，以下が課題と考えられる。
①先端・重要技術の世界動向を「知る」上での内外シンクタンクの連携（※特に米国政府系シンクタンクRAND, MITRE等インナー。分野毎（量子，AI，バイオ等）や横断領域でのケース・スタディが有効）

②同志国連携による先端技術を保有する国の責任ある技術管理
③経済制裁の効果的実施（スマート制裁）（ウクライナ情勢・ロシア制裁の東アジアへの含意）
④経済的威圧への対応，不公正・不透明な措置への対抗，ルールメイキング（IPEF, CPTPP等），監視，執行（WTO等）
⑤人権問題への対応（信頼あるサプライチェーン及び貿易政策）
⑥サプライチェーン強靱化，重要インフラ協力，債務透明化問題等

　なお，欧州は経済的威圧対策，米国は対外直接投資規制（先端・重要技術分野を念頭），台湾有事対策などの法案や検討が進展している。米国のインフレ削減法（IRA）の環境エネルギー支援インセンティブ措置のうちEV車国内組立義務等の保護主義的措置の問題やフレンドショアリングの在り方など同志国間でも課題が残っている。

　更にこの他にも先端・重要技術に関連し，2027年，2035年など中長期を見据えた米中の技術，軍事バランス競争の緩和，軍縮，意思疎通，衝突回避策（軍民融合や国家情報法問題，サイバーセキュリティ問題への処方箋など）含め様々なバックグラウンドを有する関係者（ウクライナの経緯から民間企業・技術の視点含む）による俯瞰的スタディも重要と考えられる。

表5　参考ケース・スタディ（詳細は，風木淳『経済安全保障と先端・重要技術——実践論』（信山社，2023年）所収）

（ポイント）
　経済安全保障と先端・重要技術について，各分野・領域に焦点を当てたケース・スタディが有効。「攻め」と「守り」の施策を念頭に米欧中の動向やサプライチェーンを「知る」。

各分野の主な項目・キーワード・ポイント
半導体：基盤技術としての半導体，80年代の日本，1986, 1991年の日米半導体協定，2021半導体戦略，半導体サプライチェーン強靱化・開発の日米連携，2022年10月7日米国の対中輸出規制。

量子：量子イノベーション戦略2020，量子未来社会ビジョン2022，量子技術主要3分野（量子コンピューティング，量子ネットワーク（通信・暗号），量子計測・センシ

共通論題①　経済安全保障による企業活動への影響と国際経済法

ング），英国，EU，米国，中国の国家取組。ロシア制裁。

AI：AI戦略2019，2022（3つの理念：人間尊重，多様性，持続可能）（5つの戦略目標：人材，産業競争力，技術体系，国際及び差し迫った危機への対処），Kプロ（AI for Security, Security for AI），AIの脆弱性，倫理問題，米国 National Security Commission on AI 2021（AI自律兵器の脅威から国家防衛，総合戦略（技術開発，管理））。

バイオテクノロジー：バイオ戦略2019，2020，バイオ製造，健康医療，ゲノム解析，生体分子シーケンサー技術，感染症対策，CMO/CDMO。米国の国家戦略。

レアアース：2010年中国のレアアース輸出規制，日米欧WTO提訴・勝訴，リサイクル・リユース，研究開発，鉱山開発など総合対策。

（鍵となるメッセージ）
世界経済の持続的成長・日本の経済成長を見据え，
①政府全体の取組と各界の関係者の大局的・俯瞰的視点（a whole of government approach, a holistic approach（a big picture approach）），
②同じゴールを目指す内外の関係機関・関係者との連携（国レベルでは同志国連合も含む），官民の連携（alignment with like-minded partners, public-private partnership），
③人材交流・育成と広く関係者との意思疎通（talent ecosystem, communications），
の3点が共通項として重要。

（参考：ロシアへの経済制裁と先端・重要技術）
　経済制裁は，当該国の政策変更や抑止のための最大限の効果発揮を目指し，同時に国内への影響の最小化を図るもの。国際情勢と技術管理が交錯する分野である。例えば，輸出管理分野においては，米欧日で連携の上，半導体等のハイテク品の輸出禁止，国際レジュームのリスト外の品目の輸出禁止，先端的な技術である量子技術の輸出禁止などの措置がとられており，先端・重要技術を巡る諸外国の状況，対象品目の選定・評価等で安全保障，経済安全保障への示唆がある。
（全般的経緯：日本は，2014年3月のロシアのクリミア自治共和国及びセヴァストーポリ市の「併合」以来，ロシアによるウクライナの主権及び領土一体性を侵害する動きを深刻に懸念し，ロシアの力による現状変更の試みを断じて認めないとの原則的立場に立脚し，G7の連帯を重視し対応してきた。2022年2月21日，ロシアは「ドネツク人民共和国」（自称）及び「ルハンスク人民共和国」（自称）の「独立」を一方的に承認し，2月24日，ロシアがウクライナへの軍事侵攻を開始。日本は，ロシアによるウクライナ侵略は，ウクライナの主権と領土の一体性を侵害し，武力の行使を禁ずる国連憲章の深刻な違反，国際法違反であるとともに，力による一方的な現状変更を認めないとの国際秩序の根幹を揺るがすものであり，断じて認められないとの立場。一

連の事態に対応し，問題の解決を目指す国際平和のための国際的な努力に我が国として寄与する等のため，Ｇ７等主要国が講じた措置の内容を踏まえ，ロシアへの経済制裁を実施。欧州に止まらずアジアを含む国際秩序の問題として対応。）

*　政策研究大学院大学政策研究院シニアフェロー（前経済産業省貿易管理部長・大臣官房経済安全保障政策統括調整官，現内閣府宇宙開発戦略推進事務局長）。本稿は筆者が所属した組織の見解ではない。

1) 本稿は，2023年11月19日に開催された日本国際経済法学会・研究大会「経済安全保障による企業活動への影響と国際経済法」と題するシンポジウムへの登壇に際し，その主要な紹介内容であった拙著，風木淳『経済安全保障と先端・重要技術――実践論』（信山社，2023年）（以下，風木（2023））をベースに，当該シンポジウムでの活発な議論を踏まえ関連部分の最近の動向について所要の修正や更新を行い論考にまとめたものである。

2) 風木『前掲書』（注１）5-33頁。

3) 「経済財政運営と改革の基本方針2021 日本の未来を拓く４つの原動力〜グリーン，デジタル，活力ある地方創り，少子化対策〜」at https://www5.cao.go.jp/keizai-shimon/kaigi/cabinet/2021/2021_basicpolicies_ja.pdf,「成長戦略実行計画2021」, at https://www.cas.go.jp/jp/seisaku/seicho/pdf/ap2021.pdf,「統合イノベーション戦略」, at https://www8.cao.go.jp/cstp/tougosenryaku/togo2021_honbun.pdf（インターネット掲載資料の最終確認は2024年４月時点。以下同じ。）

4) 「統合イノベーション戦略2020」（2020年７月17日），at https://www8.cao.go.jp/cstp/tougosenryaku/2020.html

5) 「国家安全保障戦略」（2022），at https://www.cas.go.jp/jp/siryou/221216anzenhoshou/nss-j.pdf

6) 風木『前掲書』（注１）2頁。小林鷹之経済安保担当大臣（当時）国会答弁。

7) 各文献リストのレビューについては風木『前掲書』（注１）1-5頁。

8) 中谷和弘「国家安全保障に基づく経済的規制措置――国際法的考察」『日本国際経済法学会年報』31号（2022年）122-140頁。中谷和弘他「ポスト／ウイズコロナ時代における国際経済法上の諸課題と日本企業の国際的リスクへの法的対応」『経団連21世紀研究所報告書』（2022年）。

9) 片田さおり『日本の地経学戦略――アジア太平洋の新たな政治経済力学』（日本経済新聞社，2022年）。2010年に中国が名目GDPで日本を抜き，世界第２位の経済大国となり，2020年頃までに米国の６〜７割程度の経済規模に成長している推移について記載（1990-2020年の主要国GDP推移（図０・１：14頁））。また，1990年―2021年の出来事年表（図３-１：64-67頁）参照。

10) 筆者は1997年－98年のアジア通貨・経済危機時に通商産業省為替金融課（当時）で対策の閣議決定（1998年２月）の立案に関わり，2008年のリーマン・ショック時には，WTO補助金委員会議長としてジュネーブで保護主義措置の通常委員会での監視や透明

性向上の取組に関わったが（Jun Kazeki 'The "Middle Pillar" – Transparency and Surveillance of Subsidies in the SCM Committee – Reflections after the global economic crisis', Global Trade and Customs Journal 5-5 (2010) 参照），当時は，貿易・投資，金融・通貨，援助・開発の相互作用があってG20の形成にも至ったが，一方で「経済安全保障」や「先端・重要技術」の観点は未成熟であった。

11）「安全・安心に関するシンクタンク設立準備キックオフ会合」（2023年3月28日）各資料参照，at https://www8.cao.go.jp/cstp//stmain/20230314thinktank.html
12）「経済安全保障の推進に向けて」（2021年11月19日内閣官房），at https://www.cas.go.jp/jp/seisaku/keizai_anzen_hosyo/dai1/shiryou3.pdf
13）「特定重要物資に関する取組の方向性」（2023年11月経済安全保障に関する有識者会議資料2・資料3），at https://www.cas.go.jp/jp/seisaku/keizai_anzen_hosyohousei/r5_dai8/siryou2.pdf
14）「特定重要技術の研究開発の促進及びその成果の適切な活用に関する基本指針」（2022年9月30日閣議決定），at https://www.cao.go.jp/keizai_anzen_hosho/doc/kihonshishin3.pdf
15）「経済安全保障重要技術育成プログラム研究開発ビジョン（第一次）」（研究開発ビジョン）（2022年9月16日，経済安全保障推進会議・統合イノベーション戦略推進会議決定），at https://www8.cao.go.jp/cstp/anzen_anshin/2_vision.pdf
16）前掲「国家安全保障戦略2022」（注5）。
17）前掲「国家安全保障戦略2022」（注5）参照。
18）米中対立を踏まえた官民対応については経済産業大臣が閣議後記者会見や累次の国会答弁において一貫した考え方を示している。風木『前掲書』（注1）54-55頁。
19）経済産業省「経済安全保障に係る産業・技術基盤強化アクションプラン」（2023年10月），at https://www.meti.go.jp/policy/economy/economic_security/231031actionplan.pdf
20）「EU経済安全保障戦略」（2023年6月20日公表）では，同様の3つの柱が示されており，とりわけpartnershipが強調されているところである。at https://ec.europa.eu/commission/presscorner/detail/en/ip_23_3358。EUは2024年1月には，EU経済安全保障戦略ホワイトペーパーを公表し，輸出管理や投資管理のEUの統一的アプローチ，研究セキュリティの模索などを提示している。at https://commission.europa.eu/system/files/2024-01/Communication%20on%20European%20economic%20security.pdf
21）経済産業省「経済安全保障に係る産業・技術基盤強化アクションプラン改訂版」（2024年4月24日），at https://www.meti.go.jp/policy/economy/economic_security/04-03.pdf
22）経済産業省産業構造審議会通商・貿易分科会安全保障貿易小委員会「中間報告」（2024年4月24日），at https://www.meti.go.jp/press/2024/04/20240424004/20240424004-1.pdf
23）詳細は風木『前掲書』（注1）第4章53-83頁参照。
24）産業構造審議会経済産業政策新機軸部会の一連の資料参照。at https://www.meti.go.jp/shingikai/sankoshin/shin_kijiku/pdf/016_03_00.pdf
25）「不公正貿易報告書30年のあゆみ」（2022），at https://www.meti.go.jp/policy/trade_policy/wto/3_dispute_settlement/32_wto_rules_and_compliance_report/322_past_columns/2022-01.pdf

26) 日本の調査事例（経済産業省 HP），at https://www.meti.go.jp/policy/external_economy/trade_control/boekikanri/trade-remedy/investigation/index.html，産業構造審議会通商・貿易分科会特殊貿易措置部会資料参照．at https://www.meti.go.jp/shingikai/sankoshin/tsusho_boeki/tokushu_boeki/index.html
27) 風木『前掲書』（注1）70-83頁．
28) WTO 協定との整合性の議論については，政府外で多くの論考があり日米欧でも近年フレンドショアリングの視点で情報共有や透明性の観点の重要性が指摘されているが，本稿では深入りしない．
29) 風木『前掲書』（注1）75-76頁．同旨，大西進一「経済安全保障と国際経済法との緊張関係——政経分離の終わり？」『貿易と関税』（2023年8月号）．
30) 内閣官房「経済安全保障法制に関する有識者会議」資料3（2022年7月25日），at https://www.cas.go.jp/jp/seisaku/keizai_anzen_hosyohousei/r4_dai1/siryou3.pdf
31) 内閣官房「経済安全保障分野におけるセキュリティ・クリアランス制度等に関する有識者会議」における検討参照（2023年6月に中間整理）．at https://www.cas.go.jp/jp/seisaku/keizai_anzen_hosyo_sc/index.html．同有識者会議より2024年1月19日に最終報告とりまとめが提出された．at https://www.cas.go.jp/jp/seisaku/keizai_anzen_hosyo_sc/pdf/torimatome.pdf 本稿執筆の期限の2024年4月末時点で「重要経済安保情報の保護及び活用に関する法律案」が国会審議中である．

（政策研究大学院大学政策研究院シニアフェロー）

共通論題① 経済安全保障による企業活動への影響と国際経済法

自由な貿易投資と経済安全保障の一体的実現に向けて[1]

森 田 清 隆

Ⅰ　はじめに
Ⅱ　EPA/FTA を通じた自由な貿易投資と経済安全保障の一体的実現
　1　サプライチェーン強靭化に向けて
　2　戦略的な EPA/FTA 締結の推進
　3　EPA/FTA を活用した経済的威圧への対抗
Ⅲ　輸出管理
　1　大量破壊兵器に関する規制
　2　通常兵器に関する規制
Ⅳ　対内直接投資管理
Ⅴ　むすびにかえて

Ⅰ　はじめに

　経済格差の拡大、これに伴う反グローバリズムの増長によって惹起される過度なナショナリズム、新興国の台頭による価値観の多様化等によって、近年、国際社会は分断の様相を呈し、ロシアによるウクライナ侵略、中東情勢等がこれに追い打ちをかけている。確かに、このような状況に直面すると、各国の政策において経済安全保障が一丁目一番地となり、自由な貿易投資の重要性が顧みられなくなるのもやむを得ない面はある。しかし、サプライチェーンが世界中を網羅する中、国際社会の相互依存関係は強化されており、自由な貿易投資なくして、いかなる国・地域も存立し得ないのが現実である。実際、今世紀に入り世界貿易額が6.1兆ドル（2001年）から24.0兆ドル（2023年）へと約4倍に拡大していること[2]がこれを如実に物語っている。世界の分断を放置した場合、ブロック化が進展し、比較優位に基づく自由貿易、投資を通じた技術移転、国際分業が停滞、結果として世界 GDP の約2.5-7％が失われるとの試算もある[3]。

経済安全保障のウェイトが増している現状に適応しつつ，これ以上自由な貿易投資が後退しないよう歯止めをかけることが求められている。その際，自由な貿易投資と経済安全保障は必ずしも対立軸ではないという点に留意する必要がある。例えば，経済連携協定や自由貿易協定（以下 EPA/FTA と表記）を通じてサプライチェーンを多角化し，自由貿易を通じて資源，エネルギー，食料を確保することは経済安全保障そのものである。他方，機微技術の流出を阻止すべく，輸出管理を行う場合，経済安全保障上の要請に基づき自由貿易をどこまで制限するのかという課題に直面する。かかる観点から，本稿では自由な貿易投資と経済安全保障の一体的実現のあり方について考察する。

II EPA/FTA を通じた自由な貿易投資と経済安全保障の一体的実現

1 サプライチェーン強靭化に向けて

日本は2023年のＧ７議長国として，Ｇ７広島サミットならびに２度にわたる貿易大臣会合を通じ，「透明性」，「多様性」，「安全性」，「持続可能性」，「信頼性」を強靭なグローバル・サプライチェーンの構築・強化に不可欠な原則として提示した。[4] このうち特に「信頼性」は，自由，民主主義といった価値観の共有を通じてではなく，ルールの遵守を通じて醸成されると考える。企業活動がグローバル化し，サプライチェーンが世界的に張り巡らされている中，異なる価値観を乗り越え，ルールに基づく自由な貿易投資をマルチ，プルリ，バイの各レベルで推進することが求められる。これは経済安全保障の観点からも重要である。価値観のみに基づく過度なフレンドショアリングによる重要物資の囲い込みや，差別的な補助金政策等によって自国に生産を集中させるリショアリングは，決してエネルギー，天然資源，食料等のサプライチェーン強靭化の最適解とはならない。[5] 不安定な国際関係の中で，同盟国への極度の依存の危険性を認識し，自由な貿易投資を通じて供給源の多様化を図ることこそが経済安全保障である。

価値観を超えて，ルールに基づく貿易を実現するためのマルチ枠組として，164の国・地域が加盟する WTO が果たす役割は引き続き重要である。しか

し，多国間でコンセンサスを形成するのはそもそも困難であり，特にロシアによるウクライナ侵略などWTO加盟国間で分断が生じている中，現実は極めて難しい。WTOが困難に直面する中，自由な貿易投資と経済安全保障の一体的実現に向けて最も機能し得るのはEPA/FTAであるといえよう。かかる観点から，EPA/FTAを通じたGlobal Southを含む全ての国との連携を念頭に置くことが重要である。もっとも，特定の国がEPA/FTAに参加することで自由な貿易投資へのモチベーションが下がってしまっては本末転倒である。したがって，EPA締結にあたっては一定の条件を満たす必要がある。例えば，実質的全ての貿易を自由化することはGATT24条8項の下，当然の要請である。また，サプライチェーン強靱化の観点からはエネルギー，天然資源，食料の輸出入制限の回避も重要な点である。上述の通り，リショアリングを通じた市場歪曲を防止するためには補助金の規律も不可欠である。さらに，資源開発，農業分野等への投資を促進する観点からは，投資前内国民待遇の付与（外資制限の撤廃），ローカルコンテンツ要求を含む特定措置履行要求の禁止，ならびに送金の自由も確保されるべきである。このほか，信頼ある越境自由なデータ流通（DFFT）を実現すべく，自由な越境データフローやデータローカライゼーションの禁止などデジタル分野におけるコミットも求められよう。

　これらの基準の中に，自由，民主主義，法の支配といった価値観は含むべきでないことは上記の通りである。もちろん，ロシアのように武力によって国際秩序に挑戦する国と従来通り貿易投資を推進することは不可能である。他方，G7諸国のように議会制民主主義を採用する国家は，世界的に少数派であるのも現実であり，価値観が異なる国をそれだけの理由で貿易投資の相手国から排除すべきではない。もっとも，後述の通り，経済的威圧への対応など特定の目的を遂行する上では価値観を共有する同志国間の連携が有効な面はある。

2　戦略的なEPA/FTA締結の推進

　わが国は2000年代以降，EPA/FTA戦略を推進しており，貿易総額における発効済のEPA/FTAカバー率は80％程度に至っている。自由な貿易投資と経済安全保障を一体的に実現する観点から，引き続き空白地帯を埋めると共

に，既存のEPA/FTAへの新規加入国拡大を推進することが求められる。

(1) 日本メルコスールEPA

まずメルコスール（ブラジル，アルゼンチン，パラグアイ，ウルグアイ）とのEPA締結を最優先すべきである。メルコスール諸国は，鉱物資源，食料，飼料の供給国であり，わが国としてこれらの安定的な輸入確保に向けて，EPAを通じて関係を強化すべきである。具体的には，「日豪EPA」に倣い，他方の締約国の食糧安全保障，エネルギー及び鉱物資源の安全保障に及ぼし得る悪影響に妥当な考慮を払った上で，当該輸出禁止または制限を必要な範囲に限定するよう努める，また，悪影響を最小限にするため，輸出禁止または制限に関するいかなる事項についても協議のための合理的な機会を他方の締約国に対して提供する旨の規定を設けるのも一案である。[12]

鉱物資源開発や農業分野への日本からの投資を促進する観点から[13]，「日本メルコスールEPA」を通じた投資自由化・保護が求められる。特にブラジルに関しては外資制限，ローカルコンテンツ要求，送金規制，ロイヤリティの上限規制等，投資に関する制約が多く指摘されており[14]，改善が不可欠であるといえよう。関税面についても，「EUメルコスールEPA」の大筋合意[15]，「韓国メルコスールFTA」交渉の開始等[16]に鑑み，これらの動きに劣後しないことが求められる。

(2) 日GCC・FTA

エネルギーの安定供給を図る観点からは，湾岸諸国との間で「日GCC・FTA」交渉を再開することも重要である。GCC諸国は外資制限，送金規制，過度な拠点設置義務や，現地人雇用義務など投資障壁が少なくない。また，税制の不透明性など，ビジネス環境上の問題も指摘されている[17]。日本からのエネルギー分野への投資を促進する観点からもFTAの締結が求められる。韓国は2023年12月にGCC諸国とのFTA交渉を妥結しており[18]，日本としてもこれに劣後しないよう，早急な対応が求められる。

(3) CPTPPの加入国拡大

カナダ，メキシコ，チリ，ペルー，ブルネイ，ベトナム等，「環太平洋パートナーシップに関する包括的及び先進的な協定」（以下CPTPPと表記）加入国

の多くが資源国である。また，同協定加入国であるシンガポールやマレーシアは，我が国にとってシーレーン上の重要国である。このように自由な貿易投資の推進はもとより，経済安全保障上も重要な役割を果たすCPTPPの加入国を拡大することで，その機能を強化すべきである。そうすることで経済的威圧への対応（後述）のための連携もより実効的になるものと考える。ただし，まず拡大ありきではなく，「高水準のルールの履行」，「貿易投資に関する国際的約束の遵守」，「参加国のコンセンサス」の「CPTPP加入3原則」[19]を満たすことが条件であることは言うまでもない。

まず韓国の加入申請が期待される[20]。韓国は既に米国，EUとFTAを締結し，高水準のルールを履行し得る存在である。また，国内市場の縮小や資源・エネルギーの安全保障の確保等，日本と共通の課題を抱えており，重要物資・エネルギーの共同調達・融通などCPTPPの下での協力を模索すべき国である。

「自由で開かれたインド太平洋」（FOIP）を実現すべく，アジア主要国の加入も期待されるところである。例えば，資源国であるインドネシア[21]，日本企業のアジアにおける拠点であるタイ，シーレーン上の要衝であるフィリピン等が挙げられよう。インドの加入も中長期的観点から極めて重要である。「インド太平洋経済枠組」（IPEF）に参加し，「日米豪印」（QUAD）のメンバーであるインドの加入は，市場アクセスが含まれないIPEFを補完し，また，QUADが掲げる質の高いインフラの整備等を具体化する上で有効である。インドは既に日本および豪州とEPAを締結しており，これらはインドのCPTPP加入への足掛かりとなる。また，米印両国は「米印貿易政策フォーラム」（TPF）を通じて協力しており，仮にインドのCPTPP加入への道筋が開かれれば，米国のTPP復帰の布石にもなり得る[22]。

3 EPA/FTAを活用した経済的威圧への対抗

価値観を超え，EPA/FTAを通じて自由な貿易投資の相手を多角化しておくことで，仮に第三国から輸入制限を受けた場合に代替市場を確保する，また，重要物資の供給を止められた場合でも調達先を変更するなど，経済的威圧

に対処することが可能となる。[23] また，追加的対応として，EPA/FTA において経済的威圧への対応について取極めておくことも有益であるといえる。この点に関し，IPEF「サプライチェーン協定」12条3項は，サプライチェーン途絶時の不足物資の生産増の奨励，物資の共同調達，代替輸送ルートの確保等を通じた協力について定める。また，2023年11月のCPTPP閣僚会合で合意された一般的な見直しに係る付託事項は，経済的威圧に対応する手段も含め多角的貿易システムをさらに補完するとしている。[24] 上記の通りCPTPPは資源国やシーレーン上の要衝が多数加入しており，例えば，いずれかの加入国が第三国からの重要物資の供給を制限された場合，域内で融通することが一案であろう。このような影響緩和措置と併せて，いずれかの加入国が第三国による経済的威圧を受けた場合，連携して対抗措置を発動できる体制を検討することも重要であろう。EUの「第三国による経済的威圧措置を抑止するための規則」は，EUまたはEU加盟国に対する第三国からの経済的威圧に対して，協議等によっても威圧の中止に至らない場合に，最終的な手段として，関税譲許の一時停止や，輸出入等の制限の導入，政府調達からの除外，サービス貿易に影響を与える措置の導入等，幅広い対抗措置を可能としている。[25] 実際に対抗措置を発動するかどうかは別として，このような事例をも参考に，経済的威圧に対応するための規定を新設することは，少なくとも威圧行為を牽制・抑止する手段としての意義があるのではないか。[26]

　経済的威圧に対しては，価値観を共有する有志国間の連携も不可欠である。G7広島サミットでは「経済的威圧に対する調整プラットフォーム」が創設され，[27] 早期警戒や迅速な情報共有，威圧の対象となった国・地域・主体に対する支援に取り組む方針が決定されており，その具体化が急務である。

Ⅲ　輸出管理

1　大量破壊兵器に関する規制

　上記の通り，サプライチェーン強靭化のためには価値観を問わず貿易投資相手を多角化すべきである。ただし，価値観を必ずしも共有しない国との関係では，貿易投資を通じた機微技術等の流出を防止すべく一定の安全保障上の措置

を設定する必要がある。その際は"small yard high fence"を徹底する，換言すれば，自由貿易に悪影響を与えないよう安全保障上の理由で規制対象とする品目は必要最小限に限定しつつも，対象とされた品目については管理を徹底するということである。

かかる観点から，わが国では外為法の下，大量破壊兵器に転用される可能性のある品目に関するリスト規制[28]が導入されている。リスト規制を実施する際は，価値観を共有する有志国との間での連携が不可欠である。

有志国間連携の一例として米国による半導体関連製品の輸出規制強化が挙げられる。米国商務省産業安全保障局（BIS）は2022年10月7日に半導体関連製品に関し，「輸出管理規則」（EAR）を強化した[29]。規制強化の理由は，先端集積回路，スーパーコンピュータおよび半導体製造装置が大量破壊兵器開発や人権侵害に寄与し得るとの検証結果に基づくとされている。内容としては，EARの下での「規制品目リスト」（CCL）に特定の先端半導体とこれらを含むコンピュータ関連汎用品を追加すること，CCLに特定の先端半導体製造装置を追加すること，特定国の事業者が所有する14ナノメートル以下のロジック半導体など特定半導体を製造する施設へのEAR規制対象品の輸出を原則不許可とすること等が含まれている。これに呼応する形で，日本も半導体製造装置23品目を新たに輸出管理の対象とする措置を2023年7月より導入し[30]，米国同様，14ナノメートル以下のロジック半導体製造装置などが含まれる[31]。米国が輸出管理の対象とした品目を，日本から調達することが可能であれば，輸出管理の効果は減退する。そこで，日米が連携して対応したものと推察される。

2 通常兵器に関する規制

通常兵器については，大量破壊兵器と違いリスト規制が存在せず，キャッチオール規制のみが導入されている。すなわち，特定の物品当の輸出が制限されることはないが，一方で食料や木材等を除く全ての貨物・技術について，輸出管理当局より「輸出先（ユーザー）やその用途に疑義あり」とのインフォームがあった場合，輸出許可を申請し，審査を受ける必要があるということである[32]。このため，輸出業者が率先して輸出管理当局に事前相談をした場合，イン

フォームを受け輸出許可申請を余儀なくされる，他方，インフォームは個社単位で行われるため，事前相談をしない国内競合他社は許可申請をしないという齟齬が生じ得る．そこで，規制の外延をある程度明確にし，予見可能性と輸出業者間での公平な競争条件を確保する観点から，通常兵器についても従来のキャッチオール規制を改善する制度的枠組を構築すべきではないか．具体的には，以下の措置が求められるのではないか．

① 大量破壊兵器の場合に倣って，通常兵器に転用される懸念の高い品目を特定する．その際，自由貿易に影響を極力与えないよう対象品目を絞り込む[33]．
② 政府が懸念のある輸出先（需要者）に関する情報を収集し輸出業者に提供する．需要者に関する情報については，公表すべきか否か，更なる検討が必要となろう[34]．公表しない場合，輸出業者は輸出管理当局に相談しない限り情報にアクセスできず，率先して事前相談した業者のみがインフォームを受ける現状を克服できない可能性がある．他方，特定の需要者を懸念対象として公表した場合，当該需要者の国籍国との間での摩擦が生じる可能性も否定はできない．
③ 懸念の高い取引（用途）を判断するための基準（Red Flags）を策定する．基準を列記の上，全ての基準に該当する場合に限って輸出許可申請の対象とすることで，自由貿易への影響を極小化すべきであろう[35]．

制度設計に際しては，「官は規制する側，民は規制を守る側」という考え方を排除する必要がある．技術開発を行っているのは企業であり，また，貿易を通じて需要者に関する情報に接する機会があるのも企業であるため，民側の知見なくして制度設計は不可能である．並行して，官側のインテリジェンス能力向上が不可欠であることも言を俟たない．

IV 対内直接投資管理

海外から資金と技術を国内に呼び込み経済を活性化させ，国際競争力を高め

ることが重要であり，外国人投資家による直接投資は原則自由とすべきである。EPA/FTA や投資協定を通じて，外資制限を撤廃すると共に，特定措置履行要求の禁止や，送金の自由を保証することが求められる。他方，貿易の場合と同様，外国人投資家による企業買収を通じた技術流出など，わが国の経済安全保障上の要請上，必要最低限の投資管理を適切に行うことが求められる。

　この点に関し，日本政府は投資管理の対象となる上場企業を指定し，その個社名を公表している。具体的には，「本邦上場会社の外為法における対内直接投資等事前届出該当性リスト」[36]において，上場企業を「①指定業種以外」，「②指定業種のうちのコア業種以外」，「③指定業種のうちのコア業種」に3分類し，各上場会社が①〜③のどれに該当するのかを公開している。このうち②③に該当する個社は投資管理の対象となり，とりわけ③に該当する個社については，外国投資家がその株式の1％以上を取得する場合に原則として事前届出と審査を要する。しかし，リストで個社名を公開することは，以下の2点で問題があると考える。

　第1に，投資管理の対象とすべき業種は国際情勢に応じて変化する。実際わが国は，最近の経済安全保障をめぐる情勢をふまえ，半導体，蓄電池，重要鉱物に係る業種を③に追加したほか，ロシアによるウクライナ侵略を背景に，食料安全保障の観点から肥料に関する業種も③に指定している[37]。また，個社についてもその置かれた状況は頻繁に変化する。例えば，従来「①指定業種以外」とされている塗料メーカーであっても，同社の製品がステルス戦闘機の塗料に利用できるということが判明すれば「③指定業種のうちのコア業種」に分類されなければならないであろう。逆に③に指定されている企業であっても，技術の進歩によって同企業が有する技術が陳腐化した場合，①に変更する必要がある。したがって，公表されているリストが必ずしも個社の実態を反映しているとはいえない。定期的にリストの更新を行ったとしても，日々刻々と変化・進歩する技術に追いつくことは難しい。

　第2に，個社名，とりわけ「③指定業種のうちのコア業種」に該当する個社名を公表することで，当該個社が機微技術を有することが白日の下に晒され，外国人投資家による企業買収等の「標的」とされる可能性を否定できない。な

お上記の通り，肥料，半導体，蓄電池，重要鉱物等の業種が追加されたこともあり，現在では「③指定業種のうちのコア業種」に該当する企業は900社を超えている。このため，リストで個社名が晒されていても，外国投資家にとって「標的」を定める上での参考とならず，いまのところ③に指定された個社が買収による技術流出に直面する可能性はさほど高くないかもしれないが，懸念は残る。逆に，③に該当する企業が多過ぎると，事前届出と審査が形骸化しかねないという問題が生じることも否定できない。

　以上に鑑み，「本邦上場会社の外為法における対内直接投資等事前届出該当性リスト」の公表という措置を見直すべきではないか。そもそもリストは便宜上のものであり法的拘束力はない。しかも，実態を反映しているとは必ずしもいえず，海外投資家の参考となるのか疑問の余地を禁じ得ない。諸外国でも具体的な企業名をリスト化して公表している例はないと思われる。今後，例えば「③指定業種のうちのコア業種」に該当する企業のうち，特にわが国の経済安全保障の根幹に係る企業を絞り込み，事前届出と審査を徹底的に行うと同時に，具体的にどの個社がそれに該当するのかは公表しないといった措置も検討すべきではないか。

V　むすびにかえて

　以上，EPA/FTAの活用，輸出管理，対内直接投資管理について概観したが，これだけでは自由な貿易投資と経済安全保障を一体的に実現することは難しい。技術協力，企業買収，人材の海外流出など，日々のビジネス活動を通じて機微技術が流出する可能性は常に存在する。外為法に基づき，物品の管理に加え，流出・流失リスクの高い技術を特定し，これらの移転を伴う対外投資についても事前報告の対象とすることも検討する必要があるかもしれない。また，特定国への技術流出を防止することが，当該国にとって自国での技術の研究開発を推進するインセンティブとなり，将来的に追いつき，追い越される可能性もある。G7など有志国各国の政府，民間部門ならびに関連する利害関係者が既存のEPA/FTAを活用し，最先端技術の国際基準の策定などの規制協力を推進し，つねに競争上の優位性を確保しておくことが重要であろう。[38]

共通論題①　経済安全保障による企業活動への影響と国際経済法

1) 本稿は，日本国際経済法学会第33回研究大会（2023年11月，於同志社大学）における筆者報告「経済安全保障に関する経済界の見解」に加筆修正を加えたものである。
2) WTO "Global Trade Outlook and Statistics" 4頁。
3) 国際通貨基金（IMF）のゴピナート筆頭副専務理事が国際経済学連合で発言（2023年12月11日）。
4) 「G7広島首脳コミュニケ」パラ30。
5) 同様の趣旨として，川瀬剛志「岐路に立つ多国間通商システム——日本の最良の選択とは」一般財団法人国際経済交流財団編『ルール志向の国際経済システム構築に向けて』（中央公論事業出版2022年12月）163-164頁参照。
6) 例えば，CPTPP2.11条，RCEP2.17条。
7) 例えば，CPTPP9.4条，RCEP10.3条。
8) 例えば，CPTPP9.9条，RCEP10.6条。
9) 例えば，CPTPP9.8条，RCEP10.9条。
10) 例えば，CPTPP14.11条ならびに14.13条，RCEP12.14条ならびに12.15条。ただしRCEPでは，締約国が公共政策の正当な目的を達成するために必要であると認める場合は，同規定に適合しない措置をとることが是認されている。その意味で，CPTPPよりも国家の規制権限が強く認められている。
11) 外務省経済連携課「我が国の経済連携協定（EPA/FTA）等の取組」（令和6年5月）https://www.mofa.go.jp/mofaj/files/000490260.pdf
12) 日豪EPA7.3条，8.4条参照。
13) 物流など鉱物資源開発や農業に関連する周辺インフラへの投資を含む。
14) 経団連「投資関連協定に関する提言」（2019年10月15日）Ⅳ2.（2）参照 https://www.keidanren.or.jp/policy/2019/082_honbun.html
15) https://ec.europa.eu/commission/presscorner/detail/en/IP_19_3396
16) https://www.jetro.go.jp/biznews/2021/09/f31456e7543ea3db.html
17) 経団連提言「中東湾岸諸国との戦略的関係強化を求める」（2022年12月13日）https://www.keidanren.or.jp/policy/2022/104_honbun.pdf
18) https://www.jetro.go.jp/biznews/2024/01/2d361aa3ecf05eb5.html
19) 「第7回TPP委員会の機会における閣僚共同声明」（2023年7月16日）参照。
20) 経団連：第30回 経団連・韓経協首脳懇談会 共同声明（2024-01-11）（keidanren.or.jp）（2024年1月11日）の中で，CPTPPへの韓国の加入に向け，働きかけを行うことに言及。
21) 同国のアイルランガ・ハルタルト経済担当調整相は，2024年5月24日，インタビューに答え，CPTPPへの加入を「年内にも申請する」と発言（日本経済新聞2024年5月25日）。
22) 経団連「公正・公平で強靱かつ持続可能な貿易投資環境を求める——自由で開かれた国際経済秩序の再構築に関する提言」（2024年6月18日）7頁。
23) "Trade Impacts of Economic Coercion" OECD Trade Policy Paper（May 2024 No.281）は，①開かれた市場，ルールに基づく貿易システムおよびWTOは，威圧を受

けた国が代替市場を見つけ，対処する上で役立つ，②プルリ，バイの協定も重要な役割を果たす，と指摘．

24) CPTPP の一般的な見直しに係る「付託事項」（2023年11月15日）参照．
25) Regulation (EU) 2023/2675 of the European Parliament and of the Council of 22 November 2023 on the protection of the Union and its Member States from economic coercion by third countries, Article 8.
26) 経団連「公正・公平で強靱かつ持続可能な貿易投資環境を求める——自由で開かれた国際経済秩序の再構築に関する提言」（2024年6月18日）12-13頁．
27) 「経済的強靱性及び経済安全保障に関するG7首脳声明」（2023年5月20日）参照．
28) 外為法の下，輸出令別表第一の1項～15項の中欄に掲げられている貨物がリスト規制貨物に該当．
29) Implementation of Additional Export Controls: Certain Advanced Computing and Semiconductor Manufacturing Items; Supercomputer and Semiconductor End Use; Entity List Modification. https://www.federalregister.gov/documents/2022/10/13/2022-21658/implementation-of-additional-export-controls-certain-advanced-computing-and-semiconductor
30) 経済産業省貿易経済協力局貿易管理部「半導体製造装置の輸出管理強化に係るパブリックコメントについて」（令和5年4月）．
31) 今回の輸出管理措置の対象となった最先端露光装置である極端紫外線（EUV）は，オランダのASML社が世界のシェアを独占しているが，EUVのマスク用防護カバー製造装置やEUV用に設計された塗布・現像装置は日本企業のシェアが大きいため，一定の影響があるものと思われる．また，同じく輸出管理措置の対象であるArF液浸露光装置（EUVの一世代前の露光技術）については，日本企業もシェアを有するため，これについても影響が想定され得る．ただし，米国，韓国，タイ，台湾など42カ国・地域には包括許可が適用され，個別許可が必要なケースは限定的．
32) 輸出令別表第一又は外為令別表の16項参照．
33) 産業構造審議会通商・貿易分科会安全保障貿易管理小委員会中間報告（2024年4月24日）6-7頁．
34) 同上．
35) 同上．
36) www.mof.go.jp/policy/international_policy/gaitame_kawase/press_release/20230519.html
37) 財務省「サプライチェーン保全等のための外為法上のコア業種の追加」https://www.mof.go.jp/policy/international_policy/gaitame_kawase/press_release/relateddocument_20230424_1.pdf
38) 「B7東京サミット共同提言」Ⅱ2．（2）参照．www.keidanren.or.jp/policy/2023/028.html

（一般社団法人日本経済団体連合会国際協力本部長）

共通論題① 経済安全保障による企業活動への影響と国際経済法

国際経済法秩序と経済安全保障

阿 部 克 則

Ⅰ　はじめに
Ⅱ　経済安全保障推進法と国際経済法秩序
　1　経済安全保障推進法の成立経緯
　2　特定重要物資の安定供給確保（サプライチェーン強靱化）
　3　特定社会基盤役務（基幹インフラサービス）の安定供給確保策
Ⅲ　国際経済法秩序の展開と経済安全保障
　1　国際貿易法秩序の変遷と経済安全保障上の課題
　2　WTO体制内部における「部分化」と経済安全保障
　3　分権的な国際投資法秩序と経済安全保障
Ⅳ　おわりに

Ⅰ　はじめに

　本稿の目的は，国際経済法秩序と経済安全保障との関係を，歴史的な観点も踏まえて検討することである。経済安全保障の概念は多義的であるが，「他国の軍事的脅威から国家・国民を防衛するとの伝統的な意味での安全保障を，経済的手段によって確保する」という意味で経済安全保障をとらえれば，そうした政策は古くから存在していた。典型的には軍事関連物資の輸出管理措置だが，冷戦期においてはソ連や中国がGATT体制外にあったため，かかる措置の国際経済法上の位置づけは大きな問題にはなっていなかった。しかし中国・ロシアが加盟したWTO体制下において地政学的対立が激化したことによって，上記のような意味での経済安全保障と国際経済法秩序とは，現在明らかな緊張関係に入っている。また，「国民の経済生活への脅威を除去する」という意味で経済安全保障をとらえると，石油ショックが発生した1970年代等にも，資源の安定確保政策としての経済安全保障の重要性には焦点が当たっていたが，WTO体制の下でグローバリゼーションが進展し，資源に限らず様々な物

資について国際的なサプライチェーンが構築された現在においては，かかる意味での経済安全保障を確保するための政策は，より広範なものが必要となる。そのため，自由な国際貿易・投資により相互依存関係を進展させてきた従来の国際経済法秩序と経済安全保障政策との間で，緊張関係が生じているのである。そこで本稿は，我が国の経済安全保障推進法と国際経済法秩序との関係を検討するとともに，構造変化してきた国際経済法秩序における経済安全保障の位置づけを歴史的に振り返った上で，経済安全保障問題を現行の条約規定・制度の下で扱う際に直面する法的課題について検討することとしたい。

Ⅱ　経済安全保障推進法と国際経済法秩序

1　経済安全保障推進法の成立経緯

日本政府は2020年4月，国家安全保障局内に経済班を設置して経済安全保障問題に関する戦略的政策の企画・立案を行うこととし，「骨太の方針2021」に経済安全保障に関する施策の具体化・実施を進めることを明記した[1]。2021年10月，岸田首相は経済安全保障担当大臣を任命し，経済安全保障を推進するための法案を作成すると表明した。同年11月，政府は経済安全保障推進会議の初会合を開催し，立法措置によって取り組むべき経済安全保障上の課題として①重要物資のサプライチェーンの強靭化②基幹インフラ機能の安全性・信頼性の確保③重要技術開発のための官民協力の促進④特許非公開化制度による機微発明の流出防止という4分野を示した[2]。また政府は，経済安全保障担当大臣の下に経済安全保障法制に関する有識者会議を設置し，2022年2月に同会議は提言書を公表した[3]。これを受けて，同年2月25日に経済安全保障推進法案が閣議決定され，同年5月11日，第208回国会において「経済施策を一体的に講ずることによる安全保障の確保に関する法律」（令和4年法律第43号，以下「経済安全保障推進法」）が成立した。

本法については，政府も一般的に「経済安全保障推進法」と呼んでいるが，この法律自体には「経済的安全保障」という用語は使われておらず，したがってこの法律には経済安全保障の定義は存在しない。政府は，「絶えず変化する国際情勢や厳しさを増す安全保障環境を踏まえ，経済構造の自律性の確保，我

が国の優位性・必要性の実現，基本的価値観・ルールに基づく国際秩序の維持・強化といった目標を達成するため，経済対策を総合的かつ効果的に推進することが経済安全保障の中心的な考え方である」とし，経済安全保障の外縁や経済安全保障を実現するための政策の範囲について限定しない立場をとっていると考えられる。[4] それゆえ，経済安全保障推進法でとりあげられた4つの分野は，経済安全保障のすべての側面をカバーするものではなく，喫緊の課題として取り組むべき分野横断的な項目であり，今後その他の分野での経済安全保障政策もとられることになると思われる。[5]

　経済安全保障推進法の特徴の1つは，国際約束の誠実な履行の必要性を明確にしていることである。同法90条は，「この法律の施行に当たっては，我が国が締結した条約その他の国際約束の誠実な履行を妨げることがないよう留意しなければならない。」と規定する。かかる規定は，領海等における外国船舶の航行に関する法律や特定船舶の入港の禁止に関する特別措置法等にも含まれている。経済安全保障推進法に国際約束の誠実履行に関する条文が盛り込まれたのは，経済安全保障法制に関する有識者会議の提言において，「政府の措置はWTO協定等の国際ルールとの整合性に十分に留意しながら実施すべきである」と指摘されていたこと等を反映していると考えられる。[6] また経済安全保障推進法2条は，経済安全保障を確保するに当たっての基本方針を定めなければならないとしており，2022年9月30日に閣議決定された基本方針においては，安全保障の確保に関する経済施策の実施に当たって配慮すべき事項として，自由かつ公正な経済活動との両立及び事業者等との連携と並んで，国際協調主義が含まれている。そしてその具体的内容として，「内外無差別の原則等との整合性を含め，WTO協定等の我が国が締結した条約その他の国際約束の誠実な履行を妨げることがないよう留意すること」が明記されている。[7] このように経済安全保障推進法とその運用は，WTO協定等の国際経済法との関係が強く意識されたものとなっているといえよう。以下本稿では，同法が対象とする4分野のうち，サプライチェーン強靭化と基幹インフラサービスの安定供給確保策について検討する。

2 特定重要物資の安定供給確保（サプライチェーン強靭化）

　経済安全保障推進法第2章は，国民の生存や，国民生活・経済に甚大な影響のある重要な物資の安定供給を確保すること（サプライチェーン強靭化）を目的とした制度を設立した[8]。同法7条は，ある物資が①重要性②外部依存性③蓋然性④必要性の4要件をすべて満たした場合，特定重要物資に指定すると規定する。第1に重要性とは，問題となる物資が，国民の生存に必要不可欠な又は広く国民生活若しくは経済活動が依拠している重要な物資であることを意味する。第2に外部依存性とは，特定少数国・地域に供給元が集中している等，問題となる物資の供給が外部に過度に依存し，又は依存するおそれがあることをいう。第3に蓋然性とは，供給国・地域による輸出の停止・制限等により供給途絶のリスクがあり，国民の生存や国民生活・経済活動に甚大な影響が発生する蓋然性を意味する。第4に必要性とは，供給途絶等が発生した実績がある等早急に措置を講ずる必要があると考えられる場合など，本制度による施策が特に必要と認められることである[9]。以上の4要件を満たす特定重要物資として，2022年12月，抗菌性物質製剤，肥料，永久磁石，工作機械・産業用ロボット，航空機の部品，半導体，蓄電池，クラウドプログラム，天然ガス，重要鉱物及び船舶の部品の11物資が政令で指定された[10]。また，2024年2月には，新たに特定重要物資として先端電子部品（コンデンサー及び弾性波器）が指定され，既に指定されている重要鉱物の鉱種にウランが追加された[11]。

　これらの特定重要物資に関し，物資所管大臣が安定供給確保取組方針（取組方針）を定める（同法8条）。そして特定重要物資の安定供給確保を図ろうとする事業者は，取組方針に基づき供給確保計画を作成して物資所管大臣に提出し，物資所管大臣は，提出された計画が取組方針に照らして適切であると認める場合には当該計画を認定する（同9条）。認定された事業者（認定供給確保事業者）は，新エネルギー・産業技術総合開発機構（NEDO）や医薬基盤・健康・栄養研究所等の安定供給確保支援法人（又は安定供給確保支援独立行政法人）による助成（同31-43条），日本政策金融公庫法の特例によるツーステップローン（同13-26条）等の支援措置を受けることができる。

　同制度の下での認定事業者に対する支援措置は，WTO補助金協定が規律す

る「補助金」に該当する可能性がある。補助金協定1.1条は，(a)政府が資金面で貢献し，かつ，(b)それによって利益がもたらされる場合には，補助金が存在するとみなすと規定する。同条(a)(1)(i)は，「政府が資金の直接的な移転を伴う措置（例えば，贈与，貸付け及び出資）」をとることを，資金面の貢献の一類型としており，助成金が交付されたり，市中金利より低い利率で貸付けが行われたりすれば，資金面での貢献によって利益がもたらされるので，補助金が存在することになる。よって，認定事業者に対する日本政策金融公庫の特例融資や安定供給確保支援法人の助成金は，補助金協定上の補助金に該当しうる。

補助金協定1.2条は，上述の定義に該当する補助金につき，特定性を有する場合に同協定の規律対象となるとし，かつ同2.3条は交付自体が禁止される補助金（いわゆるレッド補助金）については特定性を有するものとみなすと定める。かかるレッド補助金について補助金協定3.1条は，(a)輸出が行われることに基づいて交付される補助金（輸出補助金）と(b)輸入物品よりも国産物品を優先して使用することに基づいて交付される補助金（国産品優遇補助金）の交付を禁止する。この点に関して，特定重要物資に関する支援措置は，特定重要物資の輸出を条件として行われるものではなく，輸出補助金ではない。また同支援措置は，特定重要物資の製造設備の導入等に対して行われるものだが，それらの設備類が国産物品であることを要求するものではなく，国産物品優遇補助金にも該当しないと考えられる[13]。この点については，有識者会議の提言や経済安全保障担当大臣の国会答弁[14]においても，同制度を補助金協定と整合的に設計すべきとの立場が示されていた。[15]

他方で，レッド補助金ではないものの特定性を有する（法令上又は事実上特定の産業や企業に対して交付される）補助金については，それが他の加盟国に悪影響を及ぼす場合には，当該悪影響を除去するよう他の加盟国はWTO紛争解決手続に提訴することができる（同協定7条）。また，イエロー補助金の交付を受けた物品等が他の加盟国に輸出され，それにより他の加盟国の国内産業に実質的な損害等が生ずる場合には，他の加盟国は相殺関税を賦課することもできる（同協定第5部）。特定重要物資の安定供給確保策はイエロー補助金に該当する可能性があるが，イエロー補助金は交付が禁止されているものではなく，それ

についてWTO提訴するかどうか，あるいは相殺関税を発動するかどうかは，影響を受ける加盟国が決定することである[16]。仮に特定重要物資に関する支援措置について他のWTO加盟国が紛争解決手続に提訴した場合，補助金協定との整合性に関しGATT20条（一般例外）やGATT21条（安全保障例外）を根拠として正当化できるかという問題は想定しうる。補助金協定自体には例外条項が存在せず，補助金協定に対するGATT20条や21条の適用可能性については議論があるところである[17]。

3　特定社会基盤役務（基幹インフラサービス）の安定供給確保策

経済安全保障推進法第3章は，特定社会基盤役務（基幹インフラサービス）の安定的な提供の確保のための制度を導入した。同法50条は，電気・ガス・石油・水道・鉄道・貨物自動車運送・外航貨物・港湾運送・航空・空港・電気通信・放送・郵便・金融・クレジットカードの14分野を外縁として規定し，それぞれの分野について，「国民生活及び経済活動の基盤となる役務であって，その安定的な提供に支障が生じた場合に国家及び国民の安全を損なう事態を生ずる恐れがあるもの」を特定社会基盤事業として絞り込んで政令で定めるとしている。そのうえで，特定社会基盤事業を行う者のうち，その使用する特定重要設備の機能が停止し，又は低下した場合に，その提供する特定社会基盤役務の安定的な提供に支障が生じ，これによって国家及び国民の安全を損なう事態を生ずるおそれが大きいものとして主務省令で定める基準に該当する者を，主務大臣は特定社会基盤事業者として指定することができるとする（同条）。ここでいう特定重要設備とは，特定社会基盤事業の用に供される設備，機器，装置又はプログラムのうち，特定社会基盤役務を安定的に提供するために重要であり，かつ，我が国の外部から行われる特定社会基盤役務の安定的な提供を妨害する行為の手段として使用されるおそれがあるものとして主務省令で定めるものをいう。例えば，電気事業における需給制御システムや電気通信事業における交換機能を有する設備等が特定重要設備とされる[18]。以上のような特定社会基盤事業者の基準に照らして，東京電力等の電力会社やNTT東日本／西日本等の通信会社を含め，211事業者が特定社会基盤事業者に指定された[19]。

共通論題①　経済安全保障による企業活動への影響と国際経済法

　特定社会基盤事業者は，他の事業者から特定重要設備の導入を行う場合又は他の事業者に委託して特定重要設備の維持管理若しくは操作を行わせる場合（これを重要維持管理という）には，当該特定重要設備の導入又は重要維持管理等の委託に関する計画書（導入等計画書）を作成し，主務大臣に届け出なければならないとされる（同法52条1項）。導入等計画書には，特定重要設備の概要や，導入の内容及び時期，特定重要設備の供給者に関する事項として主務省令で定めるものを記載しなければならず（同2項），供給者の設立準拠法国や役員の国籍等も届出事項となる。そして主務大臣は，原則として30日以内に導入等計画書の審査を行い，特定重要設備・重要維持管理等が特定妨害行為の手段として使用されるおそれが大きい場合には，主務大臣は，計画内容の変更，導入・委託の中止を勧告又は命令できる（同6項・10項）。

　このような特定社会基盤役務の安定供給確保策は，WTO協定との整合性が問題となりうる。例えばGATT3条4項は，輸入産品の販売・使用等に関するすべての国内法令・要件について，同種の国内産品に与える待遇より不利でない待遇を輸入産品に対し与える義務（内国民待遇義務）を定める。そのため，特定重要設備に関して輸入産品であること理由として排除するような国内制度であれば同条項違反となる可能性がある。しかし本法の制度は，特定重要設備について国内産品と輸入産品とを形式的に区別することなく審査するものとなっていること等，制度それ自体は内外無差別であると考えられる[20]。政府も「この法案は，外国又は特定の外国の企業，産品，サービスであることを理由にそれらを差別的に扱うものではなくて，内国民待遇などの無差別の原則が法案全体に貫かれて」いるとしている[21]。導入等計画書には国籍に関する記載事項もあるが，政府は国籍によって特別な扱いを求めることは想定していないとしており[22]，輸入産品であることのみを理由として排除を求める制度ではないので，GATT3条4項に整合的だと考えられる。

　ただし，今後事業所管大臣により具体的に勧告・命令等が出されることとなった場合，それらの一連の措置が，輸入産品に対する「事実上の差別」に相当し，GATT3条4項に合致しない可能性も否定できない。その場合，GATTの例外条項による正当化が考えられるが，GATT21条の安全保障例外条項は

48

該当事由が限定されており，特定重要設備に関する措置が，GATT21条(b)(ii)にいう「軍需品」や「軍事施設に供給される貨物」の取引に関する措置に該当するとはいいがたいであろう。そうすると，一般例外条項であるGATT20条の(a)公徳の保護のために必要な措置や，(b)人の生命・健康の保護のために必要な措置などとして正当化が考えられるが，GATT20条柱書は，それらの措置が恣意的・不当な差別待遇の手段となる方法，又は，国際貿易の偽装された制限となる方法で適用されてはならないとの要件を定めている。このような濫用防止要件は，GATT21条にはないものであり，GATT20条による正当化を念頭に置いた場合には，本法制度に基づく措置は慎重に実施されるべきこととなる。なお政府は，経済安全保障推進法に基づく詳細な制度設計にあたっては，例外規定の援用を前提としないとの立場をとっているようである。[23]

　また，特定重要設備の重要維持管理を他の事業者に委託することについても導入計画書の記載内容となっているが，この点に関しては例えばGATS17条1項の内国民待遇規定が関係しうるであろう。同条項は，WTO加盟国が特定の約束を行ったサービス分野において，他の加盟国のサービス又はサービス提供者に対し，自国の同種サービス又はサービス提供者に対する待遇よりも不利な待遇を与えてはならないと規定する。本法制度自体は，重要維持管理を行う事業者に関して内外無差別なものとなっており，同条項とは整合的である。ただし上記の物品に関する内国民待遇と同様に，事業所管大臣による措置が，他の加盟国のサービス又はサービス提供者に対する「事実上の差別」となる潜在的可能性はある。その場合，GATSの安全保障例外条項である14条の2(b)による正当化が考えられるが，同条はGATT21条と同様に該当事由が非常に限定的である。そのため，一般例外条項である14条の下で，例えば(a)公の秩序の維持のために必要な措置として正当化する余地があるが，同条項が「公の秩序を理由とする例外は，社会のいずれかの基本的な利益に対し真正かつ重大な脅威がもたらされる場合に限り，適用する」と定めていることや，14条柱書が，GATT20条柱書と同様の濫用防止要件を定めていることも念頭に置く必要があろう。

　特定社会基盤役務の安定供給確保策は，国際投資協定との関係も想定しうる。例えば日中韓投資協定3条は，「各締約国は，自国の領域内において，投

資活動に関し，他の締約国の投資家及びその投資財産に対し，同様の状況において自国の投資家及びその投資財産に与える待遇よりも不利でない待遇を与える」との内国民待遇を規定する。[24] 特定社会基盤役務制度自体は内外無差別に設計されているため，同条に整合的であると考えられるが，特定国の供給者に関して勧告・命令が出され，当該供給者が同協定上の投資家に該当するならば，同条との関係が問題となりうる。同協定には，GATT20条に相当するような一般例外条項はなく，安全保障例外条項（18条）は存在するがその該当事由は限定的である。また，日香港投資協定3条も内国民待遇を定めるが，[25] 同協定には一般例外条項も安全保障例外条項も含まれていない。ただし，過去の投資仲裁判断例においては，内国民待遇規定との整合性に関し，同規定の解釈として一定の正当化の余地が認められていることに留意する必要がある。[26]

III　国際経済法秩序の展開と経済安全保障

IIにおいては，我が国の経済安全保障推進法と国際経済法との関係を検討してきたが，これまでの国際経済法秩序の展開の中で経済安全保障上の課題はどのように位置づけられていたのであろうか。以下では，国際経済法秩序の歴史的展開を振り返り，経済安全保障上の課題との関係を見ることとしたい。

1　国際貿易法秩序の変遷と経済安全保障上の課題

ここでは，GATTの成立から現在までの国際貿易法秩序を3つの時代に区分し，[27] 経済安全保障上の課題との関係を整理する。

(1)　GATT体制の特徴と経済安全保障との関係

第1の時代区分はGATT期であり，ほぼ東西冷戦時代と重なる。周知のようにGATTは，ITO憲章の起草作業が行われた1947年のジュネーブ会議において，同時に行われた関税引き下げ交渉の結果を法的に取りまとめるために，当該関税引き下げ交渉に参加した国によって合意に至った協定であった。そして，1948年1月1日にGATTを暫定適用する議定書に米国や英国など9か国が署名しGATTの暫定適用が開始されたが，一方でソ連は，1949年1月に「経済相互援助会議」（通称コメコン）を設立し，主に東欧諸国との経済協力関

係を構築した。また中国に関しては，国共内戦後，中華民国がGATTに1948年に加入していたが，1950年に戦費調達のため自由に関税を引き上げる必要から，中華民国政府はGATTに脱退通告をした。これについて中華人民共和国政府は，中華民国の脱退通告は無効なものだったという立場をとり，1986年にGATT締約国としての地位の回復を申請していたが，1989年天安門事件によって情勢が一変し，中国のGATT加入は実現しなかった。このようにGATT体制においては，ソ連と中国は体制外にあり，東西陣営間の経済はほぼデカップリングされていたといえる。

そのため，現在経済安全保障上の課題とされている重要物資等のサプライチェーンについては，基本的には各陣営内部で構築されていたと考えられる。また同じく現在の経済安全保障上の課題である基幹インフラサービスに関しては，当時はまだインターネットが普及しておらず，ネットワーク化・デジタル化はそれほど進んでいなかった。そのため，サイバー攻撃の形態での外部から妨害行為の可能性はあまりなかったと思われる。このように，GATT期の経済的・技術的条件から，今日のような経済安全保障上の問題は生じにくい状況にあったといえよう。なお，安全保障上の輸出管理に関しては，GATT期においても実施されており，例えば，1949年11月には西側諸国が「対共産圏輸出統制委員会（ココム）」を設立し，戦略物資や先端技術に関するココム・リストを作成して，ソ連などの共産主義国に対する輸出規制を行った。しかし，ソ連や中国はGATT体制外にあったため，米国がココム規制のような対ソ連・中国の貿易制限措置をとったとしても，それが米ソ間又は米中間のGATT上の紛争にはなりえなかった。

さらにGATTの紛争処理手続も，WTOの紛争処理手続とはかなり性質の違うものであった。GATT紛争処理手続は，その最も初期には締約国団自体が審議する政治的・外交的判断プロセスであったので，米国－チェコスロバキアに対する輸出制限事件では，締約国団会合での表決という政治的・外交的なプロセスで米国のGATT21条の援用が是認された。チェコスロバキアはGATT起草時の関税交渉にも参加していたものの，1948年の政変で共産主義化したため，同国に対する米国の輸出管理措置が厳格化されたのだが，そのよ

共通論題① 経済安全保障による企業活動への影響と国際経済法

うな安全保障を理由とした措置は締約国団によって政治的・外交的に処理されたと考えられる。また，1952年以降パネル方式が確立した後も，パネル設置やパネル報告採択の手続にコンセンサス方式が採用されていたため，安全保障を理由とした措置がパネルによって司法的に審査される可能性も低かった。例えば米国－ニカラグアに対する貿易措置事件では，米国がパネルの付託事項を制限したため，米国の対ニカラグア制裁措置に関し，パネルはGATT21条(b)(ⅲ)の解釈適用を行わなかった。このように，GATT期においては経済安全保障上の課題と国際貿易法秩序との関係がそもそも生じにくい状況にあり，一部で安全保障を理由とした措置とGATT法との関係が問題となったとしても，それについて司法的な処理が行われる可能性は低かったと考えられる。

(2) グローバリゼーション期のWTO体制と経済安全保障

第2の時代区分は，冷戦終結から2010年代半ばくらいまでのグローバリゼーション期である。この時期にはソ連が崩壊し，東欧諸国も民主化して，東西冷戦の構造が消滅した。また中国も改革開放路線をとり，米国等の西側諸国と友好関係を維持していた。そのため，少なくとも表面的には大国間の地政学的対立は解消されていたといえよう。そうした中で1995年に設立されたWTOは，2016年には164か国にまで加盟国が増加し，中国は2001年12月に，ロシアは2012年8月にWTO加盟国となった。

グローバル化が進んだWTO体制の下では，サプライチェーンのグローバル化も進展した。特に中国はサプライチェーンの中で重要な位置を占めるようになったが，このことは後に重要物資の安定供給問題を惹起する1つの原因になったといえる。基幹インフラサービスに関しては，この時期に自由化とデジタル化が進展した。WTO体制の下で，基幹インフラサービスに用いられる機器等の貿易も自由化され，またGATSによって基幹インフラに関するサービス貿易の自由化も行われた。また，インターネットが普及しデジタル化が著しく進展したため，基幹インフラサービス事業の遂行もサイバー空間との関係なしには成り立たなくなった。このようにグローバリゼーション期には，今日の経済安全保障上の課題の素地が形成されたといえるが，当時はそうした課題が現在ほどには深刻な問題としては認識されていなかった。それは，グローバリ

ゼーション期には大国間の地政学的対立が解消されていたため，サプライチェーンの断絶や基幹インフラサービスに対する妨害行為が経済安全保障上の重大なリスクとはとらえられていなかったからだと考えられる。なお安全保障を理由とした輸出管理に関しては，東西対立が解消されたため，グローバリゼーション期には「ならず者国家」やテロリスト集団への兵器拡散防止等が主たる課題となっており，WTO等の国際貿易法秩序との関係があまり問題とならずに輸出管理措置がとられていたと思われる。例えば北朝鮮はWTO加盟国ではなく，対北朝鮮制裁がWTO協定と関係する可能性は低かった。また国連安全保障理事会決議に基づく北朝鮮やテロリスト集団への兵器拡散防止措置は，GATT21条（c）によって正当化できるものであった。

他方で，WTO紛争処理手続においてはネガティブ・コンセンサス方式が採用されたため，仮に安全保障上の理由でとられた措置が紛争となった場合には，GATT期とは異なり，パネルは自動的に設置され，パネルがかかる措置について司法的判断を行わなければならない状況になることもありえた。しかしグローバリゼーション期には大国間の地政学的対立が解消されていたこともあり，実際には安全保障上の問題をパネルが正面から扱うことはなかった。米国－キューバ自由民主連帯法事件では，安全保障例外条項の解釈適用が問題となる可能性も十分にあったが，申立国であるEUと被申立国である米国は安全保障上の利益を基本的には共有しており，紛争当事国間での外交的解決が行われた。このようにグローバリゼーション期には，経済安全保障上の課題が国際貿易法秩序と関係しうる状況が創り出されていたものの，地政学的対立が解消されていたために，両者の関係が顕在化しにくくなっていたといえよう。

(3) ポスト・グローバリゼーション期のWTO体制と経済安全保障上の課題

第3の時代区分は，2010年代半ば以降から現在までのポスト・グローバリゼーション期である。グローバリゼーションからポスト・グローバリゼーションへの転換期については，いくつかの考え方があるが，ロシアによるクリミア併合はその契機となり，欧米諸国とロシアとの対立関係は深まっていった。また中国は習近平体制の下で軍民融合政策を進め，軍事的にも経済的にも米国を超える大国になることを目指したため，米中対立は激しくなっていった。そし

てロシアによるウクライナ侵略によって,日米欧を中心とする民主主義諸国と,権威主義国家である中露との地政学的対立は決定的なものとなった。こうしてポスト・グローバリゼーション期には地政学的対立が再来したものの,中国とロシアはWTO体制にはとどまったままである。

かかる状況の下,サプライチェーンの断絶リスクが急速に顕在化した。コロナ危機によって助長された面もあるが,重要物資の安定供給確保が喫緊の課題となり,各国・企業はサプライチェーンを見直し,国内や友好国での生産体制の構築(フレンド・ショアリング)に動いている。また基幹インフラサービスに関しては,サイバー攻撃が現実の脅威となっており,潜在的に存在していた経済安全保障上のリスクが急速に顕在化している状況である。さらには,ロシアのウクライナ侵略による対露制裁の強化,米国の中国に対する先端技術・製品の輸出規制等,地政学的対立を背景とする輸出管理措置も拡大している。

そして現在のWTO体制においては,民主主義諸国と権威主義諸国との対立が体制に内部化されているため,経済安全保障上の課題と国際貿易法秩序との関係が問題となりやすい。また,WTO紛争処理手続においてはネガティブ・コンセンサス方式を採用しているので,GATT期と異なり,経済安全保障関連の措置が司法的判断の対象となる可能性も十分にある。経済安全保障上の課題と国際貿易法秩序とのかかる関係は,ポスト・グローバリゼーション期の特徴であろう。

2　WTO体制内部における「部分化」と経済安全保障

1で検討したポスト・グローバリゼーション期のWTO体制の構造は,国際貿易法秩序の「普遍化」と「部分化」という観点からは,WTO体制内部における「部分化」ととらえることもできる。マクロ的な見方をすれば,国際貿易法秩序は,国際貿易に参加する諸国間に一定の共通ルールが構築される「普遍化」の動きと,逆に一部の国々がグループを形成して独自のルールを策定しつつ,グループ間では共通の法的基盤を欠く「部分化」の動きを波のように繰り返してきた。この点については別稿で論じたところであり詳細は省略するが[37],1で検討した冷戦期からポスト・グローバリゼーション期までをふりかえれ

ば，第二次世界大戦後はブロック経済化への反省に立ち，米国が中心となって国際貿易機関（ITO）設立のための交渉が国際連合において行われたが，これは自由貿易体制の「普遍化」の試みであったといえる。しかしITO構想は失敗に終わり，GATT体制が成立したが，西側諸国を中心に自由貿易体制が構築されたという意味で，GATT体制は国際貿易法秩序の「部分化」現象であった。その後グローバリゼーション期にはWTOが成立し，さらに中国とロシアもWTOに加盟したため，WTO体制は名実ともに「普遍的」な国際貿易法秩序となった。ところがポスト・グローバリゼーション期には，地政学的対立が再来し，WTO体制は変容しつつある。ウクライナ侵略を行ったロシアに対しては，日米EU等が広範な経済制裁を発動し，日米EUとロシアとの間の貿易関係は相当部分が断絶している。[38] また中国に対しても，米国を中心に先端半導体関連産品等の輸出規制措置がとられ，一定の貿易関係が分断される方向にある。ただし，ロシアも中国もWTO体制外に出たわけではなく，形式的には国際貿易法秩序の「部分化」は生じていないが，WTO体制内部において一部の国家間の一定の貿易関係が断絶するという意味で「部分化」が発生しているととらえることができよう。このように現状を見た場合，WTO体制内部における「部分化」と経済安全保障上の課題との関係はどのように整理できるであろうか。

　第1は，西側諸国とロシアとの間の関係である。この両者の間では，対ロシア貿易制裁措置と，それに対抗するロシアの報復的措置により，相当程度の貿易関係が断絶している。ロシアがウクライナ侵略を止め，政治体制が根本的に変わらない限りは，経済安全保障関連の措置を含め，対ロシア貿易制限措置は継続するであろう。その意味では「部分化」の程度は最も深い。

　第2は，西側諸国と中国との間の関係である。この両者の間では，今後経済安全保障関連の措置が増加していくと予想される。対ロシアと異なり，貿易関係全般が断絶するわけではないため，現在までのところ「部分化」の程度は限定的である。ただし米国は，安全保障例外条項は完全に自己判断的性質のものだとの立場をとっており，[39] かつ，MPIAに参加していないため，上級委員会が機能停止している限りは，経済安全保障関連の措置について米中間ではWTO協定の持つ意義は事実上失われているとも考えられる。他方で日EUは，安全

保障例外条項に関する限定的な司法審査を肯定し[40]，かつ MPIA に参加しているため，経済安全保障関連の措置についても日 EU と中国との間では WTO 法の規律の下に依然として置かれているといえよう。

第3は，深刻な地政学的対立関係にない WTO 加盟国間の関係である。すなわち，西側諸国間の関係，西側諸国とグローバル・サウス諸国との関係，グローバル・サウス諸国間の関係，中国・ロシアとグローバル・サウス諸国との関係，中国とロシアとの関係などが該当する。これらの関係では，経済安全保障を理由とした貿易制限措置は限定的と考えられるため，WTO 協定に基づく通常の貿易関係が存続するであろう。

3 分権的な国際投資法秩序と経済安全保障

一方で国際投資法秩序に目を向けると，それは二国間投資協定を基礎とする条約関係から基本的には成り立っている。そのため，国ごとに条約関係が異なり，かつ条約規定にも相違があるという分権的な法秩序になっている。グローバリゼーション期には多数国間投資協定（MAI）の設立が目指されたこともあったが，失敗に終わった[41]。またエネルギー分野においては，多数国間条約としてのエネルギー憲章条約が存在するが，WTO 協定のような普遍的な条約体制にはならなかった[42]。そのため，経済安全保障上の課題を念頭に置いた場合，関係国間の国際投資協定の締結状況に相違があることに留意する必要がある。例えば，日本と中国との間では上述のように日中韓投資協定と日香港投資協定が締結されており，欧州と中国との間では独中投資協定等，欧州各国が個別に中国と投資協定を締結している。他方で，米国と中国との間には国際投資協定は存在しない。それゆえ，日米欧が同様の経済安全保障政策を行うとしても，国際投資協定上の法的制約は，それぞれ異なることになる。

また日本の国際投資協定を概観しても，安全保障関連条項は多様なものとなっている。例えば国際投資協定における安全保障例外条項には，いくつかのタイプがある。第1に，そもそも安全保障例外条項が含まれていない比較的古いタイプの国際投資協定があり，上述の日香港投資協定や中国スウェーデン投資協定はその例である。第2に，例外となる措置類型を限定列挙する国際投資

協定がある（限定列挙型）。このタイプは，GATT21条やGATS14条の2と類似するものであり，日中韓投資協定18条や日コートジボワール投資協定15条等が該当する[43]。第3に，例外となる措置類型を例示列挙する国際投資協定もある（例示列挙型）。このタイプは，締約国が自国の安全保障上の重大な利益の保護のために必要であると認める措置をとることが妨げられないとしつつ，「この措置には次の措置を含む」という形で措置類型を例示列挙する。日バーレーン投資協定18条はその例であるが，限定列挙型よりは広範な措置を正当化しうると考えられる。第4に，例外となる措置類型を全く列挙しない国際投資協定もあり（無列挙型），TPP29.2条はその例である。

また投資規制に関する留保方式についても，いくつかのタイプがある。第1に，現行法令に基づいて投資規制を行う分野について包括的に留保する方式があり（包括現在留保型），日シンガポール経済連携協定附属書VAの外為法に関する留保がその例である。第2に，個別の業種ごとに現在留保を行う方式がある（個別現在留保型）。かかる留保は，日ジョージア投資協定附属書Ⅰ日本国の表（熱供給業についての外為法に関する記載）に見られる。第3に，分野横断的に将来とりうる措置についても包括的に留保する方式もある（包括将来留保型）。例えば日アンゴラ投資協定附属書Ⅱ日本国の表においては，全ての分野について内国民待遇と最恵国待遇の義務に対する外為法に関する留保が行われている。このように国際投資法秩序は分権的な性格を有するため，経済安全保障上の措置に対して国際投資法上どのような法的規律がかかっているかは，個別具体的に見ていかなければならない。

Ⅳ　おわりに

本稿では，構造変化してきた国際経済法秩序における経済安全保障の位置づけを歴史的に振り返りつつ，経済安全保障上の課題と国際経済法との関係を検討してきたが，両者の関係は多面的で複雑であることがわかる。国際経済法秩序が，地政学的対立を現在ほどまでに内包することとなったのは歴史上初めてであり，経済安全保障関連措置との緊張関係をうまく制御できるのかどうかは未知数であるといわざるをえない。ただ，ブロック経済化が第2次世界大戦勃

共通論題①　経済安全保障による企業活動への影響と国際経済法

発の1つの要因であったとの反省の下，戦後に「普遍的」な国際経済法秩序としてのITO体制が構想されたことを想起すれば，地政学的対立を内包しつつも現在の国際経済法秩序が維持されることが，戦争を防止するという意味での「経済安全保障」上の意義があるとも考えられる。我が国の経済安全保障政策は，「基本的価値やルールに基づく国際秩序の下で」実施していくとされているが[44]，かかる方向性の中で，国際経済法秩序を維持しつつ経済安全保障上の課題に対処することが試されているといえよう。

［付記］　筆者は，「経済安全保障法制に関する有識者会議」の委員を務めているが，本稿の内容は，すべて筆者の個人的見解である。

1) 「経済財政運営と改革の基本方針 2021 日本の未来を拓く4つの原動力──グリーン，デジタル，活力ある地方創り，少子化対策（骨太の方針2021）」（令和3年6月18日閣議決定），at https://www5.cao.go.jp/keizai-shimon/kaigi/cabinet/honebuto/2021/2021_basicpolicies_ja.pdf.
2) 経済安全保障推進会議「経済安全保障の推進に向けて」（令和3年11月19日）。
3) 経済安全保障法制に関する有識者会議「経済安全保障法制に関する提言」2022年2月1日，at https://www.cas.go.jp/jp/seisaku/keizai_anzen_hosyohousei/dai4/teigen.pdf.
4) 第208回衆議院本会議議事録第12号（令和4年3月17日）10頁，岸田文雄首相答弁。
5) 第208回参議院内閣委員会議事録第2号（令和4年3月8日）35頁，小林鷹之経済保障担当大臣答弁。
6) 前掲提言（注3）9頁。
7) 経済施策を一体的に講ずることによる安全保障の確保の推進に関する基本的な方針（令和4年9月30日閣議決定），at https://www.cao.go.jp/keizai_anzen_hosho/suishinhou/doc/kihonhoushin.pdf.
8) 経済安全保障推進法の内容については，渡井理佳子「経済安全保障の確保と経済安全保障推進法」『慶應法学』50巻（2023年）333-350頁；川島富士雄「経済安全保障推進法の制定と一部施行」『法学教室』508号（2023年）42-48頁等を参照。
9) 特定重要物資の安定的な供給の確保に関する基本指針（令和4年9月30日閣議決定），at https://www.cao.go.jp/keizai_anzen_hosho/suishinhou/doc/kihonshishin1.pdf.
10) 経済施策を一体的に講ずることによる安全保障の確保の推進に関する法律施行令（令和4年政令第394号）1条1-11号。
11) 同条10号及び12号。
12) 特定重要物資の安定供給確保にかかる予算として，令和4年度補正予算で1兆358億円，令和5年度補正予算で9172億円，令和6年度予算で2300億円がそれぞれ計上されている。（内閣府政策統括官（経済安全保障担当）「経済安全保障推進法に基づく重要物資

の安定的な供給の確保（サプライチェーン強靱化）に関する制度について」2024年4月，at https://www.cao.go.jp/keizai_anzen_hosho/suishinhou/supply_chain/doc/sc_gaiyou.pdf.
13）阿部克則「国際貿易法秩序と経済安全保障」『法律時報』96巻1号（2024年）28頁。
14）前掲提言（注3）9頁。
15）第208回衆議院内閣委員会議事録第16号（令和4年4月6日）14頁（小林鷹之経済安保障担当大臣答弁。
16）阿部「前掲論文」（注13）28頁。
17）この点については，Nu Ri Jung, "Are There 'Exceptions' to the SCM Agreement? Applicability of the GATT Exceptions Vis-à-Vis the International Rules on Subsidies", *Journal of World Trade* Vol. 57, No. 3（2023）, pp. 460-462.
18）特定重要設備の具体例については，「特定社会基盤役務の安定的な提供の確保に関する制度の運用開始に向けた検討状況について」2023年6月，5-15頁，at https://www.cas.go.jp/jp/seisaku/keizai_anzen_hosyohousei/r5_dai7/siryou1.pdf.
19）「特定社会基盤事業者として指定された者」（令和6年2月15日現在），at https://www.cao.go.jp/keizai_anzen_hosho/suishinhou/infra/doc/infra_jigyousya.pdf.
20）前掲提言（注3）20-21頁。
21）第208回国会参議院内閣委員会議事録第10号（令和4年4月14日）22頁小林鷹之経済安全保障担当大臣答弁。
22）同上23頁小林鷹之経済安全保障担当大臣答弁。
23）同上22頁小林鷹之経済安全保障担当大臣答弁。
24）また日中韓投資協定4条は最恵国待遇，5条1項は公正公平待遇を規定しており，これらの条項との関係も留意する必要がある。
25）日香港投資協定2条3項は公正公平待遇，3条は最恵国待遇も規定しており，これらの条項との関係も留意する必要がある。
26）August Reinisch and Christoph Schreuer, *International Protection of Investments: The Substantive Standards*（Cambridge, 2020）, pp. 668-672. また，スウェーデンが同国の5Gネットワークへのファーウェイの参加を禁止したことにつき，ファーウェイが，中国・スウェーデン投資協定に基づきスウェーデンをICSID仲裁に提訴した事件においては，ファーウェイは同協定が規定する最恵国待遇（2条2項），公正衡平待遇（2条1項），及び最恵国待遇を介して援用する香港スウェーデン投資協定の内国民待遇に，スウェーデンが違反したと主張しているが，同協定にも安全保障例外条項は含まれていない。*Huawei Technologies Co., Ltd. v. Kingdom of Sweden*, ICSID Case No. ARB/22/2, Request for Arbitration, 07 January 2023. なお，*Global Telecom Holding S.A.E. v Canada* の仲裁判断は，カナダ・エジプト投資協定の公正衡平待遇規定の解釈適用において，国家安全保障上の懸念を考慮したものと考えられる。*Global Telecom Holding S.A.E. v. Canada*, ICSID Case No. ARB/16/16, Award, 27 March 2020, para. 616. 本仲裁判断については，清水茉莉「投資協定仲裁判断例研究（131）無線通信事業への投資に対する措置（規制枠組みの修正，安全保障審査等）に関して内国民待遇義務の例外が認められ，

公正衡平待遇義務違反が否定された事例」『JCA ジャーナル』68巻 4 号（2021年）23-29頁も参照。
27) このような時代区分については，阿部克則「ポスト・グローバリゼーションにおける安全保障例外条項——GATT/WTO 体制の歴史的展開から見た一考察」『フィナンシャルレビュー』155号（2024年）80-104頁。
28) 内田宏・堀太郎『ガット——分析と展望』（日本関税協会，1959年）18頁。
29) 経済産業省監修・荒木一郎＝西忠雄訳『全訳 中国 WTO 加盟文書』（蒼蒼社，2003年）16頁。
30) 横川新「ココム体制の現状と課題」『ジュリスト』895号（1987年）4 - 8 頁。
31) *United States - Restrictions on Exports to Czechoslovakia*, BISDII/28, Adopted on 8 June 1949.
32) *United States - Trade Measures affecting Nicaragua*, L/6053, Panel Report Circulated on 13 October 1986.
33) WTO ホームページの加盟国に関する説明，at https://www.wto.org/english/thewto_e/whatis_e/tif_e/org6_e.htm.
34) 山本武彦「通常兵器の輸出管理」浅田正彦編『輸出管理——制度と実践』（有信堂，2012年）108-110頁。
35) *United States - The Cuban Liberty and Democratic Solidarity Act*, WT/DS38.
36) 芝崎厚士「『ポスト・グローバリゼーション』の国際政治哲学——グローバル関係における時間と空間をめぐる時際学的問題提起」岩崎正洋編『ポスト・グローバル化と政治のゆくえ』（ナカニシヤ出版，2022年）208-209頁。
37) 国際貿易法秩序の「普遍化」と「部分化」については，阿部克則「ポスト・コロナにおける国際貿易法秩序の行方」『国際法研究』10号（2022年）100-101頁を参照。
38) 対ロシア制裁については，阿部克則「ロシアによるウクライナ侵略と WTO 法上の諸問題」『国際法研究』13号（2024年）35-48頁を参照。
39) Panel Report, *United States - Certain Measures on Steel and Aluminium Products*, WT/DS544/R, para. 7.105.
40) 日本の立場については，令和 3 年12月21日 GATT 第二十一条の解釈に関する質問主意書への答弁（内閣衆質207第 9 号），EU の立場については，Minutes of Meeting, Dispute Settlement Body (26 April 2019), WT/DSB/M/428, pp. 21-22を参照。
41) MAI については例えば，小寺彰「多数国間投資協定（MAI）——投資自由化体制の意義と課題」『日本国際経済法学会年報』7 号（1998年）1 -18頁。
42) エネルギー憲章条約については例えば，小寺彰「エネルギー憲章条約」小寺彰・川合弘造編『エネルギー投資仲裁・実例研究[ISDS の実際]』（有斐閣，2013年）3 -16頁。
43) なお日 ASEAN 包括経済連携協定 8 条（改正後）は，限定列挙型をとりつつ，「中枢的な公共基盤」の防護に関する措置を該当事由に含んでいる。
44) 「骨太の方針2021」前掲（注 1 ）25頁。

(学習院大学法学部教授)

共通論題② 経済規制法規の域外適用をめぐる新たな展開

座長コメント
―― 世界と日本の域外適用：「新しい常態」と特異態？ ――

土田和博

Ⅰ　はじめに
Ⅱ　域外適用の積極化
Ⅲ　日本法の状況
Ⅳ　米国通商法の新展開
Ⅴ　域外適用に対する国際的規律のあり方
Ⅵ　結びにかえて

Ⅰ　はじめに

　第2次世界大戦後しばらくの間，経済法規の域外適用は，主として米国がこれを行い，適用を受ける者の所在する国家が反発するという構図が通常であり，また米国の経済法規が域外的に適用される件数は少なくなかったとしても，全体からみれば，なお例外的事象に属するものであった。

　ところが，近年，経済法規の域外適用は，世界的にみると例外的な現象ではなく，むしろ一般的に見られるようになってきたといわれる。すなわち，反トラスト法や通商法だけでなく，データ保護法，消費者法，租税法等の域外適用がみられ，米国のみならず，EU，中国，ロシア，トルコ，ベトナム等も域外適用を行うようになっているとされる。そのような意味で，域外適用は「新しい常態（the New Normal）」とさえいえるのではないかという見方があるわけである。[1]

　もっとも，日本は，いずれの法分野においても，域外適用に必ずしも積極的であったわけではなく，むしろ，そこには別の問題があったというべきかもしれない。ところが，近年，日本でもインターネットによる各種サービスの普及・拡大等を背景として，電気通信事業法や特許法において，これらの法規の域外適用について新たな展開がみられる。独占禁止法においても，2000年代後

共通論題② 経済規制法規の域外適用をめぐる新たな展開

半頃から公正取引委員会は国際カルテル（市場分割協定，価格カルテル）に域外的な法適用を始め[2]，また独禁法違反が主張される本格的な渉外的民事訴訟も提起されるに至っている[3]。

本企画は，こうした動向を背景として，日本の電気通信事業法等の経済法，特許法等の知的財産法，米国の輸出管理法の域外適用の新たな展開を概観するとともに，世界的な域外適用の拡大に対する賛否両論と，伝統的な国家管轄権原理による域外適用の規律とは異なるアプローチの可能性を探求することを目的とする。

II 域外適用の積極化

まず，戦後さまざまな法規の域外適用をリードしてきた米国にあらためて目を向け，『対外関係法リステイトメント〔第4版〕』(2018年) により，その域外適用の積極化傾向をみておきたい。

同書の規律管轄権に関する部分は，第3版 (1987年) に比べて，以下の点で米国法の域外適用が積極化する傾向を再述するものと考えられるが，特に注目に値すると思われるのは，①個別の規律管轄権の根拠からの脱離と一般的管轄権原理としての「真正の関連性」への収束の兆し，および②規律管轄権を規律し得る制定法の解釈原理としての「不合理性 (unreasonableness)」の降格である。

①は属地主義，属人主義，効果主義といった特定の規律管轄権の根拠の重要性を相対化し，一般的管轄権原理としての「真正の関連性」を重視する兆しを再述しているのではないかと考えられることである。すなわち，第3版で「属地主義 (the principle of territoriality)」，「効果主義 (effects principle)」と呼ばれていた規律管轄権の基礎は，第4版では，それぞれ「領域に基づく管轄権 (jurisdiction based on territory)」，「効果に基づく管轄権 (jurisdiction based on effects)」と改められるとともに，Subchapter B「規律管轄権に関する国際慣習法」では，規制しようとする国家と規制される事項 (subject) の間に真正の関連性 (genuine connection) が存在する場合，国際慣習法上，国家による規律管轄権の発動が許されるとされた[4]。そして，真正の関連性は，「通常」，領域，効果，能動的

属人性，受動的属人性などの特定の関連性（a specific connection）に基づく[5]」としつつ，通常ではない場合には，特定の関連性によらず，より一般的に「真正の関連性」に基づいても規律管轄権の発動が許容される余地を認めているように読める。言い換えれば，領域，効果，属人等に基づく規律管轄権の特定の基礎（根拠）は，真正の関連性というより一般的な規律管轄権の原理によって総括されることを改めて明示しているともいえよう[6]。この点は第3版においても同様であったが，第4版では「真正の関連性」の総括性がより明確にされたように思われる[7]。

②は，第3版では特定の規律管轄権の根拠が認められる場合でも，その行使が不合理である場合には，国家は規律管轄権の行使を許されないとされていたが，第4版では不合理であるかどうかは，国家が規律管轄権に係る礼譲（prescriptive comity）を行使するか否かの一考慮要素にすぎないとされた。規律管轄権の行使に関する第3版の再述は，全般的に国際法が国家の規律管轄権の行使を抑制することがあり得るという基調が前面に出ていたように思われる[8]。特に第3版の403条では，上記のような規律管轄権の基礎（根拠）が存在しても，問題となる行為が国家領域内で行われた程度や，実質的，直接的，予見可能な効果が国家の領域内に生じた程度等から総合的に考慮して，管轄権の行使が不合理と考えられる場合には，行使は禁止されるとされていた。しかし，第4版では，不合理性にそこまでの決定的な役割を認めることなく，国際礼譲（international comity）を発動するか否かの考慮要素とするにとどめていると考えられる[9]。

以上のようにいえるとすれば，少なくとも近い将来において，アメリカ法の域外適用が抑制されることはないであろう。アメリカ法の域外適用を促している要因の少なくとも一部は，他の諸国においても共通に働いているとすれば，これらの法域でも経済法規の域外適用がいっそう積極化しても不思議ではない。

III　日本法の状況

こうした傾向に比べて，従来，日本では多くの経済法規の域外適用は抑制的

共通論題② 経済規制法規の域外適用をめぐる新たな展開

であったが，近年，電気通信事業法や特許法等においては新たな展開がみられる。

(1) 林秀弥会員（名古屋大学教授）の報告「国境を跨ぐサービスの提供にかかる規制の域外適用のあり方」は，電気通信事業法と貸金業法を取り上げて，次のように論じた。インターネット通信を規律する電気通信事業法は，①外国に所在する事業者が国内ユーザーにサービスを提供する場合，通信の秘密や通信障害時の事故報告義務に関する規定等が当該事業者には適用されず，同法によるユーザー保護が外国事業者には及ばないという「一国二制度」問題が存在する。また，②国内に所在する事業者が外国でサービスを提供する場合，電気通信事業法の適用対象となるかという問題もある。③貸金業法に関しても，国内に所在する貸金業者が韓国法人に送金行為を行っていたという事件で同法の適用が可能かという問題が問われたケースがある。客観的属地主義によれば，主要な行為の一部が国内で行われていれば行為の全体に日本の法律が適用されるから，いずれも適用可能と考えるべきである。また①は，外国に所在する事業者に業務改善命令等の行政処分を通知する文書を送達することが必要になるが，その可否は執行管轄権の問題であり，外国事業者の国内の代表者や代理人に文書を送達することで，これは可能となる。さらに電気通信事業法上のサンクション（制裁措置）に関しては，総務大臣が違反行為者の社名を公表することができるとするにとどめる法改正が行われた。

②，③は国際法的には主観的属地主義で規律管轄権を根拠づけることができるかという問題であり，国内法の解釈としては，③に関して林会員も指摘したように，問題となる法の目的や趣旨に照らして個別に判断すべきものと思われる。いずれにしても，林会員は，海外事業者の事業活動の影響が日本の消費者等に及ぶ場合はもちろん，国内で海外向けのサービスを行っている場合であっても，当該業務の適正な運営の確保に必要な場合には，法規制は，原則としてこれらの事業者にも適用されるべきと結論づけた。

(2) 玉井克哉会員（東京大学／信州大学教授）の報告「国境を超える特許権侵害をめぐって」（本誌でのタイトルは，「外国における特許発明の『譲渡等』とその『申出』について」）は，準拠法選択の問題（カードリーダー事件・最判平成14年9月

26日）と日本国内に向けた販売に対する特許法適用の問題を論じたほか，ドワンゴ対FC2事件を素材に，構成要件事実の一部が外国に存在する場合の特許法適用の問題を検討した。それによれば，知財高裁令和5年5月26日判決は，外国に存在するサーバから日本国内のユーザーに向けて提供されるサービスについて特許権侵害が問題になった事案で，FC2の一定の行為に対する差止等の請求については，特許権が登録された「我が国の法律」が準拠法となるとした上，ネットワーク型システムを新たに作り出す行為が特許法2条3項1号の「生産」に当たるかは，①当該行為の具体的態様，②各要素のうち国内において存在するものが当該発明において果たす機能・役割，③当該発明の効果が得られる場所，④その利用が当該発明の特許権者の経済的利益に与える影響等を総合考慮し，当該行為が我が国の領域内で行われたものとみることができるときは，特許法2条3項1号の「生産」に該当すると解するのが相当であるとした。玉井報告は，本件は事実関係が単純なものであったため，以上のような結論を導くことも容易であったが，ユーザーがプログラムをダウンロードせず，処理が全てクラウド上で行われ，所在が明らかでない複数の行為者が関与するような事案では，同様の結論を導くことは困難であろうとした。

　さらに玉井報告は，査証制度（特許法105条の2第1項本文）についても，査証人が外国に出向いた査証手続を行うことはできないが，遠隔的手法で行うことはできるという遠隔的手法許容説を提示し，その帰結として，全ての当事者が任意に協力することを期待することになり，非協力の場合は査証報告書にその旨を記載すること，申立人の主張を真実と認めることができることが導かれるとした。

IV　米国通商法の新展開

　他方，米国通商法には依然として積極的な域外適用の傾向がみられるが，ここ数年の同法の域外適用にはさらに新しい側面を認めることができる。40年以上前のシベリア・パイプライン事件（1982年）の場合，関係事業者は米国と西欧という西側諸国の対立する命令を受けたのに対して，ここ数年の米中の政治的，経済的緊張を背景としたアメリカ輸出管理規則の域外適用と，中国の対抗

立法の域外適用は，緊張関係のより厳しい米中の命令の狭間に事業者を置き，より深刻な退っ引きならない状態（二律背反，板挟み）に陥らせる可能性があるのではないかとも思われる。[11]

淀川詔子会員（西村あさひ法律事務所・外国法共同事業弁護士）は，「米国輸出管理規則の域外適用及び中国の対抗立法に関する日本企業の対応」（本誌でのタイトルは，「米国輸出管理規則の域外適用及び中国の対抗立法に関する考察」）と題する報告の中で，この問題を次のように論じた。武器，軍用品，軍事技術のみならず，軍事転用が可能な民生用の貨物・技術（デュアルユース品目）をも対象とする安全保障貿易管理において，米国は従前から輸出管理規則を域外適用してきた。2020年8月の改正までは，再輸出（米国以外の外国から別の外国への移転）および国内移転（外国において，当該外国の中で品目のエンドユース又はエンドユーザーを変更すること）にも適用される品目として，①米国産の品目，②米国産の一定の品目を一定の態様および価値割合で組み込んだ外国産の品目，③(i)米国産の一定の機微技術もしくはソフトウェアから直接産出された外国産の品目，または(ii)米国産の一定の機微技術から直接産出された生産設備等により直接産出された外国産の品目であって，当該品目自体が機微であり，かつ一定の仕向地に向かうものを指定してきた。

しかし，近年，米国は，③の要件を修正し，中国関連の取引に関しては，より広い範囲の品目が域外適用の対象となるようにしている。具体的には，所定の中国企業グループが関与する取引に関しては，③(i)と(ii)の類型について，直接産出の基となる技術またはソフトウェアの範囲を拡大するとともに，③(ii)の類型を，要件を満たす生産設備等から「生産された」品目として，当該生産設備等と最終製品との関係から「直接」という文言を取り除いた。

他方，中国は2021年に「外国の法律および措置の不当な域外適用を阻止する規則」を制定し，中国人・組織が外国の法律または措置により正常な経済活動を妨げられた場合，中国政府に報告する義務を負い，中国政府は，一定の要件の下で，当該外国法・措置の遵守・執行を禁止することができること等を定めた。また，中国は同年，「反外国制裁法」も制定し，外国が自国法に依拠して，中国人・組織に対して差別的制限措置を講じ，中国の内政に干渉した等の

場合，当該措置の制定，決定または実施に直接・間接に関与した個人・組織に対して執り得る報復措置を定めた。

このような状況に直面する日本企業への実務的アドバイスとして，淀川会員は，中国企業との契約の締結・履行を拒否し，契約を解除する場合，米国の輸出管理規則を遵守するためという目的を前面に押し出さないこと，スポット契約にした上で，その都度，受注するか否かは日本企業の裁量で自由に決められることを明確にしておくことを挙げた。[12]

V 域外適用に対する国際的規律のあり方

最後に，以上のような各法領域の域外適用の状況や，ここまでには論じられていない世界的な経済規制法規の域外適用をふまえて，加藤紫帆会員（東京大学准教授）は，「経済規制の域外適用とグローバル・ガバナンス」と題する報告の中で，国際法上の管轄権理論とは異なるアプローチを提示した。それによれば，管轄権理論における関連性に基づくアプローチはなお重要性を有するものの，一定の問題領域において域外適用が常態化する中，これを批判的・規範的に分析・検討するために，関連性基準とは異なる評価基準としてグローバル・ガバナンスというアプローチが有用になってきている。

C. Ryngaertは，グローバルガバナンスの課題への対応として，域外適用を積極的に評価し，国際的に共有された価値（グローバルな価値）の存在を根拠に国家が一方的行為を行うことが可能な場合があるとする。ただし，その濫用に対する歯止めとして合理性による制限が必要であるともするが，加藤報告は，共通価値の名の下に覇権主義的な域外適用がなされるおそれもあるとして，法多元的空間における普遍的価値の措定には慎重であるべきとした。

これに対して，N. Krischは，世界的にみると，域外適用の現状は区分ではなく，重複と相互作用を伴う「管轄権の集合」であるという。すなわち，経済領域において広範な管轄権行使が可能なのは米国とEU，多少限定的ながらロシア，中国など，十分な市場権力と規制・監視能力を有する国家のみであり，また域外的管轄権の行使は対象企業のみならず，政策決定能力が制限される他国に対する階層性も生みだしているという。このような現状に対して，Krisch

は，域外適用のアウトプット（有益な結果等）だけでなく，インプット（民主的参加等）によるアカウンタビリティの確保という正当性の補完が必要であるという。加藤報告は，そのためのメカニズムとして学際的研究や他分野の知見の活用が重要であり，例えば規制競合の場合における国際私法（抵触法）の技術の応用も可能ではないかと指摘した。

VI 結びにかえて

以上のような4本の報告から浮かび上がった点について簡単にコメントして結びにかえたい。第1に，日本の経済法規の域外適用の現状と，特に米国，EU等による積極的かつ強力な域外適用の状況との落差である。林報告，玉井報告が「一国二制度」問題や遠隔的査証制度を取り上げて，いずれも日本法の域外適用に積極的であったのに対して，加藤報告は世界的な域外適用の状況（特に米国やEUか）を念頭において，これを抑制するためのグローバル・ガバナンスのあり方を問題にしたという対照が明らかであった。

第2に，日本の電気通信事業法や特許法については，従来，域外適用に消極的であったが，インターネットを通じたサービスの一般化，国内に所在するユーザーや事業者の保護の必要性などを背景として，徐々に域外適用に踏み出しつつある傾向を見て取ることもできるように思われる。その場合，実質的には属地主義の緩和であったとしても，[13]問題となる日本法の規定の解釈を通じて行われつつあることも1つの特徴であろう。

第3に，従来の域外的管轄権の議論は，主に「密接な関連性」や○○主義といった国家管轄権原理によって問題となる域外適用が根拠づけられるかや，いかに主権，管轄権の対立を調整することができるか等に重点が置かれていたと思われるが，今回の共通論題では，「グローバル・ガバナンス」としての域外適用におけるアカウンタビリティの確保という新しい視点が提示されたことである。加藤報告も最後に触れたように，今後，具体的な問題領域において，このアプローチのもつ意義を実証的に検討することが期待されよう。

第4に，大国の矛盾対立する法規の域外適用の狭間に置かれる私人，事業者の救済という問題も改めて認識された。淀川報告においては，米国の輸出管理

規則の複雑な規定の域外適用と，中国の対抗立法の状況を描き出し，その狭間に置かれる日本企業に対して実務的に貴重な指摘が行われた。ここ数年の米中の政治的，経済的緊張を背景とした対抗関係が鮮明に浮かび上がった報告であった。

※ 本文のⅢ，Ⅳ，Ⅴ，Ⅵは，大会当日の報告内容・レジュメに基づくものである。

1) Matthias Lehmann, "*New challenges of extraterritoriality: superposing laws*", in F. Ferrari et al. eds., *Private International Law* 258 (Edward Elgar, 2019).
2) 泉水文雄「競争法の域外適用とその課題——日本法について」日本国際経済法学会年報26号（2017年）83頁。このような動向が，土田和博編著『独占禁止法の国際的執行——グローバル化時代の域外適用のあり方』（日本評論社，2012年）の出版の背景にあった。
3) 拙稿「独占禁止法と国際裁判管轄，準拠法の合意——研究序説」土田和博・山部俊文・泉水文雄・川濵昇編著『現代経済法の課題と理論（金井貴嗣先生古稀祝賀論文集）』（弘文堂，2022年）551頁以下。
4) The American Law Institute, Restatement of the Law Fourth, the Foreign Relations Law of the United States (2018) pp. 187-188.
5) *Id*. at 188.
6) 191頁の Reporters' Notes「2 Genuine connection and specific bases」を参照。さしあたり，西村弓「国家管轄権の『域外適用』再考」日本エネルギー法研究所「エネルギーに関する国際取決めの法的問題の諸相」（JELI-R-No.154，2023年）143頁以下も参照。
7) その理由や含意を競争法の分野で考えてみると，効果主義でさえ規律管轄権を根拠づけることが困難な事例が生じていることと関係するのではないかと思われる。その予兆は，オバマ政権下で改定された米国司法省と連邦取引委員会の国際的適用・協力ガイドラインに見られた（Antitrust Guidelines for International Enforcement and Cooperation (2017) の特に「3.2 効果例外（effects exception）」の項を参照）。米国以外でも，EU の Intel 事件判決（Intel v. Commission, Case C-413/14 P (2017) の特にパラグラフ51-56（本判決は実体法上の理由で原審・一般裁判所の判決を取消し，差戻したが，欧州委員会の管轄権を認めた部分は是認していると考えられる）のほか，日本のテレビ用ブラウン管事件でも類似の傾向が認められる（拙稿「テレビ用ブラウン管国際カルテル事件最高裁判決について」『公正取引』809号（2018年）62-63頁を参照）。
8) The American Law Institute, Restatement of the Law Third / The Foreign Relations Law of the United States (1987) pp. 235-237. これは，特に米国諸法の域外適用が西側の貿易パートナーや同盟国との間に摩擦・紛争を生じ，少なからざる国において対抗立法さえ制定されるに至ったという経緯を反映していたのではないかと考えられる。
9) Restatement of the Law Fourth *supra* note 4, 195-196.

10) 東京高判平成28年12月12日，平成28年（ネ）2998号，判時2349号18頁。
11) 松下満雄・梅島修・内田芳樹「最近の国家規制法の域外適用を巡る動向についての座談会（1）」『国際商事法務』51巻1号（2023年）2－3頁の松下発言を参照。
12) そのほか，中谷和弘「米国法と中国法の域外適用の板挟みになる日本企業―対応をめぐって」『国際商事法務』49巻4号（2021年）459-460頁は，外交保護権の行使やWTOパネルへの提訴のほか（これらによる解決は実際には極めて「期待薄」とされる），日本が英仏独伊加豪などと共同して中国と米国に第三国の企業に不当な影響を及ぼさないよう配慮すべきことを申入れることや企業自身の「分社化」による対応などを指摘する。
13) 20年以上前のカードリーダー事件最高裁判決では，特許権の効力に関する属地主義の原則が堅持されたと考えられるが，先述したドワンゴ対FC2事件の知財高裁判決は，FC2の行為は，日本の領域内で行われたものとして，特許法上の「生産」に当たると解しても属地主義の原則に反しないと判示した。しかし，FC2のサーバは外国に存在し，そこからファイル等の送信が日本国内に向けて行われている以上，どこで「生産」が行われたかは必ずしも明らかでないとすれば，本判決は，実質的には属地主義の原則を緩和したと見ることができるようにも思われる。

（早稲田大学法学学術院教授）

共通論題②　経済規制法規の域外適用をめぐる新たな展開

国境を跨ぐデジタルサービスの提供にかかる規制の域外適用のあり方

林　秀弥

I　はじめに
II　電気通信事業法の域外適用
　1　電気通信事業法で規定されている主な規律
　2　電気通信事業法改正（令和2年）の概要
　3　そもそもの疑問と政府解釈
　4　政府解釈に対する評価
　5　電気通信事業法の適用場面——想定事例
III　貸金業法事件からの示唆
　1　事案の概要と判旨
　2　本判決の評価
IV　電気通信事業法と国家管轄権
　1　電気通信事業法と立法管轄権
　2　電気通信事業法と執行管轄権
V　結　語
　1　まとめ
　2　残された課題

I　はじめに

　本稿では，国境を容易に跨ぐ，インターネットを介したデジタルサービスの提供をめぐって問題となる法規制の域外適用のあり方について，電気通信事業法等を例に若干の検討を行う。
　通信の事業に関する許認可は，基本的には国単位で行われる[1]。海外との電話やローミングのように明らかに国境を超える通信を円滑に行えるよう，制度的な手当てがなされている。しかし，インターネットを利用するサービスでは国境を意識しない。サーバーがどこにあるかを特に意識せずに，利用者（消費者）はサービスの提供を受けることが可能である。逆に利用者が知らないうちに，海外のサーバーにアクセスしているようなケースもある。事業者も国境を越え

共通論題② 経済規制法規の域外適用をめぐる新たな展開

てサービスを提供している以上は，事業者に対する規制は，基本的には，どの国でも同様であるべきである。しかし実際には，各国の法体系や規制は異なっている。

　この点について，かつて「一国二制度」が喧伝されたことがある。これは，日本の利用者（消費者）に向けて，同様なサービスを提供していたとしても，日本国内からサービスを提供する場合と，外国からサービスを提供する場合とでは，適用される法律や規制が異なることを象徴的に指す言葉である。特に，インターネットを介したサービスは，容易に国境を越えてサービス提供がなされるため，「一国二制度」問題が起こり得る。有名な例を挙げると，かつての消費税法では，インターネットを通じたサービスについては，役務提供地によって課税に差異があった。これは，電気通信回線（インターネット等）を介して行われる電子書籍・音楽・広告の配信などの役務の提供について，その役務の提供が消費税の課税対象となる国内取引に該当するかどうかの判定基準（内外判定基準）が，従来は，役務の提供を行う者の役務の提供に係る事務所等の所在地だったためである。しかし所得税法等の一部を改正する法律（平成27年法律第9号）等により，消費税法等の一部が改正され，国境を越えて行われるデジタルコンテンツの配信等の役務の提供に係る消費税の課税関係の見直しが行われた。これにより，内外判定基準が事務所等の所在地から「役務の提供を受ける者の住所等」に改正され，この差異の問題が立法的に解決された[2]。この事例は法適用面でイコールフッティングでない状態という意味で「一国二制度」問題が存在していたことになる。

　そもそもインターネット型のサービスでは，データを格納するサーバーや経路上の機器類がどこにあるかは容易にはわからないこともある。日本向けのサービスのつもりでも他国からアクセスが可能であったり，日本向けのサービスなのに海外の設備によってサービスが提供されるようなケースもある。このような場合に「一国二制度」問題が発生することは消費者にとっても，事業者にとっても不利益となりうる。すなわち，消費者にとっては，同じサービスなのに，サービス提供者によって消費者保護ルールが異なり複雑となったり，外国企業提供のサービスで問題があっても属地主義が壁となり，行政は十分に

守ってくれないといったことにもなったり，あるいは，外国企業と係争となった場合，外国の裁判所で争うことを余儀なくされたりして，結果として泣き寝入りとなってしまうこともあるかもしれない。また事業者にとっても，同じサービスを提供しているにも関わらず，異なるルールで競争させられることになり，日本企業が大きなハンデを背負うケースが生じたり，あるいは規制当局としても，外国事業者に対して行政処分をためらったり，行政指導も適時のタイミングでなされなかったりするおそれがある。このように「一国二制度」問題が顕在化するときは消費者にとっても，企業にとっても負の影響が大きい[3]。イノベーションにより可能となった新たなサービスについて，国内事業者が適法性の確認のためサービス導入に慎重を期す一方で，国外事業者がサービス導入に踏み切り事業基盤を拡大するといった事例が発生しうる。特に，プラットフォームサービスについてはネットワーク効果が強く，規制面でのイコールフッティングが確保されていないとその間に国外事業者が急拡大し，後からルールを整備して対抗しようとしても著しく困難となる傾向があるのは周知の通りである[4]。また多くの企業の法務部門には法規制のグレーゾーンや海外の法制を熟知し，それに即座に対応できる人材や経験が一般的に不足しており，内外の規制のイコールフッティングを考える場合，このような人材面での課題にも着目する必要がある。

　本稿は，国内で事業活動を行う事業者であれば，それが国内事業者であれ，海外事業者であれ，等しく法規制が適用されなければ，消費者保護などの法規制の目的は達成されないとの問題意識の下に，海外事業者の事業活動の影響が日本の消費者等に及ぶ場合はもちろんのこと，主に海外向けのサービスであっても，日本で行っている当該業務の適正な運営の確保にとって必要な場合には，法規制は原則として，当該海外事業者にも適用されるべきことを，いくつかの業法規制の事例の検討を通して主張するものである。特に本稿で着目する情報通信産業においては，1）自然災害やサイバー攻撃等の発生自体が不可避なグローバルリスクの深刻化，2）外国企業等による通信事業者やサービスの多様化，3）with/afterコロナに伴い益々浸透している遠隔・非接触サービスに不可欠なブロードバンドサービスやインターネット関連サービス等の通信

サービスのユニバーサル化，4）5G本格展開等による他の重要インフラとの相互依存の深まり等の情報通信ネットワークの産業・社会基盤化，5）仮想化・ソフトウェア化等による情報通信ネットワークの構築・管理運用の高度化・マルチステークホルダー化等が進展しており，国境を跨ぐサービスの進展が著しい。[5]

そこで以下では，Ⅱで電気通信事業法の域外適用について検討し，Ⅲで貸金業法事件における解釈・議論を参照する。Ⅳで電気通信事業法における国家管轄権を論じる。Ⅴで結語を述べる。

Ⅱ 電気通信事業法の域外適用

1 電気通信事業法で規定されている主な規律

一般に，業法とは，公共の福祉の目的（公共の安全や秩序の維持，消費者の利益の保護，市場の健全な発展等）から，特定業種の営業の自由に種々の制限を加える法令ということができるが，電気通信事業法は，日本電信電話公社の民営化（NTT誕生），電気通信サービスへの新規参入の自由化，端末の自由化の産物として，1985年に誕生したものである。電気通信事業法が規律する情報通信市場・産業においては，①急激な技術革新・市場環境の変化，②通信手段・端末の劇的な進化／他産業への拡大，③越境性の高さ，④巨人（ビッグテック）の登場・拡大がその特徴である。事業法制定以来今日まで40年が経とうとするが，将来何が起きるか全くわからない情報通信産業を先回りして規制することは当時も今も困難のままである。

電気通信事業法は，全般的な規律として，検閲の禁止（3条），通信の秘密の保護（4条），利用の公平（6条），重要通信の確保（8条），参入に関する規律，電気通信設備に関する規律，消費者保護に関する規律，紛争処理に関する規律，報告等に関する規律，登録・届出事項の変更や事業の休廃止等に関する規律を設ける。とりわけ通信の秘密の保護は憲法に規定されているものでもあり，直罰規定が設けられているなど，電気通信事業法における重要な規律となっている。[6]

2　電気通信事業法改正（令和2年）の概要

　電気通信事業法の令和2年改正では，電気通信市場のグローバル化等に対応し，電気通信サービスに係る利用者利益等を確保するため，外国法人等が電気通信事業を営む場合の規定の整備等が行われた（2020年5月改正，2021年4月1日より施行。以下，単に「令和2年改正」ということがある）。これは，外国事業者の提供するサービスにおいて利用者情報の大量漏えいや大規模な通信障害等が数多く発生したことにかんがみ[7]，外国法人等が提供するプラットフォームサービス等の国内における利用は急速に拡大する一方で，外国法人等に対する電気通信事業法の執行には限界があり，我が国利用者の保護が十分に図られていないといった課題，あるいは国内外事業者の間で競争上の不公平が生じているといった課題が顕在化していることに対応したものである。

　そこで，外国法人等に対する規律の実効性を強化するため，登録・届出の際の国内代表者等の指定義務（これにより業務改善命令等の執行が可能となる），電気通信事業法違反の場合の公表制度等に係る規定が整備された[8]。改正法の施行を受け，GoogleやMeta（旧Facebook），Apple，Amazon，Microsoftなどの外国法人が国内において電気通信事業を営む電気通信事業者として届出を行った。

3　そもそもの疑問と政府解釈

　このような法改正に対しては，そもそも「電気通信事業法を域外適用する」ために，当該法改正は必要だったのか，また外国事業者のサービス提供にも，令和2年改正を待たずとも同法は既に適用できたのではないか，との疑問が生じうるところである。

　この点については，まず政府（総務省）の見解を確認する。2015（平成27）年4月23日の衆議院総務委員会における吉良裕臣・総務省総合通信基盤局長（当時）の次の答弁が参考になる。「電気通信事業法を含めまして，一般的に，①我が国の行政法の及ぶ範囲は日本国内に限られるということでございます。このため，②日本国内に拠点を置かない者が電気通信事業を営む場合には，電気通信事業法の規律は及ばないということになっております。③仮に，日本国内に拠点を置かない外国法人等にまでその適用範囲を拡大しようとする場合に

は，一つには，当該者を電気通信事業法の規律対象とすることが可能かという根本の問題がありますし，それから二つ目としまして，④規律対象とできた場合にその実効性を担保するための法執行上の問題等がありまして，直ちにこれらの外国法人等を我が国の電気通信事業法の適用とすることが難しいというふうに判断しております」（ナンバリングは引用者）。また，2014（平成26）年5月13日の参議院総務委員会においては，同氏は，「グーグルにつきましては，国外にサーバー等を設置して国内向けに直接サービスを提供しておりますが，国内にあるグーグル日本法人は，国外に設置された電気通信設備を支配，管理していないというようなことから，電気通信事業法の規律は及ばないというふうに考えられ」るとしている。ここで①にいう「我が国の行政法の及ぶ範囲」とは，いわゆる「国家管轄権」を指すものである。国家管轄権とは，国家が国内法を具体的に適用・行使する国際法上の権能のことであるが，国家管轄権が及ぶ範囲は，いわゆる「属地主義」の考え方が最も基本的な基準となっているのは周知の通りである。国家管轄権は，国家の領域内にある人・事物に対して及ぶという原則が属地主義である。

　ところで国家管轄権には，「立法管轄権」，「執行管轄権」，「司法（裁判）管轄権」が含まれる[9]。立法管轄権とは，ある人・事物に対して法律を適用することができる権能，執行管轄権とは，行政機関が物理的な強制措置（逮捕・捜査・押収など）を行うことができる権能，司法管轄権とは，司法機関が具体的な事案の審理と判決の執行を行うことができる権能，をそれぞれ指す。これを前提に前出の答弁を整理すると，③は立法管轄権，④は執行管轄権のことを言っているものと解される。

4　政府解釈に対する評価

　この政府解釈に対する評価としては，次の問題を指摘できる。GoogleやMetaは日本でSNS等のメッセージングサービスを行っており，その意味で，日本において電気通信役務を提供している。そして，電気通信事業法は属地主義を原則としているものの，役務提供の一方当事者（役務の提供を受ける相手方＝国内利用者）が国内に所在するのであれば，たとえ電気通信設備が国外に

あったとしても，属地主義（客観的属地主義）の観点からも電気通信事業法は適用可能である。

　この点，前出の政府答弁の②では，「拠点」すなわち電気通信設備の設置・支配・管理場所が国内にあるかどうかによって，電気通信事業法の立法管轄権の有無を判断するという立場をとっていると考えられる。しかし，仮に，外国事業者が日本国内にサーバー等を設置・支配・管理していなかったとしても，当該外国事業者が日本国内の利用者に向けてサービスを提供していることを捉えて，効果主義あるいは（客観的）属地主義の観点から外国事業者に対して立法管轄権を推し及ぼすことが可能ではないか，と思われる。この理解が正しければ，この部分の政府解釈はミスリーディングではなかろうか。前出政府答弁は，「外国にサーバーがある限りは日本法では手が出せない」という立法管轄権と執行管轄権の問題を混同した考え方ではないか。いずれにせよ，①属地主義の原則に基づき，現行法は上記のケース（グーグル日本法人のケース）をそもそも適用対象としていないのか，それとも②現行法は上記のケースも適用対象としているが，運用上執行できていないのかが前出の政府見解では判然としないのである。

5　電気通信事業法の適用場面——想定事例

　では，具体的に電気通信事業法の適用が問題となる場面を次の4つの例で考えたい。第1に，「外国の」事業者が「海外に」電気通信設備等を置いて，主に「日本で」，「日本の」需要者向けにサービスを提供しているケースである（ケース1と称する）。さきほどの政府答弁で想定されていたケースである。第2に，「外国の」事業者が「日本に」電気通信設備等を置いて，主に「海外で」，「海外の」需要者向けにサービスを提供しているケース（ケース2と称する），第3に，「日本の」事業者が「日本に」電気通信設備等を置いて，主に「海外で」，「海外の」需要者向けにサービスを提供しているケース（ケース3と称する），第4に，「日本の」事業者が「海外に」電気通信設備等を置いて，主に「海外で」，「海外の」需要者向けにサービスを提供しているケース（ケース4と称する），である。

共通論題②　経済規制法規の域外適用をめぐる新たな展開

　まずケース1については，先に引用した政府見解で挙げられたグーグル日本法人の事案と同じであるから，前掲の政府見解に基づけば，電気通信事業法の適用が認められないことになる。次に，ケース2と3では，日本に電気通信設備等が置いてあることをどう考えるかが問題となる。これらのケースを法適用の対象とすべきかどうかは，一般論としては，当該法の趣旨・目的に照らして考えるべきであろう。一般的に，規制法の多くは，日本国内で不適正なサービスを提供して欲しくないというだけでなく，日本国内で不適正な行為もして欲しくないという趣旨・目的を有している。たとい日本国内で日本の需要者向けにサービスを提供していないにしても，海外に向けてサービスを提供するための一連の行為（サーバー等の設置・管理・運用行為を含む）を日本国内で行っているのであれば，それも規制の対象とすべきだということになろう。これに対して，日本国内で提供されるサービスの適正水準の維持ということだけを規制目的として考えるのであれば，ケース2と3には電気通信事業法の適用はなさそうであるが，日本国内で実施される行為の適正性の確保ということも含めて規制目的だと考えると，ケース2と3にも法の適用があるということになろう。一方，国外における行為であっても，国内で予測可能で実質的な効果をもたらす場合に管轄権を認める効果主義的立場にたてば，ケース2と3について電気通信事業法の適用なしということになろうと思われるが，他方で，行為主体の所在国に管轄権を認める主観的属地主義にたてば，少なくともケース3について法の適用が可能となりうるという意味で，よって立つ管轄権の考え方によって法適用の結果に相違が出てくるのではないかと思われる。

　これに対して，ケース4について，日本の事業者というだけで，日本で行為も行っているわけでもなく，日本でサービスも提供していないという事案についてまで法の適用を認めると，それはもはや本国管轄を認めるに等しく，過剰管轄（過剰な立法管轄権の行使）に該当するのではないかと考える。

　以上検討した想定事例における論点を具体的に考えるにあたって参考になるのが，日本の貸金業法事件[10]である。次節で本稿のテーマとの関連において，この事件から得られる示唆を考えてみたい。

Ⅲ　貸金業法事件からの示唆

1　事案の概要と判旨

　本件は，日本法人Ｘは専ら韓国法人Ａに資金を融資していたところ，日本政府Ｙが無登録貸金業に該当するとして報告命令等を発出したが，Ｘは，本件報告命令等は国家賠償法上違法であると主張し，Ｙに対して，同法上の国家賠償請求訴訟を提起した。同訴訟においてＸのＡに対する貸し付けについて日本の貸金業法が適用されるか否かが争点とされた。

　判決（控訴審）は，次のように述べて，貸付先が外国であっても，日本国内で貸付行為を行っているのだから，日本の貸金業法が適用されても，属地主義の原則に反しないと判示した。

　「貸金業法は，『貸金業』を，『金銭の貸付け又は金銭の貸借の媒介（中略）で業として行うものをいう』（2条1項本文）と定義した上，貸金業を営もうとする者には都道府県知事の登録を受けることを求め（3条1項），無登録営業を罰則をもって禁止している（11条1項，47条2号）ところ，日本国内において金銭の貸付けの一部を業として行っている限り，顧客が国外の借主のみであっても，『貸金業を営』むこと（3条1項）に該当するものと解するのが相当であり，このように解することは，日本国内における貸付行為をもって貸金業法の適用対象ととらえる考え方（属地主義）にも抵触しないというべきである。そうすると，一審原告は，日本国内に本店を有し，日本国内において金銭の貸付けの一部である送金行為を業として行っているのであるから，貸金業法にいうところの『貸金業を営』んでいるものというべきである」。

　「貸金業法は，もとは，『サラ金被害』といわれるような社会的実態の存在を踏まえて，昭和58年にいわゆる議員立法として成立した『貸金業の規制等に関する法律』（昭和58年法律第32号）であるところ，その多くは小口の消費者向け金融であったことから，保護の対象となる借り手としては主に国内の借り手が念頭に置かれていたものと考えられる。しかしながら，法の文理からは同法による保護の対象が国内の借り手に限られると解すべき根拠は見当たらず，法の制定後国境を越えた人や財貨の移動がいっそう盛んになるのに伴い，国外の資

金需要者に対して業として貸付けを行う者についても規制を行うべき必要性は顕在化しているというべきである。そして，平成18年法律第115号による改正後の貸金業法がその1条において『貸金業を営む者の業務の適正な運営の確保』を『資金需要者等の利益の保護』と独立した目的として挙げていることは，このような規制が可能であることを確認的に明らかにしたものというべきである」。

2　本判決の評価

　この判決について，国際私法学者からはどのような評価がなされているか。本稿の中心的な問題意識である「その行為を法の適用対象に含めるかどうかはその法の規制目的・趣旨に照らして個別に判断すべき」との立場からは，次の2つの評釈が特に重要である。1つは，嶋教授の評釈である[11]。嶋評釈は，「貸金業務の適正な運営の確保」という貸金業法の立法目的の一つを理由に，判旨の結論に賛成する。すなわち嶋評釈は，「従前の議論に沿って論じたとしても，Xの行為の一部（貸付資金の送金行為）がわが国内でなされている以上，属地主義に基づいて，わが国の貸金業法の適用を問題なく肯定できる事案であり，これに疑義が生じることはない」とした上で，「行為の一部が日本国内でなされているからといって，直ちにわが国規制の対象になるといった処理を安易に行うのは，適当ではない」という。「属地主義云々といった議論を持ち出すのではなく，個別具体的な規制の目的・内容を踏まえて，当該規制を及ぼすに足る必要性・正当性があるか否かを勘案したうえで，当該規制の国際的適用範囲を決すべきである」とする。

　もう1つは横溝教授の評釈である[12]。横溝評釈は，「保護法益として，自国の社会経済秩序の保護を念頭に置いた，国家法の国際的適用範囲に関する従来の議論からすれば，国内に資金需要者が存在しない場合には，貸金業法3条1項の適用を行う必要はないとの主張も考えられよう。だが，……強行的適用法規の国際的適用範囲は個別法規の趣旨・目的により決定されるべきであ」るとする。

　これら2点の評釈は，本稿の問題意識と軌を一にするものである。貸金業法

と電気通信事業法を同列に考えるのは早計ではあるが，国内で行為がなされても，その行為を法の適用対象に含めるかどうかはその法の規制目的・趣旨に照らして個別に判断すべきとの本稿の立場からは，サービスの提供自体は国外でなされていても，日本国内で海外に向けたサービス提供にかかる行為の一部がなされており，かつ，その行為が当該規制法の趣旨・目的にそぐわないものであれば，日本法の立法管轄権を推し及ぼすべきと考えられる。

Ⅳ 電気通信事業法と国家管轄権

1 電気通信事業法と立法管轄権

本稿のⅡ3で，令和2年電気通信事業法改正に対して，そもそも「電気通信事業法を域外適用する」ために，法改正は必要だったのか，また外国事業者のサービス提供にも，令和2年の電気通信事業法改正を待たずとも同法は既に適用できたのではないか，との疑問を提示した。これまでの検討からは，属地主義に基づいたとしても，また効果主義であればなおさら，そもそも電気通信事業法は改正せずとも外国事業者にもその適用が可能であったと考える。客観的属地主義の考え方に立てば，主要な行為の一部が国内で行われていれば，行為の全体について日本の法律を適用することが可能であり，国内へのサービス提供は，「主要な行為の一部が国内で行われている」と評価可能である。したがって，国内に事業所やサーバーが仮になかったとしても，電気通信事業法の適用は従前より可能であったと考えられる。このことは電気通信事業法に限ったことではなく，前出の貸金業法であれ，金融商品取引法，あるいは住宅宿泊事業法であれ，日本国内にサービスを提供する外国事業者に対して法律が適用されている[13]。いずれにせよ，外国事業者が日本国内の利用者に向けてサービス提供がなされている限り，管轄権行使が可能であるという整理に立てば，いわゆる効果主義と（客観的）属地主義の射程は限りなく近づくことになる。

2 電気通信事業法と執行管轄権

上述のように，立法管轄権の観点からは電気通信事業法が従前から適用可能であったとしても，執行管轄権となると話は別である。すなわち，令和2年改

正前の電気通信事業法は，わが国に拠点を置かない外国事業者への執行がほぼ不可能であった。

　第1に，送達の問題から，業務改善命令などの行政処分を外国事業者に対して行うことは困難である。業務改善命令などの行政処分は，相手方が文書を受け取り，了知すること，すなわち送達によって完結する。このことから，外国政府の同意なく，外国事業者（本国）に文書を郵送することは，執行管轄権の範囲外となり，認められないという解釈が（内閣法制局において）とられてきた。このため，行政処分の文書は外国に郵送できないことから，外国事業者には命令ができない。そこで，多くの法律においては，外国事業者に対しては，「命令」を「請求」に読み替えて規定していたのである。

　この送達の問題を解決するためには，（独占禁止法に規定されているような）領事送達・公示送達の制度を設けるか，あるいは，国内に送達先となる代表者／代理人の選任を義務付ける，といった方法が考えられ，令和2年改正では後者によって対応が行われたのは先に見たとおりである[14]。

　第2に，サンクション（刑罰）についても，外国事業者に対して行うことは当然のことながら困難である。仮に上記のような代表者／代理人選任義務付けの措置をとることによって国外に所在する事業者に対して業務改善命令を行うことができたとしても，命令違反に対して国内事業者と同様の罰則をかけることが不可能であり，これは，通信の秘密の侵害など，サンクションが直罰となっている場合も同様である。この点について，国外犯処罰規定を設けることも考えられるが，それを立法化するには現実問題として種々の困難を伴う。このことから，罰則ではないサンクションを新たに設ける必要があった。そこで，令和2年改正において命令違反行為の公表制度を考案されたものと考えられ，それは実務上の知恵でもある。すなわち，外国事業者を法令違反で処罰するためには，捜査・逮捕も含めて外国政府の同意が必要であるところ，その同意を得ることは非現実的であるため，罰則という担保措置に代わる法令違反に対するある種のサンクションが必要であり，令和2年改正では，電気通信事業法に違反した場合，会社名を公表することで，レピュテーションリスクに働きかけることでサンクションの「代用物」としたのである。代用物と形容したの

には理由がある。「公表」は，国民の自由・権利を直ちに制限・侵害するものではないため，厳密には，侵害留保原則が妥当するものではないと考えられることから，伝統的には法律の根拠は不要と解される。ただし，その事実上の制裁としての目的ないし性質から，法治主義の観点を貫徹する趣旨に基づき，法律の根拠が必要と考える行政法学の有力説にかんがみ，電気通信事業法において，総務大臣が「公表することができる」旨の規定を追加されたものと考えられる。[15][16]

Ⅴ 結　語

1　まとめ

　本稿では次の3点を論じた。第1に，インターネット経由型のサービスでは，経路上の機器類がどこにあるかは容易にはわからないこともある。海外向けのサービスのつもりでも日本からアクセスが可能であったり，逆に日本向けのサービスなのに海外の設備によってサービスが提供されるようなケースもある。業法規制の中に域外適用の明文がなかったこと等により，海外事業者に対する法執行の実績は，これまで低調であったが，今後，見直していく必要がある。特に昨今，大規模な通信事故や情報・データ漏洩，サイバー攻撃は，国の内外で枚挙にいとまが無い。通信事故の場合においては，報告義務の対象外となる業務委託企業（特に海外の企業）に起因する通信事故であっても，事故が発生して一般利用者に影響を及ぼした場合は報告義務を課すようにすることが望ましい。また，クラウド型サービスなどの業務委託先がサイバー攻撃を受ける場合もあり，それが最終的には消費者の通信障害を発生させるリスクがある。監督官庁としては国境を跨いだ連携をし，法執行を含めた解決方法の基本方針を構築することが（既に一部では実行されているものの）急務である。

　第2に，国内で事業活動を行う事業者であれば，それが国内事業者であれ，海外事業者であれ，等しく法規制が適用されなければ，利用者保護などの法規制の目的は達成されない。海外事業者に法適用や法執行ができないことが，日本国内でのブロッキングを求める意見の根拠ともなりえ，そのことがひいては日本国民の通信の秘密が脅かされる事態にもなりうる。[17]また昨今では複数の利

用者層が存在する多面市場を担うデジタル・プラットフォームは，ネットワーク効果，低廉な限界費用，規模の経済等の特性を通じて拡大し，ロックイン効果が働くこともあって，独占化・寡占化が進みやすい。その中において，既存の業法が十分に対応できていない，取引実態が不明である，政策当局側にも多様かつ高度な知識が要求される，技術の急速な進化に即した柔軟な規制手法が要求される，といった課題が依然としてあり，事業者が国を跨いだ事業を行うため，各国の規制当局間で規制の国際的な調和も必要である。[18]

第3に，海外事業者の事業活動の影響が日本の消費者等に及ぶ場合はもちろんのこと，主に海外向けのサービスであっても，日本で行っている当該業務の適正な運営の確保にとって必要な場合には，法規制は原則として，海外事業者にも等しく適用されるべきである。まずは法規制が海外事業者にも適用されることを明らかにした上で，日本の事業者と同等に法執行を進めることが期待される。

2　残された課題

本稿でも，伝統的整理に倣い，立法管轄権と執行管轄権に分けて国境を跨ぐサービスに対する法適用を検討したが，そもそも海外事業者への「適用」と「執行」は相互に作用しあっており，両方を同時並行で手当てしなければならない。いうまでもなく，「適用」がないものに「執行」はできないが，「執行」できないものを「適用」できるといったところで，理論的にはともかく実社会ではあまり意味がないのもまた事実であろう。

その一方で，クラウドやプラットフォーム等を介したデータ流通は容易に越境して提供され，そこを介して提供されるサービスも容易に国境を越える。このため，同じサービスであっても国内から提供される場合と国外から提供される場合で法律の適用が異なるといった事態は今後も様々な局面で想定される。そこで，①そもそも域外適用の規定がないケース，②域外適用の規定があるがその執行が困難なケース，③域外執行まで行っているケース等について整理した上で，既存の法令を総点検するなど，体系的な取組が必要ではないかとも思われる。とはいえ，様々な法律で一国二制度の状態が過去存在したなかで，こ

れをひとつずつ解決していく努力は重要ではあるが，なにぶん時間がかかりすぎるという側面は否めない。

　そこで，実現可能性はともかくとして，アイデアとしては一国二制度問題に関する基本法を制定するということも考えられるのではないか。国境を跨ぐサービス（日本法上違法なものも含む）に対して解釈上適用できない，もしくは適用できるか不明確な法律はまだまだ存在するからである。そこで例えば，既存法令の一括整備法を制定し，その中で，解釈上適用できない法律の改正や海外と比して遅れている法律の見直しを図ることも考えられるかもしれない。あるいは仮に一括整備法が難しくても，国として国内外のイコールフッティングを実現するという明確な方針を打ち出すことは必要であろう。これは法律の制定がなくてもできることである。以上は内外事業者間の公平な法適用の話であるが，内外事業者を分かたず適正な執行を担保するために，基本法において立法管轄権が認められる海外事業者に対する執行義務の明確化や適切な執行がなされるための仕組み（例えばモニタリングレビュー）の構築を規定するということも考えられる。

　今後とも企業や個人のクラウド利用やプラットフォーム利用がますます拡大する。しかし，ソフト（データ）はますますクラウドネイティブになるとしても，設備（ハード）は各国領土に存在するという事実に変わりはない。そういう厳然とした事実のなかで，各国の異なる規制・規律が重畳的に適用され，規制対応のコスト・労力がいたずらに嵩み，イノベーションを阻害する可能性もある。各国が個別にバラバラに域外適用をするようになると，企業活動としてコンプライアンスを確保するためにあらゆる国の法令を精査する必要が生じ，相応の負担になっているという面もあろう。こういった問題に対処するために，各国バラバラの法執行を調整するような包括的な多国間のデジタル貿易協定が必要ではないか[19]。

　この点，独占禁止法では，2国間の執行協力協定や多国間の協力枠組みが多数整備されている。その中には，通報（相手国の重要な利益に関する自国の執行活動に関し，相手国側の当局に通報すること），執行協力（相手国側の当局に対して執行上の必要な支援を行うこと），情報提供（相手国側の当局の執行活動に関連する情報を

共通論題②　経済規制法規の域外適用をめぐる新たな展開

提供すること），執行調整（双方に関連する違反被疑行為に対する執行活動を調整すること），積極礼譲（相手国側の当局に対して執行活動を行うよう要請すること），消極礼譲（自国の執行活動において相手国側の重要な利益に考慮を払うこと）の全部または一部が規定されている。[20]こうした独占禁止法における国際協力の経験と蓄積は，他のデジタル分野でも有用となるかもしれない。

1) 国際電気通信連合憲章の前文では「国際電気通信連合の基本的文書であるこの憲章及びこれを補足する国際電気通信連合条約（以下「条約」という。）の締約国は，各国に対してその電気通信を規律する主権を十分に承認し，かつ，平和並びにすべての国の経済的及び社会的発展の維持のために電気通信の重要性が増大していることを考慮し，電気通信の良好な運用により諸国民の間の平和的関係及び国際協力並びに経済的及び社会的発展を円滑にする目的をもって，次のとおり協定した」と定める。このように通信では，国家の主権（通信主権）に属する部分と，国際協調が必要な部分とが併存している。
2) 「国境を越えた役務の提供に係る消費税の課税の見直し等について」（平成27年5月・国税庁）。
3) このような例は枚挙にいとまが無い。例えば，検索結果を表示するためにWEBページをコピーすることが著作物の複製と見なされ，日本では2010年の著作権法改正まで違法とされていた。これに対して米国ではこのような行為はいわゆるフェアユースの範囲内として適法であった。またYouTubeなどの動画投稿サービスは国内外の様々な事業者が提供しているが，日本では著作権侵害動画をパトロールで消し続けないと賠償責任を負う可能性があるが，米国では，事業者はデジタルミレニアム著作権法（DMCA）によって，著作権者の指摘を受け直ちに削除すれば免責される（ノーティスアンドテイクダウン）。
4) 例えば，AI（人工知能）のような技術革新の進展が著しい分野においては，通話録音等の莫大な音声データの蓄積をAIの研究に使う場合に海外では原則自由であるが国内では制約が生じるケースであるとか，ネット上の各種データの利用の可否が著作権の扱いの差異により国内外で異なるケースなど，サービスに必ずしも直結はしないが，基礎的なデータ収集についても競争のイコールフッティングの問題が発生する可能性がある。
5) 総務省・情報通信審議会・情報通信技術分科会・IPネットワーク設備委員会・事故報告・検証制度等タスクフォース中間報告（案）10頁（2021年）。
6) 憲法21条2項の「通信の秘密は，これを侵してはならない」の規定を受けて，電気通信事業法は，次のようにあらゆる角度から何重にも通信の秘密の保護規定を置いている。すなわち，3条「電気通信事業者の取扱中に係る通信は，検閲してはならない」と定め，4条1項「電気通信事業者の取扱中に係る通信の秘密は，侵してはならない」，

同2項「電気通信事業に従事する者は，在職中電気通信事業者の取扱中に係る通信に関して知り得た他人の秘密を守らなければならない。その職を退いた後においても，同様とする」，41条1項「電気通信回線設備を設置する電気通信事業者は，その電気通信事業の用に供する電気通信設備（略）を総務省令で定める技術基準に適合するように維持しなければならない」，同6項「第1から第3項まで及び前項の技術基準は，これにより次の事項が確保されるものとして定められなければならない。（略）三　通信の秘密が侵されないようにすること」，28条1項「電気通信事業者は，次に掲げる場合には，その旨をその理由又は原因とともに，遅滞なく，総務大臣に報告しなければならない。（略）二　電気通信業務に関し次に掲げる事故が生じたとき。イ　通信の秘密の漏えい」，29条「総務大臣は，次の各号のいずれかに該当すると認めるときは，電気通信事業者に対し，利用者の利益又は公共の利益を確保するために必要な限度において，業務の方法の改善その他の措置をとるべきことを命ずることができる。一　電気通信事業者の業務の方法に関し通信の秘密の確保に支障があるとき」，164条「この法律の規定は，次に掲げる電気通信事業については，適用しない」としつつ同3項で「第1項の規定にかかわらず，第3条及び第4条の規定は同項各号に掲げる電気通信事業を営む者の取扱中に係る通信について，（中略），それぞれ適用する」，179条「電気通信事業者の取扱中に係る通信（第164条第3項に規定する通信（中略）を含む。）の秘密を侵した者は，二年以下の懲役又は百万円以下の罰金に処する」同2項「電気通信事業に従事する者（中略）が前項の行為をしたときは，三年以下の懲役又は二百万円以下の罰金に処する」，同3項「前二項の未遂罪は，罰する」。このように，電気通信事業法がいかに通信の秘密の保護に腐心しているかが読み取れる。

7) 例えば，Google社においては，2017年8月25日正午過ぎから夕方にかけて，一部のウェブサイトがつながりにくくなるなど，日本国内で大規模なインターネット接続障害が発生したり，2019年3月13日11時頃〜15時頃に，全国的にGmailが利用できない状況が発生したりといったサービス障害が発生している。また2018年12月，「Google+」ユーザーの氏名等が，非公開の設定となっているにもかかわらず，外部からアクセス可能な状態になっていたという利用者情報の不適切な取り扱い事案も発生している。またFacebook（現・Meta）社においても2019年3月14日1時頃から，全国的にFacebook，Instagram，WhatsApp，workplaceが利用できない状況が発生するといったサービス障害，あるいは2018年4月，日本を含む全世界で最大8,700万人のFacebookユーザーの利用者情報が，英国のデータ分析会社によって不正に取得されたり，2018年10月，全世界で約3,000万人分のユーザーアカウント情報が流出したりといった情報漏えい事案も発生している。

8) なお，個人情報保護法は令和2年（2020年）改正により域外適用について外国への送達制度を導入した。これに対して電気通信事業法においては，外国の事業者が電気通信事業者として登録又は届出を行う際に，国内代表者・代理人を指定する制度を導入することにより，当該国内代表者・代理人を通じて業務改善命令や報告徴収を含む行政措置の執行等を行う制度設計とすることにより，実効的な執行を確保することとした。

9) 小寺彰「独禁法の域外適用・域外執行をめぐる最近の動向——国際法の観点からの分

析と評価」ジュリ1254号（2003年）64頁。
10) 東京高判平成28・12・12（平成28年（ネ）2998号, 判時2349号18頁）。
11) 嶋拓哉・ジュリ1520号（2018年）148頁。
12) 横溝大・判例秘書ジャーナル（HJ100056）2019年8月, 5〜6頁。
13) 金融商品取引法の国際的適用範囲については, 松尾直彦「金融商品取引法の国際的適用範囲」東京大学法科大学院ローレビュー6号（2011年）276頁を参照。
14) WTOルールにより, 外国事業者に対して国内への拠点の設置を義務付けることはそもそも不可能であるところ, 国内代表者／代理人の指定を義務付けることは可能であることから, そのような方策がとられたものと考えられる。
15) 塩野宏『行政法Ⅰ　行政法総論〔第6版〕』（有斐閣, 2015年）267頁, 宇賀克也『行政法概説Ⅰ　行政法総論〔第7版〕』（有斐閣, 2020年）294頁参照。なお, 公表をめぐる行政法学上の近時の議論の展開については, 土井翼「行政機関による公表に関する法的規律の批判的再検討」一橋法学19巻2号（2020年）575頁参照。
16) 電気通信事業法167条の2は「総務大臣は, 電気通信役務の利用者の利益を保護し, 又はその円滑な提供を確保するため必要かつ適当であると認めるときは, 総務省令で定めるところにより, この法律又はこの法律に基づく命令若しくは処分に違反する行為（以下この条において「法令等違反行為」という。）を行つた者の氏名又は名称その他法令等違反行為による被害の発生若しくは拡大を防止し, 又は電気通信事業の運営を適正かつ合理的なものとするために必要な事項を公表することができる」と定める。
17) ブロッキングとは利用者がウェブサイト等を閲覧しようとする場合に, 当該利用者にインターネットアクセスを提供するISP等が, 利用者の同意を得ることなく, 利用者がアクセスしようとするウェブサイト等のホスト名, IPアドレスないしURLを検知し, そのアクセスを遮断する措置をいう。このようなブロッキングは原則として「通信の秘密」を侵害する。
18) もちろん, 現実的にも, 各国間で完全にルールを揃えることは不可能に近い。電話番号や周波数の割当等は国・地域ごとに異なっている。さはさりながら, 国際的な協調は可能であり, 現に行われている。
19) 谷脇康彦「デジタル政策フォーラム　5つの検討アジェンダと今後の活動」（2022年2月4日）は次のように指摘しており, これらはいずれも正鵠を得ていると思われる。「今後データ流通は個別の領域（"system"）を越えて相互連携する"system of systems"の時代に向かっていく。またサイバー空間はそもそも国境を超えて存在しており, データは本来的にグローバルに流通する。他方, 各国においては固有の法制度が存在しているため, ボーダーレスなサイバー空間を巡るルールづくりは新しい視点が求められる。しかし, 現在の状態を放置しておくと困った事態が起こる。欧州GDPR（一般データ保護規則）の場合, 在欧州の個人情報を域外に移転・蓄積・保存する場合であっても, この域外事業者にGDPRが域外適用される。しかし, ある国において国内法が適用されるのに加え, 多数の国家の法制度の域外適用が行われると, 事業者はどの規律に適合させれば良いのかという点で事業リスクを抱えることになる。その場合, 各国の規律の国際標準化というアプローチが必要になる。特に信頼できる越境データ流通を実現するため

には国際的なルールを作る必要がある。これがデジタル貿易協定だ。かつてモノやサービスの越境取引についてWTOを中心に国際的なルールが策定されたが、データの越境取引についても同様のアプローチが必要になる。こうしたデジタル貿易協定にどのような項目が含まれるべきなのか検討を深める必要がある」。https://www.digitalpolicyforum.jp/column/220204/（2024年6月1日最終確認）

20) 独占禁止法でも、国際的な執行協力はきわめて重要な課題であり続けている。第1に、国際的なカルテル案件やグローバル企業による単独行為案件では、各国当局がそれぞれ調査・処分を行い、各国間で異なる（又は重畳的な）判断が行われている。これは当事企業にとっては、調査対応における過大な負担となったり、罰金（制裁金）の重畳的賦課となったりする懸念がある。特に、リニエンシー制度を導入する国が増え、各国へのリニエンシー申請やその後に要求される調査協力が過大な負担となっている。これがリニエンシー申請のインセンティブ低下となるおそれがある。また、ある当局の調査に対応して提出した情報が、他国における調査や民事訴訟（クラスアクション）で不利に利用されるおそれがある。第2に、調査対応へのインセンティブ低下の問題がある。例えば、企業結合規制においては、国内M&Aであっても複数の国において届出が必要となる場合があるが、その基準や審査手続がそれぞれ異なったり、各国競争当局による企業結合審査の結果、各当局において異なる判断がなされたりする場合があり、複数の当局から矛盾する問題解消措置が出されるおそれがある。このような第1、第2の問題を回避するため、国際協力協定に基づく各国当局間の協力・連携が近時一層強化されている。今後は、カルテル・単独行為規制においては、違反事件の通報、調査の進捗状況や調査方針に関する情報共有をさらに進め、事件に関する資料・情報も共有していくことが必要となっている。その上で、立入調査のタイミングを調整したり、罰金（制裁金）の重畳的賦課の回避へ努力することも必要となる。また企業結合規制においても同様に、審査の進捗状況や審査方針に関する情報共有や結合事案に関する資料・情報の共有を進めるとともに問題解消措置やその履行状況に関する協議・情報共有も進め、当事者による協力・努力がしやすい環境を整えていくことが要請されている。

（名古屋大学大学院法学研究科教授）

共通論題② 経済規制法規の域外適用をめぐる新たな展開

外国における特許発明の「譲渡等」とその「申出」について[1]

玉井克哉

I はじめに——問題の所在
II 契約の締結地と「販売」の場所
III 外国からの特許製品の送付
IV 特許発明の価値の実現と「販売」の成否——石油掘削用リグ事件
V 日本特許法についてどう考えるべきか
  1 日本特許法の適用範囲
  2 契約に関わる場所を問うべきではない
  3 日本を仕向地とする譲渡等
  4 基本的な考え方——特許発明の価値の「実現」
VI 結論——本稿の問題について

I はじめに——問題の所在

　本稿は，次のような【問題】を念頭に，日本法における解決を探究するものである。

　【問題】Xが日本特許権を有する物の発明の実施品（以下「対象製品」という）がC国で生産され，同地でYがAに譲渡し，AがZに譲渡して，Zが日本に輸入している。C国内でなされたYによるAへの譲渡やその申出は，Xの日本特許権の侵害となりうるか。なりうるとすればどういう場合か。

　この場合，Zによる輸入が特許発明の実施（特許法2条3項1号。以下，断りのない限り条項は特許法のものである）にあたり，無許諾で行われればXの特許権侵害となることは疑いがない（68条本文）。その前段階となるYからAへの譲渡やその申出がXの許諾を得ずに行われた場合に特許権侵害となるかどうかが，ここでの問題である[2]。

　もちろん，Yによる譲渡やその申出が外国で行われる以上，何らの付加的事

情もなく当然にそれを日本特許権の侵害だとすることはできない。各国が外国での実施行為に無制限に自国の特許法を適用すれば，Yは，事実上世界各国の特許権をすべて顧慮せねばならなくなりうるが，それは不条理である。対象製品が乾電池のような汎用品であって，その販路にYが無頓着なのが当然である場合や，YがAに譲渡した製品のほとんどがC国内で使用されている場合，あるいは逆に世界各国に輸出されていてZを通じて日本に輸入される比率がごく僅かである場合を想定すれば，その不条理は際立ったものとなる。そうした事態を避ける立法政策はわが国では属地主義の原則として語られ，**カードリーダー事件**（FM信号復調装置事件）の最高裁判決も，一般論として「我が国においては，我が国の特許権の効力は我が国の領域内においてのみ認められるにすぎない」と述べる。米国でも，特許権が域外適用されないというのは大原則である。

しかしながら，逆の極端な見解，即ちYの行為が外国で行われている以上はいかなる場合でもそこに日本特許権の効力が一切及ばないとするのも，また適切ではない。「発明につきいかなる手続でいかなる効力を付与するか」が各国独立であるとパリ条約4条の2（1）が定めていることから，日本特許権の効力が「我が国の領域内においてのみ認められるにすぎない」と解するとしても，その日本特許権について，具体的な状況下で対象製品の譲渡やその申出が特許発明の実施となるか否かが，単に条約上の属地主義から決まることはない。即ち，日本特許権に関して特許権者が日本国内で権利を行使する場合に，対象製品が国外で譲渡されたという事情をどのように考慮するかは，専ら日本特許法の解釈の問題というべきである。特許発明の価値が具現した製品の譲渡やその申出といった外国におけるYの行為を，一定の要件の下で日本特許権の侵害と解したとしても，国際法上の原則や条約に反するものではない。では，その要件は何か。それを探究するのが，本稿の主題である。

これは，「域外適用」の術語を用いるか否かはともかくとして，各国がそれぞれ独立に設定する特許権の効力を外国での行為にどこまで及ぼすか，という問題である。したがって，国際的に調和した解釈を追求せねばならず，比較法的な検討が必要となるが，本稿では，米国の特許法を参照の対象とする。それ

は，米国市場が世界最大の経済圏であり，判例の集積が著しく，わが国にとっても最も緊密な関係を有する外国である——後出の米国裁判例にも日本企業の関わったものが数多い——ことのみによるのではない。それだけでなく，米国は，1995年からのＷＴＯ協定（TRIPs協定）の発効を見据えて販売の「申出」を特許発明の実施形態に加えたという点で，わが国と立法の経緯を共通にする。同協定の実施のために設けられた両国の法を調和的に解釈することには，十分な根拠があるといえよう。

 以下では，比較対象としての米国法において譲渡契約のなされた場所が持つ意義をまず検討し（Ⅱ），次いで米国を仕向地とする販売が一般に米国国内の販売とされる状況を検討し（Ⅲ），さらに，いわば限界的な事例で米国特許権の侵害を認めた判例をやや詳しく検討することによって米国法の基本的な考え方を明らかにした上で（Ⅳ），そこから得られる示唆に基づき，日本法の解釈について考察して（Ⅴ），稿を結ぶこととする。なお，以下では，【問題】と同様，具体的事案を省略するに際して，特許権者「Ｘ」，被疑侵害者「Ｙ」とし，Ｘの特許権を「本件特許」，その実施品（と疑われている製品）を「対象製品」と呼ぶこととする。

Ⅱ 契約の締結地と「販売」の場所

 TRIPs協定28条(1)(a)は，無許諾での特許製品の「販売（selling）」を特許権侵害とすべきことを加盟国に義務付け，米国特許法はほぼそのまま特許発明の「販売（sell）」が特許権侵害となると定める（35 U.S.C. §271(a)）。日本特許法は「譲渡」の文言を用いるが，それは無償での試供品の提供などを含む趣旨に過ぎず，売買による譲渡を主として予定していることには変わりがない。

 では，特許法における売買とは何か。日本法における売買とは，特定された目的物についての財産権の移転と一定額の代金の支払いを約定することを本質とする（民法555条）。同様，米国統一商法典（Uniform Commercial Code；U.C.C.）も(i)一定価額での(ii)売主から買主への権原（title）の移転を「販売」の要素としている（§2-106）。そして，連邦巡回区控訴裁判所は，米国特許法における「販売」が一種の借用概念であるとし，多くの文脈で統一商法典を参照して，

「販売（sale）」の有無についての判断基準として引用する。[16]

　こうした状況に照らせば，米国判例において，「合衆国内」における対象製品の「販売」だとされるためには，価額の決定や権原の移転を伴う契約の交渉や契約の締結が米国内で行われるか否か，即ち行為地がどこかが決定的だと予測されるかもしれない。だが，現実にはそうではない。

　まず，しばしば挙げられる先例は，米国内での州際私法上の裁判籍をめぐる1994年の連邦巡回区控訴裁判所判決である。事案は，テキサスとカリフォルニアの事業者がそれぞれ本船渡条件（free on board）で対象製品をイリノイに向けて発送したことが特許権侵害だと主張して，原告特許権者がイリノイ北部地区連邦地裁において訴えを提起したというものである。被告らは，専ら権原の移転した地である販売地にのみ管轄があるからイリノイには管轄がないと主張し，第一審判決は，その主張を容れて訴えを却下した。しかし，連邦巡回区は，まず一般論として，特許権侵害の法的性質が不法行為（tort）だとした上で，「生産」や「使用」については物理的な事象が不法行為地を決めるのに対し，「販売」については売主から買主に至る販売経路のいずれかの物理的な地点のほか，商取引法により定まる観念的な販売地も侵害地となりうる，とした。だが，続けて同裁判所は，特許権侵害のなされた地を決めるのに「機械的な基準（mechanical test）」を当て嵌めるのは不適切だとし，特許権侵害となる「販売」の成否は売手と買手の間の危険負担などとは無関係なのであるから，必ずしも一般契約法と同様に考える必要はなく，侵害品をイリノイ所在の買手に売る行為はイリノイでの不法行為に関与したものだと考えてよい，とする。そして結論的には，仕向地として売買の結果が発生するイリノイこそが──必ずしもそこに限定すべきではないが──不法行為地であり，そこに管轄が生じないとする理由はないとして，被告らの主張を排斥し，第一審判決を破棄した。[17] なお，この判決は販売の「申出」が特許発明の実施に加えられる前のものであるが，改正後の「申出」についてもその趣旨が再確認されている。[18]

　契約の交渉や締結の場所にこだわることに意味が乏しいことは，さらに，2000年の連邦巡回区控訴裁判所判決で露わとなった。その事案は，20世紀の末に中国政府が建設に着手した「三峡ダム」工事の一部について日本企業と欧州

企業が入札し，落札に備え米国企業を交え米国内で下準備や相互間の交渉を行った，というものである。これに対し，クレーンなどの建設機械に関わるXが，自己の特許発明を現地で使用するため被告らが米国内で商談を行ったことが販売の「申出」として米国特許権を侵害すると主張した。事案の解決としては，判決は，証拠を精査しても入札関係企業相互間の内部の会合がなされたことが認められるのみで，外部の第三者とのやり取りがあったと認めるに足りないから販売の「申出」があったとはいえないとして，Xの主張を排斥した[19]。以下これを「三峡ダム事件」と呼ぶこととするが，後出の石油掘削リグ事件とちょうど逆の事案であり，同事件判決が先例となる今日であれば，契約の交渉や締結がどこで行われていても「合衆国内」での販売にはあたらない，とされるはずである[20]。特許発明の価値を専ら中国でのダム建設現場で実現させる契約は，米国特許権の保障した排他的地位の確保とは無関係だからである[21]。

　判例法をより明確にさせたのが，ネットワーク用ルータ部品に関する2014年の「ハロー判決」[22]である。その事件で，被告Y社は，コンピュータやルーターなどのプリント基板上に変圧器を保持するための表面嵌込みパッケージを生産しており，世界的に巨大な米国企業訴外シスコ・システムズ社（以下「シスコ」という）[23]のグローバル調達網の一部を担っていた。シスコとYの間では，製造能力の保障，最低価格保障，また発注からのリード・タイムを含む一般的な供給条件についての基本合意があった。またYは，従業員を定期的にシスコのデザイン・エンジニアとの米国内での会合に出席させ，価格交渉や設計についての会合を米国内で行い，米国内の顧客に対してシスコが行うセールス・ミーティングにもYの従業員が同席し，販売後のサポートにも協力し，仕様の決定前に製品サンプルを米国内のシスコの拠点に送るなど，直接の関係があった。

　他方で，前記の基本合意は具体的なY製品やその価格に言及しておらず，シスコが発注するときは，まずアジアの製造委託先に要求項目を送り，それに対して各パーツごとにYが予定価格と数量を応え，交渉の後でシスコが四半期ごとに具体的な製品，価格，数量を定めて発注を行うのが通常だった。Yが発注を受けると，それに応じてアジアで生産し，アジアの製造委託先に出荷して納品し，それに応じた代金を製造委託先からアジアで受領していた。そして，製

造委託先が最終製品をアジアで組立てシスコ製品として出荷し，製造委託先からのインボイスに従ってシスコが代金を支払う——その中にYへの支払分が含まれる——という手順であった[24]。

要は，この事件のYは，契約という観念的側面では米国企業シスコと米国内でいくつもの結節点があった。だが対象製品については，外国で生産し，外国でシスコの製造委託先に供給し，その製造委託先が外国で最終製品に仕上げてシスコの商品として外国で出荷するなど，物理的な流通は一貫して外国で終始し，米国は仕向国でも特許発明の価値が実現する国でもなかったのである。

この状況下で，米国特許権を有するXが，特許発明に係る対象製品を「合衆国内」でYがシスコに「販売」したと主張したのに対し，連邦巡回区控訴裁判所は侵害を否定した。判決は，「販売活動の基礎をなす行動の大半がことごとく合衆国外でなされていた」ことを指摘し，たとえ契約の交渉や締結が一部合衆国内でなされたとしても，特許権侵害行為としての「販売」が国内でなされたということはできない，としたのである[25]。

このハロー判決は，価額の決定や権原の移転といった観念的要素ではなく，契約の結果として生じる物理的な特許製品の移転の場所を重視する判例の姿勢を明らかにしたとされる。類似の事案で特許権侵害を認めなかった第一審判決もある[26]。その後の連邦巡回区控訴裁判所の判決も，対象製品のほとんどが外国で生産され，梱包され，試験され，別の外国の事業者に送付されていたという類似の事案で特許権侵害を認めず，この判例を確認している[27]。これらを前提に，その後も，サプライチェーン上の部品メーカーが外国で生産し外国に送付した製品について，米国特許法に係る直接侵害の責任を負わないとする判決がなされている[28]。このことからすれば，米国内で契約の前提となる交渉や契約の締結が行われたこと，即ち販売やその申出の行為地が米国内であることは，「合衆国内」での販売だとされるために重要ではない。

もっとも，基礎となった事案との関係で，米国判例にはあいまいな面がある。ハロー判決は，特許製品の生産・出荷・受領が外国で行われたことだけでなく，米国内で行われた契約交渉が拘束的な合意をもたらすものではなく，確定的な発注が外国の製造委託先からなされ，代金の支払いも外国で行われ，し

たがって販売に至る取引の実質的な部分が外国で行われたことを前提事情としていた[29]。それゆえ，代金の支払いと売買契約の合意がすべて米国内で行われ，したがって法律上の「販売」が疑いなく米国内でなされた場合に，それだけで——たとえ特許製品の生産・出荷・受領が外国で行われていたとしても——「合衆国内」での販売だと解する余地を，判例としての同判決は残している[30]。しかし，その後のいくつかの下級審判決はその点に立入り，特許製品の生産・出荷・受領・使用がすべて海外で行われていた場合に，ただ単に契約の締結や代金の受領が国内で行われていたというだけで「販売」だとすることはできない，としている[31]。やや傾向の異なる判決もあるが[32]，今日の米国判例法においては，米国内での「販売」だとされるためには，特許製品の生産や流通などの事実を米国内で生起させたことが重要であり，契約交渉から締結に至る観念的行為が米国内でなされたか否かは重要ではないということができる[33]。

なお，連邦巡回区控訴裁判所の別の判例は，「販売」の地を一義的に国内か国外かに決めることなく，複数の地で「販売」がなされたと観念され，そのうちの一つが米国内であるときに「合衆国内」での販売があったと見る余地を残している[34]。したがって，仮に，契約の締結が米国内で行われていた場合にそれだけで米国内での「販売」を認める判例が将来現れたとしても，それは，現在の基準とは異なる別の基準によるものであって，いかなる場合でも米国内での契約締結が必要だとする趣旨のものにはならないはずである[35]。

以上を要するに，米国特許法においては，契約の交渉や締結が国内でなされたことは特許法上の「販売」が国内で行われたとする上で重要ではない。そこで重視されるのは，契約の結果として対象製品が米国内で流通し，特許発明の価値が国内で実現していたか否か，そしてそれが契約の目的となっていたか否か，である。以下では，まず，国内を仕向地とする外国からの「販売」について，そのことを確認する。

III　外国からの特許製品の送付

外国から米国に特許製品が送付される事件類型についても，テキサスからの発送について仕向地たるイリノイでの「販売」を認めた前記の判例が先例とさ

れている。連邦巡回区控訴裁判所は，内部にLED電球とバッテリーを内部に備えた人工の角氷（ノベルティ商品）がネット上で販売された事案で，その旨を明らかにした。カナダ会社である被告Yは，本船渡条件（free on board）による発送であるから販売元の義務はカナダ国内で出荷した段階で終わっており，対象製品についての権原やリスクはカナダ国内で顧客に移転しているから，米国内での販売やその申出をYはしておらず，特許権侵害の責任を負わないと主張した[36]。しかし同裁判所は，Yは直接米国内の顧客に販売を行い，直接商品を送付しているのであり，それは米国内で「販売」したことにほかならない，とした[37]。テキサスからイリノイに特許製品を発送するのがイリノイでの特許権侵害にあたるのと同様，仕向地が米国だというのが重要であり，外国から米国内の顧客に特許製品を送付するのは米国特許権を侵害する，というわけである。

　類似のケースで，香港会社Yが米国内の顧客に発送した対象製品につき，「米国内」での「販売」についてYは特許権侵害の責めを負う，とされた。そのケースでは，米国内の顧客との価格や条件の交渉は専ら輸入業者Aが担当し，契約の相手方もAだったのであるが，Yは米国内の顧客への荷出しを行い，インボイスを作成し，代金を受け取っていた。それが本船渡条件によるものであり，したがって対象製品についての権原と責任が外国で移転していたとしても，Yが特許権侵害の責任を負うとされた。米国の顧客が香港まで行って買い付けたのではなく現地から送付した行為について，Aの「輸入」だけでなくYの「販売」も特許権侵害だとしたわけである[38]。同様，Yが製造したスマートフォンを日本国内でZに譲渡し，Zが米国に輸入して米国内の顧客に販売しているとしても，そのような販売経路を前提として対象製品を販売したのであれば，Yは「販売」とその「申出」について責めを負うとした[39]。この判決は，ネット上の電子商取引に関しても先例として機能している。

　もっとも，米国判例は，「製品が最終的に米国に輸入されることをただ単に知っていた」というだけで特許権侵害となることはない，とする[40]。これもまた，当然であろう。製品の生産者が，輾転流通の過程を完全に統制することなどできない。本稿冒頭でも述べたように，汎用部品などが対象製品である場合には製品に組み付けた状態で米国に持ち込まれることがいくらでもありうる。

共通論題②　経済規制法規の域外適用をめぐる新たな展開

各国の部品メーカーに米国特許権を漏れなく調査し，特許発明の実施を避けよというのは被疑侵害者に酷であるばかりか，市場経済の根幹にある取引の自由をも失わせるであろう。これを前提に，ネット販売においては，ただ単にサイトが英語で表記されているというだけで合衆国内での販売について「申出」があったとするには足らず，さらに別の事情が必要だとされる。

　その格好の事例は，バスケットボールを対象製品とするケースである。日本メーカーが日本語ウェブサイトの英語版に対象製品を表記し，広告を掲げ，米国内の顧客が直接サイトを通じて注文することができ，現に米国内の顧客に販売されていたとの事案で，ワシントン西部地区地裁は，米国内での販売やその「申出」があった，とした。しかし，差止命令を受けた被告が米国向け価格表示を消し，また米国内からの注文を受けなくなったときは，「合衆国内」での販売の申出が止んだ，と後日の判決で判断したのである。

　こうした考え方を敷衍し，最近の地裁レベルの判決は，ウェブサイト上の提供が米国国内での販売やその「申出」にあたるとされるためには，それが何らかの意味で米国内の顧客に「向けられた（directed）」ものであることを要し，かつそれで足りる，という。そして，(a)サイトに接する顧客の「相当な部分（significant portion）」が米国在住である，(b)米国向けの広告をおこなっている，あるいは(c)米国居住者が対象製品を当該ウェブサイトから購入した実績があるときは，米国居住者に「向けられた」ものだとの認定が支持される，とした。具体的事案を離れても，参考にすべき判断基準である。

　これと同様，裁判例の大勢は，外国ウェブサイトを通じた対象製品の米国向け販売が「販売」やその「申出」にあたりうることは米国特許法においては当然だとする。その際，サーバなどが外国に設置され，そのため「申出」のなされた地が米国内でなかったと考えうるとしても，そのことは「申出」や「販売」が米国内でなされたことの妨げにはならず，上記のような意味で米国向けの「販売」や「申出」であることを必要とし，かつそれで足りる，とされる。たとえば，顧客の80％以上が米国内におり，米国内の顧客向けにサイトをメンテナンスし，米国内からアフターサービスを受けることができ，現に米国内に顧客がいたという状況の下では，米国内における「販売」とその「申出」が

あったとするに十分である，という[47]。

このように，米国特許法においては，米国内に「向けられた」販売は合衆国内における「販売」であり，ウェブサイトなどでの提供は販売の「申出」にあたる。対象製品を米国市場に「輸入」するのを俟たず，その手前の段階で特許権侵害が問われるのである。

Ⅳ　特許発明の価値の実現と「販売」の成否──石油掘削用リグ事件

こうした米国判例の趣旨をよく明らかにするのが，2010年の**石油掘削用リグ事件**連邦巡回区控訴裁判所判決[48]である。その事案は微妙だが，そうであるだけに，背後にある考え方がよく示されている。以下，少し立ち入ってその内容を紹介しよう。

事案の大筋は，メキシコ湾の米国領海を「操業区域（Operating Area）」として，対象製品である石油掘削用リグをＹがＺに販売する旨の約定（本件契約）を外国で行った，というものである。その条件交渉や契約締結は，専らノルウェーでなされた。特許権者Ｘはその契約が「販売」とその「申出」に当たるから特許権侵害だと主張したのであるが，巨大な装置である対象製品は，契約成立時には設計段階にあり，未完成であった。

ＹＺ間の契約に先立ち，Ｘは，同一特許権に基づき，別の掘削用リグ・メーカーである訴外Ｇ社を相手取って別個の侵害訴訟を提起していた。それに照らし，ＹＺ間の約定においても，Ｘの特許権について何らかの公権的な決定があった場合には設計を変更する可能性があるとされた。実際，ＸがＧを相手取った訴訟で勝訴し，設計変更を命ずる差止判決を獲得したのを見たＹは，約定に基づいて，Ｘの有する特許権の侵害を避けるべく設計を変更した[49]。

Ｘは，Ｙが設計を変更した後もなお対象製品が自己の特許権を侵害すると主張したが，第一審判決は，変更後の設計はＧ社に対する別訴における差止判決に準拠したものであり，それによる訴訟経過禁反言（collateral estoppel）が本件に及ぶので，それに反する主張をＸが行うのは許されないと判断した[50]。この判断は控訴審でも是認されており，本件では，特許権侵害となる対象製品をＹが米国内で生産したり使用したりした事実はなかったこととなる。これを指摘

し，第一審は，本件では特許権侵害が成立する余地がないとして，陪審抜きの審理によって請求を棄却した[51]。

しかしながら，連邦巡回区控訴裁判所は，その第一審判決を破棄した。特許権侵害に関しては，こう述べる[52]。

まず，「販売の申出」について。合衆国内における販売の申出とされるためには，その申し出た「販売」が合衆国内でなされるものであることを必要とし，かつそれで足りる。申出を構成する行為が合衆国内で行われたか否かは，特許権侵害の成否と無関係である[53]。したがって，本件の商談が専らノルウェーでなされたといって，そのことから特許権侵害となる販売の「申出」がなかったとすることはできない。

そう解すべき理由を，連邦巡回区はこう述べる。「申出」の段階で特許権侵害を問うこととした1994年改正の趣旨は，潜在的に特許権を侵害する製品が取引されることにより特許権者が商業的損失を被るのを防止するところにある。それに照らせば，米国内での販売を目的としてその申出がなされた場合には，それが地球上のどこで行われようと特許法上の「申出」だと解すべきである。さもないと，米国外に交渉の場を移して「申出」を行うことで容易に特許権侵害を潜脱できることとなるが，それでは法改正の趣旨が没却されるであろう。重要なのは，「申出」の場所ではなく，その結果としてなされるべき「販売」の成否なのである[54]。

では，本件での「販売」についてはどう考えるべきか。これについても，連邦巡回区は，契約の交渉や締結が外国で行われたことは何ら本質的ではない，という。米国内において対象製品を供給し，米国内での特許発明の価値の実現（performance）を図る契約をすれば，「合衆国内」で特許製品を販売したことになる。本件では，契約上の「操業区域」がメキシコ湾の米国領海であり，米国内で対象製品を使用することが目的とされていた以上，本件契約の締結は特許権侵害となる「販売」にほかならない。

また，契約成立時に対象製品が未完成だったことも結論を左右しない。「販売」とは有体物の財産権を移転することのみを意味するのではなく，それを可能にするような準備行為（arrangement）がなされれば，特許法上は既に「販

売」である。そして，既に特許製品の「販売」がなされた以上，契約後に設計の変更がなされたことは「販売」の成否とは無関係である。「販売」の対象が特許発明を実現する製品であればその段階で特許権侵害が成立するのであり，その後設計が変更され，実際には米国内で侵害製品が生産されず，使用もされなかったとしても，販売が特許権侵害でなくなるものではない[55]。ノルウェーでなされた契約により米国内での「販売」が成立したというわけである[56]。

してみると，前記の理由で販売の「申出」もまた特許権侵害だったことになる。即ち，YがZに販売を申し出たのは，米国内で特許発明の価値を実現(perform)するはずの対象製品だったのであるから，それ自体が特許権侵害である。したがって，外国で契約交渉が行われ契約が成立したことを理由に販売の「申出」による侵害を否定した第一審は，その点でも誤りである[57]。むろん，現実に供給された製品が特許権を侵害するものでなかったということも，「申出」が特許権侵害にあたることを妨げない。後から設計が変更されたとしても，特許権侵害となる対象製品について「申出」がなされたのであれば，その段階で既に特許権侵害が成立しているのであって，その後に何が継起しようと，侵害の成否とは無関係である[58]。要は，ノルウェーでの交渉や契約の締結によって「申出」や「販売」による特許権侵害がいわば既遂に達しており，その後に設計が変更され，国内での「生産」や「使用」が後続しなかったことは侵害の成否を左右しない，というわけである。

では，「販売」や「申出」があったとして，特許権者は何を請求できるのか。このケースでは，対象製品の米国内での「生産」や「使用」はなかったから，差止請求には意味がない。特許権者の救済は専ら損害賠償によることとなるが，国内での「生産」や「使用」による特許発明の価値の実現 (performance) が欠けた事案での損害賠償をどう考えるかが，もう一つの大きな問題であった。

これについて，差戻しを受けた二度目の第一審判決は，本件では特許製品の生産や使用がないから損害額は無視できる (*de minimis*) 程度に過ぎないとして，1,500万ドルの合理的実施料を認めた陪審評決を破棄し，再度，請求棄却の判決を行った[59]。だが，連邦巡回区控訴裁判所は，再度の控訴を受け，そうし

共通論題② 経済規制法規の域外適用をめぐる新たな展開

た法解釈は当を得ないものであり，陪審評決通りに判決すべきだとして，その第一審判決を再度破棄した[60]。その判決が確定したため[61]，上級審の判決に拘束される第一審裁判所は，三度目の判決で，陪審評決通りの損害賠償を命じた[62]。対象製品が大型の装置だったとはいえ，外国での商談とわずか一回の契約によって，20億円を超える損害賠償が命じられたわけである[63]。

この事件で，Yは，Xの特許権に配慮して設計変更の可能性を予め約定し，現にそれに基づいて特許権侵害を回避した製品をZに供給した。契約時点ではたしかにXの特許権を侵害する製品を供給することが予定されていたとしても，米国内での生産や使用はなされなかった。それにもかかわらず高額の損害賠償を命じた判決は，Yに酷だと見えるかもしれない[64]。

しかしながら，これについては，こう考えるべきであろう。仮にYがZとの間で商談（販売の「申出」）を行わず，契約（「販売」）も成立しなかったとすれば，特許権者XがZに自社の特許製品を提示し，商談を進めることができたかもしれない。ところが実際には，特許発明を実施する対象製品をYがZに提示し，契約の対象となって，米国内で特許発明の効果を実現することを図った。相手方であるZに対し，Xの特許発明が米国内で効果を発揮しその価値が実現することを期待させて商談を進め，契約を締結したのである。それが現実にならなかったのは，別に提起されたXとG社との訴訟でXが勝訴し，G社に設計変更を命ずる判決が速やかに確定したという偶然の事情によるものに過ぎず，そうでなければ，特許発明を実装した対象製品が米国内で生産され使用されていたはずである。してみると，YZ間の商談や契約の段階で既に，Xは，特許発明の実施品を販売する形で特許発明の価値を排他的に享受するのを妨げられていたということができる。そして，特許無効，あるいは非侵害になると見込んで特許発明を実施したところ結果として見込みが外れたというのは，通常の特許権侵害でも宥恕されない事情である。YZ間での「販売」やその「申出」を認めたことは，あながち不当とはいえない。

別の言い方をすれば，こうである。米国内に設置すべき石油掘削リグについてYがZとの間で商談や契約を進めたことにより，その時点で既に，米国内でのXの独占的地位が危殆に瀕する事態をもたらした。即ち，少なくともその限

度で，特許発明の価値の実現（performance）の機会をＸは奪われた，ということができる。たとえ後日設計変更がありうるとの約定であったとしても，それは契約時点では可能性に留まっていたから，Ｘによる特許発明の価値の実現がＹＺ間の商談や契約によって妨げられたことに変わりはない。そして，契約の対象が米国内における特許発明の価値の実現である以上は，契約の交渉や締結がどこで行われたかは，本質的な問題ではない。この連邦巡回区控訴裁判所の判決は，米国向けの特許製品の販売が特許権侵害だとする先例を繰り返し引用しているが，判例の根底にある考え方と価値判断を，よく説明している。

石油掘削リグ事件判決はその後も判例としてよく機能しており，米国内での「販売」を予定した「申出」がそれだけで米国特許権の侵害であり，契約の過程で米国内での供給が予定されていれば現実に対象製品が米国内で使用されたことを要しない，との考え方は，最近の裁判例でも一貫している[65]。たとえば，発電用の洋上風車に関する類似のケースで，2022年のマサチューセッツ地区地裁判決は，風車が現に設置されたか否かに関わりなく「販売」による特許権侵害は成立しうるし，仮に販売の段階に至らなくても契約交渉が行われているだけで販売の「申出」は成立しうる，と判示した。米国内で発明の価値を実現する（perform）販売であれば，それがどこで行われようと特許権侵害となりうる，というのである[66]。同様に，対象製品を見本市などで展示して具体的な商談に臨む契機とすることは，たとえ確定的な価額の提示がなく，したがって「販売」に至る確たる見通しが成立していなくとも，潜在的な販売機会を奪うとして「申出」にあたるとされる[67]。そこでも背景にある考え方は同じであって，米国内における特許発明の価値の独占的な実現（performance）が妨げられれば，「生産」や「使用」が成立しなくとも，「販売」とその「申出」による特許権侵害が成立するわけである[68]。

Ⅴ　日本特許法についてどう考えるべきか

1　日本特許法の適用範囲

特許権の渉外的行使について準拠法の選択が必要かどうか，という問題がある。本稿冒頭に挙げたカードリーダー事件（FM信号復調装置事件）最高裁判決

は，それが必要だとした。即ち，まず，米国特許権の日本での差止め及び廃棄請求について，法律関係の性質は「特許権の効力」であるところ，法例（当時。以下同じ）に定めがないため条理に基づいて登録国たる米国法が適用されるとしつつ，米国法上の誘導侵害（惹起侵害。35 U.S.C. §271 (b)）について差止請求等を認めることはわが国の公序（法例33条）に反するから適用しない，とした。また損害賠償請求については法律関係の性質は不法行為であり，原因事実発生地（法例11条1項）たる米国の法が準拠法となるとしたが，「特許権の効力を自国の領域外に及ぼすことを可能とする規定を持たない」わが国においては，外国法を適用すべき事実が日本法によれば不法とならない場合には適用を否定する規定（同2項）が累積的に適用されるとして，誘導侵害に関する米国法を適用することはできないとした。[69]

これに対し，米国特許法においては，準拠法の選択がほとんど議論すらされない。[70] もっとも，最も基本的な判例である1994年の連邦巡回区控訴裁判所判決が，州際私法的観点から結果の発生したイリノイの裁判所が不法行為地として管轄を有するとし，その後の渉外的行使に関する判例も，それを下敷きにして外国での行為に米国特許法を適用している。それをわが国の判例に引き付けて解するとすれば，法廷地法の選択と一体として準拠法としての米国法を選択していると見ることができる。[71]

カードリーダー事件最高裁判決についてはさまざまな議論があるが，[72] その点を措き，本稿の問題に視野を限れば，その意味は明快である。即ち，外国での行為について日本特許権の侵害が問われる【問題】は同判決の事案とちょうど逆のケースであり，そこでは，差止請求についても損害賠償請求についても，同判決の下では，日本特許法が適用されることになる。そしてこれは，今日の法適用通則法の下でも変わらず，「特許権の効力」に関して登録国法たる日本法が，[73] また損害賠償請求については結果発生地としての日本法（同法17条本文）が選択される。判例上，【問題】については日本法が適用されるのである。[74]

もっとも，同判決は，「属地主義の原則」を重視し，差止等請求についてはこれを「公序」として扱い，損害賠償請求についても日本法の累積的適用の根拠として，米国法の適用を排除する理由とした。そこでの「属地主義」の適用

については批判が強い。だがそれについては，具体的事件において問題とされたのが米国特許法上の惹起侵害（35 U.S.C. §271(b)）だったことに注意すべきである。惹起侵害については直接侵害（35 U.S.C. §271(a)）とは異なって「合衆国内において」との限定句がなく，特別な主観的要件の下に外国での行為にも一律に適用される。即ち，誘導侵害（惹起侵害）というのは，その内容を措いても，国内か国外かを問わず適用される点で，わが特許法における権利侵害とは異質な侵害形態である。「属地主義」の意義については別の議論が必要であろうが，少なくとも，カードリーダー事件最高裁判決における「属地主義」については米国法の惹起侵害がわが国の法秩序と整合しないことを示したに過ぎず，その射程は限られるというべきである。そう解すれば，同判決にいう「属地主義」と本稿の立場は，矛盾するものではない。

さて，準拠法を日本法と定めて日本特許法を適用するということと，その適用によりいかなる結論が得られるかは，別の問題である。両者を混同するかの如き論説も散見されるが，準拠法選択と実質法の適用は区別せねばならない。以下，米国法との比較を踏まえた日本法の解釈に立ち入ることとする。

2 契約に関わる場所を問うべきではない

まず，外国で行われた販売行為やその準備行為が日本特許権の実施であるために，売買などの契約について交渉や締結が日本国内で行われたか否か，またその契約により所有権や危険が日本国内で移転すると約定されているか否かは，重要でない。先に見た通り，米国の裁判例には，契約についての一般法の適用を謳い，統一商事法典を参照するものがある。しかし，そのように述べつつ，契約交渉や締結の場所，あるいは所有権や危険の移転の場所が米国特許権の行使について重視されていないことは，前述の通りである。

これは，こう述べることもできる。対象製品が外国で販売された場合，そこで重要なのは，準拠法としての日本特許法の適用であって，契約の準拠法ではない。特許法の目的に照らせば，対象製品をして日本国内で特許発明の価値を実現せしめる契約は——売買であると他の形態の契約であるとを問わず——特許法上の「譲渡」であり，そのための交渉において契約の成立に不可欠な条件

を提示するのは「申出」である。専らノルウェーで行われた契約の交渉や締結をもって「申出」と「販売」があったとする石油掘削リグ事件判決の価値判断や理由づけは，日本特許法についても妥当する。

　この点について考える格好の素材として，グルタミン酸ナトリウムに関する事件がある（以下「味の素事件」と呼ぶ）[83]。事案はこうであった。被告である日本企業Ｙは韓国に本拠を置くＣ企業グループの一員であり，グループ内で密接な関係にある企業であるＣインドネシア（以下「Ｙ´」と呼ぶ）が対象製品を現地で製造していた。Ｙが直接日本国内の顧客に販売した部分について特許権侵害が成立するとされたのは当然として，問題は，それとは別にＹ´が日本の顧客に対して販売した部分である。それについては，Ｙ´と顧客の間では，輸出・通関手続きを行って輸出港での船積みをしたときに買主に危険が移転し目的物の引渡しもなされたとするとの取引条件だったことから，判決は，その部分について「譲渡」が認められないとした。

　しかし，既に指摘のある通り[84]，Ｙ´と顧客の契約内容など，特許権者Ｘのあずかり知らぬところである。日本特許法の趣旨は，特許発明の日本国内における価値の実現を特許権者に独占させることにある。Ｙ´が締結した契約において危険負担や占有といった観念的な事項についてどう約定されていたかは，法目的の実現とは無関係である。本船渡条件（free on board）を用いていても特許権侵害の成立を妨げないとする米国判例には，聴くべきものがある[85]。

　これと同様に，事実として契約の交渉や締結の場所が国内であることを要すると解するのも，やはり適切ではない。それを認めれば，そうした地を外国に移すことで容易に特許権侵害の結果を避けられるという結果をもたらすこととなるであろう[86]。最近の知財高裁判決が，システム発明における譲渡（電気通信回線を通じた提供）につき「サーバ等の一部の設備を国外に移転するなどして容易に特許権侵害の責任を免れる」結果を招来することとなれば「数多くの有用なネットワーク関連発明が存在する現代のデジタル社会において……潜脱的な行為を許容する」こととなるが，それは「著しく正義に反する」としたのも[87]，同様の価値判断に立つといえよう。契約や交渉がインドネシアのような外国でなされたとしても，日本国内での「譲渡」やその「申出」があったとすること

を妨げないと考えるべきである。

　このように考えられるとすれば，味の素事件の事案において，外国事業者Y´が日本国内の顧客に対して特許法上の「譲渡」を行ったことを否定するいわれはない。[88]特許法上の「譲渡」の意義は，民法上の「売買」とは別個に特許法の見地から決めるべきであり，Y´による譲渡がインドネシアでなされたとした味の素事件の説示には疑問がある。（もっとも，同事件の判決は，別の筋道で適切な結論を導いている。その点は後述する。）特許法上の「譲渡」やその「申出」についてはその趣旨に沿った解釈を与えるべきで，契約当事者間の約定に左右される危険移転や占有の場所はもとより，契約の交渉や締結の場所は重要な要素ではない。適用されるのは契約法ではなく，特許法だからである。

3　日本を仕向地とする譲渡等

　以上の考え方の一つの帰結として，【問題】のような，外国でYがZに販売しZが日本に輸入するという類型においては，YによるZへの販売が日本を仕向地としていたのであれば日本特許法上の「譲渡」であり，その不可欠の前提をなす行為が「申出」だというべきである。

　明文の規定によって「合衆国内」での販売のみを直接侵害とする米国においても，YZ間の販売が米国に「向けられた（directed）」ものであれば，特許権侵害となる販売にあたる。また，そのような販売について申込やその誘引がなされれば，その段階で既に，特許権侵害となる販売の「申出」である。その際，対象製品の最終の目的地が米国内であることが契約により定まっていればそのことは明確であるが，そうでない場合でも，米国内の顧客が仕様を指定し，それを満たすべく外国でYが対象製品を生産し，Zを通じて米国内で持ち込んでいれば，それもまた「合衆国内」での販売である。顧客が直接に仕様を指定しなくても，米国内での規制を満たすべく生産をコントロールしていれば，同様に考えられる。本船渡条件（free on board）などの約定により所有権や危険の移転が外国でなされる構成になっていても特許権侵害の成否を左右しないことは，前述の通りである。

　類例は日本では多くはないが，いわゆる**日本電産事件**の知財高裁判決は，外

国におけるウェブサイトへの掲載が「譲渡等の申出」にあたるとして，米国判例と軌を一にする判断を下している。即ち，その事案では，韓国企業たる被告のウェブサイトの開設とそこへの対象製品の掲載について，英語表記のサイト上に対象製品が掲載されているだけでなく，「Sales Inquiry（販売問合せ）」先を「Japan（日本）」とし，「Sales Headquarter（販売本部）」として東京都港区の住所・電話番号・ファクス番号を掲載しており，さらに日本語表記のウェブサイトにおいても対象製品を紹介するページがあり，そこにある「購買に関するお問合せ」の項目を選択すると対象製品の販売に係る問い合わせフォームを作成することが可能であった。そうした事情を総合考慮して，判決は，譲渡の申出が「我が国において生じた」としたのである[89]。国際裁判管轄についての判示ではあるが，米国判例と同じ方向のものだといってよい。

　もっとも，この判決は，他にも，被告の営業担当者が対象製品についてわが国で営業活動を行っていたと推認される事情なども総合考慮の対象としている。もしそれらをも必須とするのであれば，米国判例の一般的傾向に照らして過剰だといえよう。だが，それらは，現に事実として認定できる状況でダメ押し的に加えられた説示だと見ることができるのであって，先例としての価値を損なうものではない。この判決は，「譲渡等」の契約がどこでなされたか，あるいはウェブサイト開設に用いられたサーバがどこに所在するかなどを問うておらず，契約の場所や権原の移転する場所は関係がないとしている点を含め，全体として高く評価することができる。

　また，半導体専門商社による外国製品のネット取引につき，知財高裁は，「自社のウェブサイトに，取扱製品と同製品の販売に必要な情報を直接掲載し，その販売をする趣旨の記載をしていれば，同製品について，譲渡等の申出をしていることになる」とした上で，製造メーカーへのリンクを貼る行為についても，「自社のホームページにおいて，特定の複数の製造メーカーを紹介した上で，その製品を販売する旨を記載し，その趣旨で当該製造メーカーのウェブサイトにリンクを貼り，同サイトにおいて各製品の種類と仕様等の販売に必要なデータが説明されている場合にも，製造メーカーのウェブサイトを利用する形での同製品について譲渡の申出をしているものと解される」とした[90]。

こうした裁判例に照らせば，日本国内で特許発明の価値を実現することが予定された物を取引の対象とすることは端的に「譲渡の申出」であり，現実に販売などが行われれば「譲渡」である。即ち，日本を仕向地とする対象製品の販売は日本特許発明の実施たる「譲渡」である，と解してよい。たとえば，インターネット上の取引などで日本の顧客向けにウェブサイト上で対象製品が表示され，取引条件や申込方法が明らかとなっている場合は「譲渡の申出」があり，実際に販売がなされれば「譲渡」である。その場合，危険移転の場所など契約で約定すべき事項が特許権侵害の成否に無関係であることはもとより，サーバなど施設の設置場所についても問うところではない。また，顧客に対する「譲渡」やその「申出」と，中間の事業者に対する「譲渡」やその「申出」は，それぞれ独立に成立しうる。そして，日本が仕向地であるか否かは当事者の主観とは無関係に，客観的に定まるというべきである。たとえば，日本からの注文に応じて日本向けに発送される扱いになっていれば日本を仕向地とする「譲渡の申出」があると一般的にいえるし，販売された物品が薬機法や食品衛生法など日本の規制法令を充足するための表示が付されていたり，添付文書やウェブサイト上の説明が日本語で記載されていたりすることは，日本を仕向地としているとするための重要な徴憑だということができる。

　なお，事案は異なるが，対象製品（熱処理炉）を外国での使用を予定して生産し，部品状態にまで解体した上で輸出して外国での使用に供したという事案で，「生産」のほか，「譲渡」とその「申出」があったとした判決がある。特許発明の価値は対象製品に具現し，製品の価額を高めるはずであるから，それを国内で「生産」すれば，たとえまったく国内で使用せず，使用を予定すらしていなくとも，市場での取引対象が日本国内に現出したことになるから，潜在的には特許権者の経済的地位を脅かすことになるのであって，特許発明の国内での使用がまったくなかった石油掘削用リグ事件において連邦巡回区控訴裁判所が特許権侵害を認めたことと，軌を一にする判断だと言えよう。

4　基本的な考え方──特許発明の価値の「実現」

　石油掘削リグ事件について述べたように，米国判例の基本にある考え方は，

特許権侵害となるのは，特許発明の価値を国内において「実現（perform）」させる行為だ，というものである。ここでいう特許発明の価値の「実現」とは，特許発明を具現することによる価値を帯有する製品について，特許発明に伴う価値を摑取する機会が現実化することをいう。そのような機会を特許権者に独占的に保障するのが特許権である。そして，許諾なく行えば特許権者の独占的地位を損なう行為類型が，日本特許法においては「実施」である。[94]

味の素事件の東京地裁判決も，事案の解決としては，この考え方に沿っていると見ることができる。前述の通り，同判決は，インドネシア企業Y´と日本顧客の間の取引が日本特許発明の実施となる「譲渡」ではないとしたのであるが，日本企業YとY´の関係について，判旨はさらに次の事情を指摘した。

① 日本の顧客からYに送付された注文書を取り次いでYがY´に送付することがあった。
② Y´とYとの間では，対象製品の売上高の一定割合をコミッション料として支払う旨の契約があり，現にそれに基づく支払がなされていた。
③ Yは，Y´のため日本国内の顧客にサンプルの配送や不良品の回収にあたっていた。また，
④ Yの会計処理においても，Y´による販売に係る経費（運送費，倉庫費，人件費，サービス費用等）を計上していた。

こうした事実関係の下で，東京地裁は，Y´と共同して日本国内で営業活動を行ったYの行為が「譲渡の申出」にあたるとして，差止請求と損害賠償請求を認めた。そして，Y´販売分の売上高に基づく利益額を侵害者利益（特許法102条2項）として損害額を算定し，Xの請求額9億円の全額を認容した。[95]

この判旨についてまず指摘すべきことは，まず，「譲渡」の主体と「申出」の主体が別であっても差し支えないとしていることであるが，商社によるウェブサイト上のリンクがメーカーの製品についての「譲渡の申出」になりうるとした判決に照らせば，特に違和感はない。[96] 本件でYは製品の広告宣伝を行い（③），Y´に対する注文を受ける立場にあった（①）のであるから，いっそうそのようにいえる。これを一般化すれば，Y´からY，YからA，AからZ，そ

してZから日本国内の顧客Wというように流通している場合，Wからの発注や仕様策定に応じてYへの譲渡がなされているのであれば，Yへの「譲渡」とWへの「譲渡の申出」がともに成立することがありうる。

　より大きな問題は，判旨が，インドネシア企業Y´による日本顧客への販売が特許発明の実施たる「譲渡」でないとしつつ，それについても日本企業Yによる譲渡の「申出」があり，かつY´による「譲渡」による利益をもYの賠償すべき損害だとしたことである。これは，かなり斬新な解釈である。即ち，一般的には，「譲渡の申出」とは「譲渡」を予定した行為であって，およそ「譲渡」が成立しないのにその「申出」のみが成立するのはありえないとされる。[97] また，それ自体は解釈として成り立つとしても，Y´の取引が「譲渡」でないのであれば，それは，日本特許権の実施ではない，適法な取引行為であって，[98]「譲渡の申出」のみが独立して権利侵害行為となるという判旨は，両者を独立した行為類型と見ていることになる。[99] しかも，両者の関連を断ち切り，「申出」というのが「譲渡」が成立しえない場合にも観念できる独自の行為類型だとするのであれば，恰も対象製品が「譲渡」されたかのように損害額を計算することは背理であろう。[100] 譲渡による損害も存在しないはずだからである。にもかかわらず判旨はY´譲渡分についても侵害者利益（102条2項）による損害額を計算したのであり，強く批判されている。[101]

　しかし，それにもかかわらず，具体的事案の解決としては，味の素事件東京地裁判決は妥当だったと考えられる。即ち，本稿の立場からは，日本の顧客に対するインドネシア企業Y´の販売行為は特許発明の実施たる「譲渡」であり，その前段階としての譲渡の「申出」も当然に認められる。そして，日本企業Yは「譲渡」とその「申出」に加功したことによって共同不法行為責任を負っている。Y´が譲渡していないという前提さえ外せば，そのように単純に考えることができる。「譲渡の申出」についての斬新な解釈も必要ない。[102]

　この解釈は，特許発明の価値を許諾なく国内で実現させる行為を特許権侵害だとし，損害賠償に際しては被告の行為により妨げられた特許権者の利益を塡補賠償の対象とすることに主眼を置いている。価値判断のレベルにおいても，石油掘削用リグ事件判決において，実際には実行されなかった「譲渡」につい

て高額の損害賠償を認めたことに照らせば，十分に是認することができる。

　もちろん，味の素事件判決を法律構成の面で批判することはできるだろう。だが，事実審たる第一審の主な役割は，目前の事件に据わりのいい解決を与えることであって，一般論として通用すべき先例を構築することではない（それを固有の役割とするのが法律審たる最高裁であり，わが国では専門裁判所としての知財高裁が分担している）[103]。しかも，具体的事件においては，インドネシア企業Y'が被告となっていなかったことにも，注意する必要がある。それを前提とするならば，本稿のように日本国内の顧客に対してY'が日本特許法上の「譲渡」を行っておりYが共同不法行為責任を負うと考えることと，判旨のようにYが「譲渡の申出」について固有の責任を負いつつY'による販売についても損害賠償責任を負うとすることとの間に，大きな距離はない。むしろ，味の素事件東京地裁判決は，本稿の立場からするのと同様の帰結を別の——たとえ批判を浴びたとはいえ——法律構成によって実現した判決として，高く評価すべきものである。表面的な法律構成に拘泥するのは，学説の役割として正しくない。

　なお，判決は，Y'とYがグループ内企業として密接な関係にあったことも重要な事情として摘示する。本稿の立場では，Y'による「譲渡」とその「申出」が端的に特許権侵害であるとすれば，Yの共同不法行為責任（民法719条1項前段）を問うためには前記①－④のような事情で足り，グループ企業としての密接な関係は必要がなかったと解すべきである[104]。したがって，現にYとY'の間に密接な関係があった事案において判旨がそれを摘示したのは，いわばダメ押し的な説示を行ったものと見ることができる。

　以上の通り，味の素事件東京地裁判決は，石油掘削用リグ事件判決に代表される米国判例法と，価値判断のレベルで極めて良く整合する。その背景にあるのは，特許発明の価値の国内における実現は特許権者が排他的に享有するところであり，それを妨げる行為は権利行使の対象とせねばならない，という考え方である。高額の損害賠償を認めた同判決は，高く評価すべきである。

Ⅵ　結論——本稿の問題について

　以上のような検討を経て，本稿冒頭の【問題】については，こう考えるべき

である。まず，差止等請求についても損害賠償請求についても日本法が適用される。そしてその日本法の解釈については，次のように考えるべきである。

1．Yによる対象製品のAへの販売が日本に向けられたものである場合には，それは，日本特許権の侵害となる「譲渡」である。日本に「向けられた」といえるのは，たとえば，次の場合である。

  ①　日本語によるウェブサイトから注文を受け付け，送付先として日本国内の場所が選択できるようになっているとき。
  ②　日本国内の顧客により要求された，日本国内で使用するのでなければ意味のない仕様を満たした製品であるとき。
  ③　日本国内で流通させるための表示，たとえば賞味期限，成分表示，原材料表示，あるいは技術適合表示など，日本の法令により要求され，日本国内での流通に必要で，かつ外国での流通には意味のない表示を施しており，外国での流通が予定されていないと見られるとき。

2．上記のような譲渡をYがAやZとの商談において提案したり，そのための見本を展示したときは，日本特許権の侵害となる譲渡の「申出」にあたる。それらを日本国内の顧客に対して行った場合も，同様である。

3．これらの意味での「譲渡」やその「申出」が行われた場所が日本国内であるか外国であるかは，特許権侵害の成否に無関係である。

このような解釈は，日本特許法の趣旨に沿ったものであるだけでなく，WTO協定（TRIPs協定）による規律の内容にも忠実であり，比較法的に見ても妥当である。

  1)　本稿は，2023年11月19日開催の日本国際経済法学会における報告に基づく。紙幅の都合によりそこで取り上げた論点の一部を切り離し，玉井克哉「特許法上の査証手続とその遠隔方式での実施について——強制色の乏しい仕組みによる制度間競争の成否」NBL1268号（2024年6月）に取り込む形で公表した。
  2)　本稿は対象製品が有体物である場合を念頭に置くが，Xの日本特許権が「物の生産方法の発明」に関するものである場合も射程に含む。
  3)　参照．**愛知**靖之「特許権の**越境**侵害——近時の2つの裁判例を素材として」特許研究74号（2022年）6頁，20頁注23．本稿での引用は，最初の注記箇所で**太字**とした部分に

より行う。

4) 最判平成14年9月26日56巻7号1551頁〔ＦＭ信号復調装置〕。
5) Microsoft Corp. v. AT&T Corp., 550 U.S. 437, 454-55 (2007).「合衆国の法が国内においてのみ適用され全世界を規律するのではないとの推定（presumtion）は、特許法においても均しく妥当する」。*See,* Power Integrations, Inc. v. Fairchild Semiconductor Int'l, Inc., 711 F.3d 1348, 1371 (Fed. Cir. 2013).
6) 参照、知財高大合議判令和5年5月26日令4（ネ）10046〔コメント配信システム〕。なお、この事件が提起した問題、即ちネットワーク関連発明について構成要件の一部が外国に所在する類型の取扱いについては、法の明確化の見地から立法による対処を見据えて集中的に検討することが予定されており（特許庁政策推進懇談会「中間整理」（令和6年6月27日）6頁）、本稿では立ち入らない。これに関しては、山内貴博「特許権等の属地性『実務の視点』」日本工業所有権法学会年報47号（2024年）83頁など参照。ただし、比較法的検討において常に参照されるNTP, Inc. v. Research in Motion, Ltd., 418 F.3d 1282, 1318 (Fed. Cir. 2005)が方法クレームにつき全ステップが国内で実行されることを要求しており、それが依然として米国判例法だとする理解も見られるところ（たとえば、愛知靖之「米国における特許権の越境侵害」日本工業所有権法学会年報47号（2024年）62頁、米国72頁）、その点が後続の判例によって変更されたと見られることを注記するに留める。*See,* Akamai Techs., Inc. v. Limelight Networks, Inc., 786 F.3d 899, 910, *vacated,* 797 F.3d 1020, 1023 fn.3 (Fed. Cir. 2015) (*en banc*) (*per curiam*).
7) 前掲（注4）最判平成14年9月26日〔ＦＭ信号復調装置〕。この判決の「属地主義」については後述する。
8) 最判平成9年7月1日民集51巻6号2299頁〔ＢＢＳ並行輸入特許事件〕。
9) 髙部眞規子＝大野聖二「渉外事件のあるべき解決方法」パテント65巻3号（2012年）107頁〔髙部発言〕には、根拠がないように思われる。参照、愛知・越境20頁注25。
10) 前出マイクロソフト事件判決（*supra,* n.5）の説示である。同判決が「推定」だとするように、米国では、議会制定法により域外適用否定原則の例外を設けることが可能だとされている。現にその立場から判例を立法で変更し、外国での行為に明文で米国特許権を及ぼすこととした例がある。Deepsouth Packing Co. v. Laitram Corp., 406 U.S. 518, 531 (1972), *superseded by,* Pub. L. No. 98-622, 98 Stat. 3383 (codified at 35 U.S.C. §271(f)). この間の経緯については、参照、出口耕自「米国特許法の域外適用と国際司法上の公序」国際法外交雑誌108巻4号（2010年）48頁、53-55頁。
11) Uruguay Round Agreements Act, 103 Pub. L. 465, 108 Stat. 4809 (1994), §533(a)(1). 参照、出口・米国特許法57-58頁。この改正後も、特許権侵害となる実施の基本類型については「合衆国内において（within the United States）」との限定句がある。35 U.S.C. §271(a)。
12) 特許庁総務部総務課工業所有権制度改正審議室編『平成6年改正　工業所有権法の解説』（1995年）11頁。特許法の分野でしばしば比較の対象となるドイツにおいては、1877年の最初の帝国特許法において既に「販売の申出（feilhalten）」が効力の範囲に含まれていた。参照、鈴木將文・判批（東京地判令和2年9月24日平28（ワ）25436）・知

的財産法政策学研究67号（2023年）262頁注17。今日のドイツ法の状況については，参照，駒田泰土「特許権の属地性―ドイツ法の現状からみえてくるもの」日本工業所有権法学会年報47号（2023年）41頁。
13) 米国特許法における判例には合衆国最高裁判所のものと連邦巡回区控訴裁判所のものがあるが，本稿の問題に関しては，ほとんどが連邦巡回区のものである。米国における特許判例については，玉井克哉「米国特許法における2種類の判例――連邦巡回区控訴裁判所と合衆国最高裁判所」三村量一先生古稀記念『切り拓く――知財法の未来』（日本評論社，2024年）203頁参照。また，合衆国最高裁の最近のWesternGeco LLC v. ION Geophysical Corp., 138 S. Ct. 2129 (2018)が本稿の主題に無関係であることについては，see, Cal. Inst. of Tech. v. Broadcom Ltd., 2019 U.S. Dist. LEXIS 237114, at *13-14 (C.D. Cal. June 17, 2019)。平嶋竜太「『国境を跨ぐ侵害行為』と特許法による保護の課題」IPジャーナル2号（2017年）24頁，29頁は，米国判例法につき「ある意味で未だ混迷の状況にある」とするが，本稿で示す通り，そのような把握は当を得ない（なお参照，出口・米国特許法64頁）。
14) 特許庁・平成6年改正11頁。
15) 参照，金子宏『租税法〔第23版〕』（弘文堂，2019年）126頁。
16) Meds. Co. v. Hospira, Inc., 827 F.3d 1363, 1375 (Fed. Cir. 2016) (*en banc*) ("on sale" under 35 U.S.C. § 102(b)); Milo & Gabby LLC v. Amazon.com, Inc., 693 Fed. Appx. 879, 885-86 (Fed. Cir. 2017); NTP, Inc. v. Research In Motion, Ltd., 418 F.3d at 1319.
17) North American Philips Corp. v. American Vending Sales, Inc., 35 F.3d 1576, 1579-80 (Fed. Cir. 1994).
18) 3D Sys. v. Aarotech Labs., Inc., 160 F.3d 1373, 1379 fn.4 (Fed. Cir. 1998).「申出」もまた不法行為（tort）であり，特許法固有の解釈が必要であるから，一般契約法の解釈を措き，価額について言及する書状をもって「申出」とすべきだとした。同様，ミズーリ州内で顧客が対象製品を受領することが予定されていたときは同州で「申出」による侵害があったこととなる，とされる。Biometics v. New Womyn, 112 F. Supp. 2d 869, 872-73 (E.D. Miss. 2000).
19) Rotec Indus. v. Mitsubishi Corp., 215 F.3d 1246, 1254-55 (Fed. Cir. 2000). だが，契約成立の8日前に中国政府の代表が被告らを訪問していたとも原告は主張しており（*id.* at 1255-56），契約の交渉や締結の場所を問題とする限りは，事案は微妙だった。
20) 実際，この判決には，合衆国内での「申出」とされるためには米国内での「販売」をその後に予定したものでなければならず，本件での「販売」が中国国内でなされる以上は「申出」の場所を独立に問う意味がないとする，後の石油掘削用リグ事件を先取りするような結論同意意見が付されていた（*id.* at 1258-59 (Newman, J., concurring)）。そして後出の石油掘削用リグ事件判決は，三峡ダム事件を引く被告の主張を排斥するに際し，この結論同意意見を引用している（Transocean v. Maersk, 617 F.3d at 1309-10, *quoting*, Rotec v. Mitsubishi, 215 F.3d at 1259 (Newman, J., concurring)）。このことからすれば，連邦巡回区控訴裁判所は軌道修正をしており，契約の締結や交渉の場所を問う三峡ダム事件の説示には，既に先例的価値がないと見ることができる。

21）　なお，対象製品の部品を米国内で「供給（supply）」し国外で組み立てて外国で特許製品を生産する行為を特許権侵害とする規定があるが（35 U.S.C. §271(f). 前出注10参照），その適用も認められなかった。Id. at 1257-58.
22）　Halo Elecs., Inc. v. Pulse Elecs., Inc., 769 F.3d 1371 (Fed. Cir. 2014); *vacated on other grounds*, 579 U.S. 93 (2016), *on remand*, 831 F.3d 1369 (Fed. Cir. 2016). この判決は，「合衆国内」での販売が認定された被告製品の一部（約16％）について増額賠償（いわゆる三倍賠償）の要件を判示した判例として重要であり，合衆国最高裁が上告を受理し，その点を是正した。そのため第一次控訴審判決は破棄されているが，上告審は域外適用の問題には触れておらず，域外適用に関する判例としては生きている。実際，差戻後の第二次控訴審判決もほとんど同文である。本稿では念のため両者を引用する。
23）　以下の事件の時期は1990年代末から2000年代初めであるが，シスコ・システムズ社は，2000年3月期に株式時価総額が世界トップとなったことがある。
24）　Halo v. Pulse, 769 F.3d at 1375-76; 831 F.3d at 1374-75.
25）　Halo v. Pulse, 769 F.3d at 1378-79; 831 F.3d at 1377-78.
26）　Marine Travelift, Inc. v. ASCOM SpA, 211 F. Supp. 3d 1158, 1183 (E.D. Wis. 2016). イタリアの会社が対象製品（クレーン）をイタリアで製造しカナダに送付していた場合，売買契約交渉の一部が米国内（ミシガン）で行われていたとしても特許権侵害とはなりえないとする。
27）　Tex. Advanced Optoelectronic Solutions, Inc. v. Renesas Elecs. Am., Inc., 895 F.3d 1304, 1330 (Fed. Cir. 2018). CY間の基本合意に相当するものがなかった事案で，被疑侵害物品の98.8％について侵害を認めなかった原判決を是認した。
28）　Largan Precision Co. v. Genius Elec. Optical Co., 86 F. Supp. 3d 1105, 1111-12 (N.D. Cal. 2015), *aff'd*, 646 Fed. App'x 946, 949, n.2 (Fed. Cir. 2016) (nonprecidential). Apple社とMotorola社へのスマートフォン用カメラレンズ供給に関する事案。
29）　Halo v. Pulse, 769 F.3d at 1379; 831 F.3d at 1378.
30）　Halo v. Pulse, 769 F.3d at 1379 fn.1; 831 F.3d at 1378 fn.1は，そのような場合に「販売」があったとすべきか否かについて，事案の異なる本件では立ち入ることを要しない，と述べている。なお，愛知・米国65-66頁，78頁注16はこの機微に触れていない。
31）　Ion, Inc. v. Sercel, Inc., 2010 U.S. Dist. LEXIS 144978 *12-13 (E.D. Tex. Sept. 16, 2010), *aff'd*, 464 Fed. Appx. 901 (Fed. Cir. 2012). 欧州で特許製品を生産し，米国を経由することなく南米諸国やカナダに供給する販売契約は侵害形態としての「販売」ではなく，米国内で価額を提示し，注文を受け付け，米ドルでの支払いを米国内で受けたとしてもそのことに変わりはない，とする。Lake Cherokee Hard Drive Techs., L.L.C. v. Marvell Semiconductor, Inc., 964 F. Supp. 2d 653, 657-58 (E.D. Tex. 2013). また，半導体チップに関する事案で，外国企業が外国で発注し，それに応じて外国企業が外国で生産して供給した製品については，たとえ契約の締結と履行が米国内でなされたと解する余地があるとしても，米国内での販売には当たらないから損害賠償を請求することはできないとする。Ziptronix, Inc. v. OmniVision Techs., 71 F. Supp. 3d 1090, 1097 (N.D. Cal. 2014). 同様，イメージセンサーに関する事案で，たとえ米国内で契約の締結がなさ

れたとしても特許権侵害とはならないとする。M2M Solutions LLC v. Motorola Solutions, Inc., 2016 U.S. Dist. LEXIS 872, *58-63(D.Del. Jan. 6, 2016). さらに，米国内で発注され代金の支払いもなされた場合であっても，外国に所在する対象製品が外国の顧客に送付された部分については特許発明が価値を実現しているとはいえないから，損害賠償を請求することはできないとする。

32) Cal. Inst. of Tech. v. Broadcom Ltd., 2019 U.S. Dist. LEXIS 237114, at *20 (C.D. Cal. June 17, 2019) は，Halo v. Pulse とやや似た事案ではあるが，米国内の顧客の注文による作り込み (design win) がなされていたことを指摘し，陪審審理抜きでの棄却判決には熟しないとして，被告の申立てを排斥した。陪審審理にあたっても被告の主張は排斥され，「合衆国内」の販売があったとして侵害が認定された。Cal. Inst. of Tech. v. Broadcom Ltd., 2020 U.S. Dist. LEXIS 255971, at *57-62 (C.D. Cal. July 17, 2020), *affirmed and vacated on other grounds*, 25 F.4th 976, 993 (Fed. Cir. 2022).

33) 本稿の問題以外でも，米国判例は，「販売」概念を局面に応じての相対的に解釈している。まず，対象製品の「販売」から1年を経過すると新規性を喪失するとの規定（35 U.S.C. §102(b)）は特許権侵害とは法政策を異にするから「販売」やその「申出」は別異に解釈すべきだとし（3D Sys., 160 F.3d at 1379 fn.4; Rotec Indus. v. Mitsubishi Corp., 215 F.3d 1246, 1254 fn.3 (Fed. Cir. 2000))，また関税法337条の「輸入のための販売（Sale for importation)」について，販売の契約というのは一般に現存の物の売買のほか将来の物の売買を含むから，必ずしも有体物についての支配権の現実の移転（delivery of control）があった場合に限らないとして，外国で行われた発電用風車の売買がそれにあたる，とする。Enercon GmbH v. ITC, 151 F.3d 1376, 1381-83 (Fed. Cir. 1998). さらに，合衆国最高裁の判例のある（Pfaff v. Wells Elecs, 525 U.S. 55 (1998)) 上記新規性喪失規定についても，方法の発明に関しては特許法固有の考慮が必要だとする。BASF Corp. v. SNF Holding Co., 955 F.3d 958, 969-70 (Fed. Cir. 2020).

34) 「今日においては，当裁判所は，〔販売地についての〕明確な定義を有しているわけではないし，そもそも販売というものについて唯一の場所が定まるか否かも決めることができない」。Carnegie Mellon University v. Marvell Technology Group, Ltd., 807 F.3d 1283, 1308 (Fed. Cir. 2015). 販売がすべて国外で行われたとの被告の主張に沿った陪審評決に反する判決（JMOL）を否定した第一審判決（Carnegie Mellon Univ. v. Marvell Tech. Group, Ltd., 986 F. Supp. 2d 574, 645-46 (W.D. Penn. 2013)) を是認したものである。*See also*, Cal. Inst. of Tech. v. Broadcom, 2019 U.S. Dist. LEXIS 237114 at *15, *23.

35) 「『販売』の場所は，必ずしも権原が移転した地だとは限らない」。MEMC Elec. Materials, Inc. v. Mitsubishi Materials Silicon Corp., 420 F.3d 1369, 1377 (Fed. Cir. 2005), *citing*. North American Philips, 35 F.3d at 1579. 「販売というのは，『何らかの法的意義ある行為がなされた特定のポイント』のみでなされるものではない」。Transocean Offshore Deepwater Drilling, Inc. v. Maersk Contrs. USA, Inc., 617 F.3d 1296, 1310 (Fed. Cir. 2010), *citing*, Litecubes, LLC v. N. Light Prods., 523 F.3d 1353, 1369-70 (Fed. Cir. 2008).

36) North American Philips, 35 F.3d at 1578 n.2; MEMC, 420 F.3d at 1374 n.3; Litecubes,

523 F.3d at 1358 n.1. 厳密には，"F.O.B." については，こうした「船渡契約（shipment contract）」のほかに「仕向地契約（destination contract）」があり，後者においては受け手に到達するまでの費用負担と危険負担が送り手に帰属するが，いずれであるかが不分明なときは，前者だと推認される。Pulse Elecs., Inc. v. U.D. Elec. Corp., 530 F. Supp. 3d 988, 1013 (S.D. Cal. 2021).

37) Litecubes, 523 F.3d at 1359, 1369-70. 第一審はＹが「輸入」について責任を負うと判断し，Ｙは米国内の顧客が輸入者だから自己に責任がないと主張したが，控訴審は，Ｙが合衆国内で「販売」している以上は「輸入」について判断する必要がなく，販売の「申出」についても判断の必要がないとする。

38) Emerson Elec. Co. v. Suzhou Cleva Elec. Appliance Co., 2015 U.S. Dist. LEXIS 60493, at *3, *7-9, *11 (E.D. Miss. May 8, 2015), *citing*, North American Philips Corp. v. American Vending Sales, Inc., 35 F.3d 1576, 1579 (Fed. Cir. 1994).

39) Semcon IP Inc. v. Kyocera Corp., 2019 U.S. Dist. LEXIS 74904, at *4, *6-7 (E.D. Tex. May 3, 2019). 直接侵害の責めを負う可能性がないとする被告日本企業による陪審審理抜き棄却申立てを排斥。

40) MEMC Elec. Materials, Inc. v. Mitsubishi Materials Silicon Corp., 420 F.3d 1369, 1376-77 (Fed. Cir. 2005). 半導体ウェファーに関する米国特許権を有するＸが，日本企業Ｙが日本国内で生産し日本国内で日本企業Ｂに販売する対象製品について，合衆国内での「販売」にあたるとして権利行使を図ったケース。Ｂは米国内に所在する姉妹会社Ｂ'に販売していたが，製品の梱包や価額を含めた取引全体をＢがコントロールし，代金の支払いもＢからＹに行われていた。Ｙが米国向けに生産すべき数量や仕様はＢ'が電子メールによって直接Ｙに指示していたが，価格についての取決めはＹＢ間で行っていた。

41) そうした前提に立つ否定例として，Pulse Elecs. v. U.D. Elec., 530 F. Supp. 3d at 1015-19は，米国を支払地（Bill to）とするインボイスは米国内での販売の証拠とならず，仕向地（Ship to）のインボイスが証拠でなければならない（が，証拠はないので米国内での販売の立証に欠ける）とした。

42) Baden Sports, Inc. v. Kabushiki Kaisha Molten, 2007 U.S. Dist. LEXIS 70776, at *8-10 (W.D. Was. Sept. 25, 2007)(injunction); 541 F. Supp. 2d 1151, 1160 (W.D. Was. 2008)(final judgement).

43) Baden Sports, Inc. v. Molten, 2008 U.S. Dist. LEXIS 119688, at *7-8 (W.D. Was. Jan. 29, 2008). 前訴判決の差止命令に違反するとの理由による民事裁判所侮辱の申立てを排斥し，サイトには"Contact Us"という欄があり事業者に連絡が取れるようになっていたが，それだけでは足りないとする。Id., at *7 fn.1. そして，英語版ウェブサイト等に対象製品が米国では購入できない旨を明記するよう差止命令を変更した。Id., at *10-11.

44) Sound N Light Animatronics Co. v. Cloud b, Inc., 2016 U.S. Dist. LEXIS 167982, at *13-14 (C.D. Cal. Nov. 10, 2016). 具体的事案においては，ウェブサイトが米国からアクセスできることも，米国の通貨が使用できることも，米国に商品を送付する仕組みになっていることも，また顧客の相当部分が米国在住だということも主張されていないと

して，特許権侵害はないとした。Id.

45) 他の例として，Corning Optical Communs. Wireless Ltd. v. Solid, Inc., 2015 U.S. Dist. LEXIS 131820, at *5-6 (N.D. Cal. Sept. 28, 2015); Oakley, Inc. v. Trillion Top Co., 2018 U.S. Dist. LEXIS 234460, *6-7 (C.D. Cal. June 4, 2018).

46) Optigen, LLC v. Int'l Genetics, Inc., 777 F. Supp. 2d 390, 403 (N.D.N.Y. 2011).

47) Id. 被告はバハマ会社でありウェブサイトもバハマにあったが，事業所がジョージア州にあり，同州内の市外局番を有する電話番号が顧客に公開されていた。方法の発明についても「販売」がありうるとした判決である。

48) Transocean Offshore Deepwater Drilling, Inc. v. Maersk Contractors USA, Inc., 617 F.3d 1296, 1310-11 (Fed. Cir. 2010).

49) Transocean Offshore Deepwater Drilling, Inc. v. GlobalSantaFe Corp., 2006 U.S. Dist. LEXIS 93408 (S.D. Tex. Dec. 27, 2006), modified, 2007 U.S. Dist. LEXIS 103858 (S.D. Tex. 19 Jan. 2007).

50) Transocean v. Maersk, 2009 U.S. Dist. LEXIS 130590, at *18-19 (S.D. Tex. July 28, 2009), vacated on ohter grounds, 617 F.3d at 1311-12.

51) 第一審の上記の終局判決は，自明性（obviousness）と実施可能要件（enablement）の観点からXの特許が無効だというのを主たる理由とする。しかしそれに先立ち，背信性（willfulness）に関する決定において，侵害の主張も排斥している。Transocean Offshore Deepwater Drilling, Inc. v. Maersk Contrs. USA Inc., 2009 U.S. Dist. LEXIS 132323, at *15 (S.D. Tex. May 14, 2009)。これをもって，控訴審は，特許無効だけでなく非侵害も第一審の判決理由になったと解している。617 F.3d at 1307 fn.3.

52) 自明性と実施可能要件に関しても事実に関する争点が存在し，陪審審理抜きで第一審が特許無効としたのも違法であるとする。Transocean v. Maersk, 617 F.3d at 1302-07.

53) この点は，後の判決でも確認されている。Tex. Advanced Optoelectronic Solutions, 895 F.3d at 1330 fn.12.

54) Transocean v. Maersk, 617 F.3d at 1309.

55) Id. at 1310-11.

56) 愛知・米国67頁の記述は，判決のこの趣旨を正解していないように見受けられる。また，同66頁は1999年のテキサス南部地区地裁の判決を引用するが，連邦巡回区控訴裁判所の判決と趣旨の異なる地裁レベル判決は，米国判例法として無価値である。玉井・2種類の判例204-205頁，219頁参照。

57) Transocean v. Maersk, 617 F.3d at 1309.

58) Id. at 1310 fn.4.

59) Transocean Offshore Deepwater Drilling, Inc. v. Maersk Contrs. USA, Inc., 2011 U.S. Dist. LEXIS 70774, at *16-19 (S.D. Tex. June 30, 2011)。陪審評決は非自明であり実施可能要件を満たし，かつ侵害も成立するとしていたが，それらもすべて覆した。Id. at *11, *13-14, *15.

60) Transocean Offshore Deepwater Drilling, Inc. v. Maersk Drilling United States, Inc., 699 F.3d 1340, 1357-58 (Fed. Cir. 2012)。損害賠償額の算定に関わる陪審審理において，

共通論題②　経済規制法規の域外適用をめぐる新たな展開

X担当者は，仮に対象製品について実施を許諾するとした場合の実施料につき，(i)少なくとも1,000万ドルであり，(ii)標準的な額は1,500万ドルであって，(iii)相手方が顧客であれば値下げもありうるが，競合者であればその可能性は乏しいと陳述した。陪審はそれに全面的に依拠したと見られるが，控訴審は，そのような金額を支払ういわれがないとの被告の見解に「同情する (sympathetic)」としつつ (*id.* at 1358)，そのような陳述もまた「実質的証拠」にあたり，損害額が事実問題である以上は陪審評決を維持するほかないとする。差戻後の第一審が非自明性，実施可能要件そして侵害の成立について陪審の判断を覆した点も是認できないとして再度の差戻しを行った。*Id.* at 1355, 1356, 1357.

61)　*Cert. dismissed*, Maersk Drilling USA, Inc. v. Transocean Offshore Deepwater Drilling, Inc., 572 U.S. 1131 (2014).

62)　Transocean Offshore Deepwater Drilling, Inc. v. Maersk Drilling, USA, Inc., 2013 U.S. Dist. LEXIS 119718 (S.D. Tex. Aug. 5, 2013). わが国と異なり，差戻しを受けた第一審裁判所では同じ判事が事件を担当する。

63)　なお，この事件では，当該特許権の構成要件が二つの引用例にすべて含まれていて，自明であることのいちおうの証明 (*prima facie* case) が成立しており，第一審は，それを理由に特許無効だとしていた。しかし第二次控訴審判決は客観的考慮要素（いわゆる二次的考慮要素）のみによってそれを覆して非自明だと結論づけており (699 F.3d at 1349-55)，この点でも大きな先例的価値を有する (Randall Rader/ Benjamin Christoff, Patent Law in a Nutshell, 4th. ed., 2023, p.204)。事案全体としては，特許の有効性も侵害の成否も微妙であった。実際，YはXの特許について予め知っていたわけであるが，それにもかかわらず増額賠償の対象となる背信的 (willful) な侵害ではなかったとする点で，控訴審も第一審の判断を是認している。617 F.3d at 1313.

64)　鈴木・判批・知的財産法政策学研究67号 (2023年) 271頁注35は，連邦巡回区の第一次控訴審判決が販売の「申出」に関する損害賠償額の算定方法に言及した (671 F.3d at 1308) 箇所を取り上げるが，そこでも指摘されている通り，その説示は傍論だったというべきである。

65)　以下の例のほか，Ii LLC v. Prods. LLC, 2022 U.S. Dist. LEXIS 74992, at *9 (S.D. Tex. Apr. 25, 2022); Trading Techs. Int'l, Inc. v. IBG LLC, 2020 U.S. Dist. LEXIS 237435, at *14 (N.D. Ill. Dec. 17, 2020).

66)　Siemens Gamesa Renewable Energy A/S v. GE, 605 F. Supp. 3d 198, 214 fn.4 (D. Mass. 2022). 海岸から200海里以内に定置する洋上風車については「合衆国内」として特許権侵害の成否を議論すべきだ，とする。*Id.* at 215-18.

67)　Marposs Societa Per Azioni v. Jenoptik Auto. N. Am., LLC, 262 F. Supp. 3d 611, 617 (N.D. Ill. 2017). 研削機用測定装置に関する事案。対象製品を競合他社が見本市で展示したことに特許権者が抗議し，いったんは受け入れたにもかかわらず同様の行為を繰り返し，さらに対象製品を顧客に提示したため値下げを余儀なくされたとの主張につき，事実審理に付すべきだとする。

68)　価値の「実現」の意味について米国判例に明確な説明を見出すことはできないが，特許発明が米国内で使用 (use) されることがその典型であるとすると，販売 (sale)，生

産（make）そして輸入（import）は，その前段階をなす行為であり，販売の申出（offer）はさらにその前段階を侵害行為だとしたものだといえよう。横山久芳「『実施』概念の検討を通してみる『譲渡の申出』概念の意義」牧野利秋先生傘寿記念『知的財産権 法理と提言』（青林書院，2013年）178頁，183-190頁は使用とともに譲渡が「基本的実施行為」だとするが，譲渡により充足される「市場需要」が生じるのは，使用により特許発明が価値を実現する可能性があるからだと思われる。これについては他日を期したい。

69) 最判平成14年9月26日〔ＦＭ信号復調装置〕。前掲（注４）。

70) 管見の限り，準拠法選択について本格的に論じているのは，Pulse Elecs. v. U.D. Elec., 530 F. Supp. 3d at 1002-07のみである。その結論は国際物品売買契約に関するウィーン条約（United Nations Convention on Contracts for the International Sale of Goods; CISG）によるべきだというのであるが，後の議論にまったく生きていない。

71) なお，米国特許法においては，コモンロー上の救済としての損害賠償が原則とされ，差止や増額賠償はエクィティ上の例外的な救済であって，それを認める裁判所の権限は中世の大法官の権限を継承したものだとされる。eBay Inc. v. MercExchange, L.L.C., 547 U.S. 388 (2006). 参照，玉井克哉「特許権はどこまで「権利」か－権利侵害の差止めに関するアメリカ特許法の新判例をめぐって」パテント59巻9号（2006）45-61頁。このことからすれば，米国特許法の定める差止請求を外国の裁判所で訴求するのは背理であり，外国裁判所での米国特許権の行使は填補賠償の請求に限られる，との立場も成り立つように思われる。

72) 特許権の効力についてはそもそも準拠法選択の問題が生じないと説くものとして，**道垣内正人・解説**（カードリーダー事件）・平成14年度重判解説278頁，280頁，早川吉尚「国境を跨ぐ特許侵害と国際知的財産法の解釈論的基盤」IPジャーナル2号（2017年）15-23頁。考え方の類型については，愛知・越境9頁参照。立ち入った検討として，参照，**横溝大・判批**・法協120巻11号2299頁，2310頁。また，要領のよい概観として，**島並良・解説**（カードリーダー事件）・国際私法判例百選〔第3版〕84頁。関連事件に関する藤澤尚江・判批（東京地判平成15年10月16日）・ジュリ1287号（2005年）143頁。

73) 横溝・判批2312頁は，「属地主義の原則の下でも共同不法行為等一定の行為で外国で行われたものについて我が国特許法が適用されるべきであるという解釈が今後採用されるならば，本判決の下でも，登録国外で行われた外国特許権侵害についても差止請求が我が国において認められることにもなり得よう」とする。

74) 横溝大「国境を越える特許権侵害――抵触法の観点から」日本工業所有権法学会年報47号（2024年）98頁は，数々の批判にもかかわらず「カードリーダー事件最高裁判決の判断プロセスについては，差止請求に関する法規の適用についての説明を修正すれば，基本的には今後も維持出来る」とする。そのほか，差止請求・損害賠償請求いずれについても不法行為と性法決定した上で通則法17条により結果発生地法を適用すれば足りるとの立場として，愛知・越境10頁。

75) 横溝大「知的財産法における属地主義の原則――抵触法上の位置づけを中心に」知的財産法政策学研究2号（2004年）17頁，駒田・判批（カードリーダー事件）・知的財産

法政策学研究2号（2004年）43頁，道垣内・解説279-280頁，道垣内正人「特許権をめぐる国際私法上の問題」知財管理60巻6号（2010年）881頁，885頁，894頁注17，出口・米国特許法67頁，出口・判批（カードリーダー事件）・コピライト2003年1月号26頁，28-30頁，大野聖二・判批・AIPPI48巻3号164頁，173-174頁，178頁。特に損害賠償請求については共同不法行為責任が成立する余地があるとする藤井正雄裁判官の反対意見がある。上記のほか，島並・解説85頁。

76) Commil USA, LLC v. Cisco Sys., 575 U.S. 632 (2015).
77) Merial Ltd. v. Cipla Ltd., 681 F.3d 1283, 1302-03 (Fed. Cir. 2012); Enplas Display Device Corp. v. Seoul Semiconductor Co., Ltd., 909 F.3d 398, 408 (Fed. Cir. 2018). 前者はノミやダニを減少させるペット用動物薬に関し，インドの事業者から供給を受けた米国事業者が国内で販売したケースである（差止命令不遵守に関する裁判所侮辱訴訟）。後者はLCD用レンズに関し，日本メーカーが韓国の部品メーカーに供給し，その部品を用いたディスプレイを韓国メーカー（Samsung, LG 等）が米国内で販売していた，というケースである。
78) 実際，MEMC v. Mitsubishi, *supra* n.40, 420 F.3d at 1380は，直接侵害を否定しつつ誘導侵害ならば成立する可能性ありとする。Y社がX社の特許権を知っており，一連の電子メールからはY社がA'社による特許権侵害を助長したことも窺われるというのがその理由である。
79) 髙部眞規子・最高裁判例解説民事篇平成14年度687頁，720頁，731頁参照。
80) 同最判が，「登録国の領域外において特許権侵害を積極的に誘導する行為について，違法ということはできず，不法行為の成立要件を具備するものと解することはできない」としたことを重視する見解もあるが（鈴木將文・後掲判批・知的財産法政策学研究67号270-271頁），文脈上，この判旨は米国特許法の誘導侵害（惹起侵害）を意味するものであるから，賛成できない。
81) 国際私法上の連結についてわが国と同様の立場を採り，しかも属地主義にも依拠するドイツにおいては本稿の【問題】について本稿同様に解するが（参照，駒田・ドイツ法42頁，44-45頁），それはドイツ特許法の解釈によるのであって，準拠法選択の問題ではない（同46-47頁参照）。
82) 愛知・越境14頁が「実施行為自体がどの地で行われていようとも，我が国の特許権者に対し我が国特許発明の需要・市場機会の喪失という結果が日本国内で発生する以上，準拠法は日本法であり，日本特許権の侵害を理由とする差止め・損害賠償請求が認められ得る」とするのは，準拠法の選択から直ちに結論を述べているように見受けられる。
83) 東京地判令和2年9月24日平28（ワ）25436〔味の素／L－グルタミン酸ナトリウム〕。本件に関しては，鈴木・判批のほか，山田威一郎・**判批**・知財ぷりずむ232号（2022年）35頁がある。
84) 愛知・越境15頁，山田・判批41-42頁。前出注17の米国判例も参照。
85) 民法上の概念に拘泥する髙部＝大野・渉外事件108頁〔大野発言〕は，不当である。
86) 石油掘削リグ事件判決が指摘した論点である。Transocean v. Maersk, 617 F.3d at 1309 (*supra*, n.35).

87) 知財高判令和4年7月20日平30（ネ）10077〔コメント表示方法〕。
88) 鈴木・判批241頁は判旨の問題を鋭く指摘するが，そうした問題の多くは，この点に起因すると思われる。
89) 知財高判平成22年9月15日平22（ネ）10001等・判タ1340号265頁〔日本電産／モータ〕。これに関しては，松本司「『譲渡等の申出』と属地主義の原則」牧野利秋先生傘寿記念『知的財産権 法理と提言』（青林書院，2013年）161頁，173頁。
90) 知財高判平成28年2月9日平27（ネ）10109号〔日亜化学／発光ダイオード〕。特許権者によるプレスリリースが営業誹謗行為だとする不正競争防止法上の請求を棄却した。譲渡が認定されなかった事案である。ただし，同一当事者間の特許権侵害訴訟においては譲渡の「申出」も否定されている。知財高判平成25年7月11日平25（ネ）10014〔日亜化学／発光ダイオード〕。
91) 愛知・越境17頁は，「国外での譲渡行為であっても，一定の場合には，我が国特許法に基づき特許権侵害を肯定し損害賠償請求を認めることもできる」とする。本稿の立場では，その「一定の場合」の典型例が，日本を仕向地とする販売ということになる。
92) 契約に客観化された限度においては，当事者の意思に意味があるというべきである。なお，鈴木・判批264頁，横山・実施203-204頁も，同様の結論だとみられる。
93) 東京地判平成24年3月22日平21（ワ）15096〔熱処理炉〕。
94) 愛知・越境14頁は，「特許発明の需要・市場機会の喪失（の現実的危険性）」を問題とする。
95) 他に法定利息と弁護士費用を認めた。なお，9億円は一部請求であり，判旨の認定した損害額は19億円余であった。
96) 鈴木・判批263-264頁。もっとも，横山・実施192-193頁注25は，「全く無関係な第三者が行う実施品の広告宣伝等は『譲渡の申出』にあたらない」と説く。
97) 髙部＝大野・渉外事件105-106頁〔髙部発言〕。東京地判平成22年8月27日平20（ワ）11245〔ネックレス〕は，譲渡を予定しない譲渡の「申出」はありえないとして，対象製品を「参考商品」としてウェブサイトに掲載したのみで実際には譲渡していなかった事案で，「申出」による実施を否定する。また，前述の通り米国判例は米国内での「販売」の前段階をなすのがその「申出」だとしており，「譲渡」と無関係に「申出」がありうるとする構成は，比較法的にも特異である。
98) 平井佑希・判批・パテント74巻9号（2021年）86-87頁は，この点を強調する。鈴木・判批273頁も参照。
99) 学説には，「譲渡の申出」は「『譲渡』の単なる予備的，準備的行為ではなく，それ自体が独立の実施行為である」とするものがある。横山・実施198頁。そして，「外国での『譲渡』が日本特許法の規律の対象とならない以上，その申出行為もまた日本特許法の規律の対象にならない」が（同201頁），「日本企業が外国企業のために日本国内で実施品販売のための営業活動を行い，外国企業が日本の顧客と売買契約を締結し実施品を外国から日本へ送付する」場合は「譲渡の申出」にあたるという（同202-203頁）。
100) ただし学説としては，「譲渡」にならない外国での販売について「譲渡等の申出」による共同不法行為責任を認める見解がある。松本・申出177頁。

共通論題②　経済規制法規の域外適用をめぐる新たな展開

101) 山田・判批44頁，平井・判批参照。鈴木・判批は，「譲渡の申出」の解釈については支持しつつ（266頁），損害賠償についての判旨を厳しく批判する（272-273頁）。
102) 同じ方向を示唆するものとして，山田・判批43頁がある。
103) 米国に関してであるが，事実審と法律審の役割分担について考察したものとして，参照，玉井・2種類の判例。
104) 本件においてYとY'の行為に主観的関連共同性（強い関連共同性）があったとすることに，異論はなかろう。参照，平井宜雄『債権各論Ⅱ　不法行為』（弘文堂，1992年）193-194頁，窪田充見『不法行為法〔第2版〕』（有斐閣，2018年）471頁以下，野澤正充『事務管理・不当利得・不法行為〔第3版〕』（日本評論社，2020年）276頁，根本＝林＝若林『事務管理・不当利得・不法行為』（日本評論社，2021年）211頁〔林誠司執筆〕）。

（東京大学先端科学技術研究センター教授・信州大学経法学部教授）

共通論題②　経済規制法規の域外適用をめぐる新たな展開

米国輸出管理規則の域外適用及び中国の対抗立法に関する考察

淀川詔子

- Ⅰ　はじめに
- Ⅱ　EARによる輸出管理の仕組み
- Ⅲ　EARの域外適用
  - 1　所定の行為
  - 2　EARの適用が及ぶ品目
  - 3　企業に生じている困難及びその対処法
- Ⅳ　中国の対抗立法
  - 1　信頼できないエンティティ・リスト
  - 2　外国の法律及び措置の不当な域外適用を阻止する弁法
  - 3　反外国制裁法
  - 4　企業に生じうる困難及びその対処法
- Ⅴ　おわりに

Ⅰ　はじめに

　安全保障のためには，武器・軍用品及びこれらに関する技術のみならず，軍事転用が可能な民生用途の貨物及び技術についても，問題のある使用者の手元に渡ることを防ぐために輸出を管理する必要があり，こうしたデュアルユース品目まで含めた輸出管理は，安全保障貿易管理と称される。多くの国が自国の領域から外国の領域へ向けて輸出される貨物・技術や，自国民から外国民へ提供される技術について規制しているところ，一部の国は，自国を起点とせず，外国でのみ実施される貨物・技術の移動にも自国の輸出管理を及ぼしている。こうした域外適用の効果を持つ安全保障貿易管理法令の最たる例が，米国の輸出管理規則（Export Administration Regulations，以下「EAR」）である。昨今，EARの域外適用の範囲が拡大した結果，米国以外の国の企業がEAR違反のリスクの有無を分析する際に，困難に直面する事態も増加している。他方で，米国によるEARの域外適用拡大が特に中国向け取引を対象とするものである

ことから，反発を強めた中国が，他国の法令の域外適用等に対抗する立法を行っており，米中双方の規制の狭間で企業が苦慮する場面も少なくない。本稿では，これらの困難の具体的態様と，その対処方法について考察する。なお，本稿は，紙幅の制約により，EAR に基づく輸出管理のうち，限られた側面のみを取り上げており，EAR 遵守の包括的な手引きとはなり得ないことに留意されたい。また，本稿の内容は2024年5月31日現在の情報に基づくものである。

II　EAR による輸出管理の仕組み

　上記 I の考察のためには，まず，EAR による輸出管理の仕組みを理解する必要がある。EAR が域外適用の効果を有するといっても，米国外でのあらゆる輸出・技術提供に EAR が適用されるわけではないし，また，EAR の適用が及ぶ全ての取引について米国商務省の許可が必要となるわけでもない。
　下記の図1は，実行しようとする取引が，EAR に基づき米国商務省産業安全保障局（Bureau of Industry and Security，以下「BIS」）の許可を得る義務に服するか否かを判断するための検討フローを示している。
　図1に示されている検討フローは，具体的には以下のとおりである。
① 所定の行為を行う場合，当該行為の対象である貨物，技術又はソフトウェア（以下，これらを総称して「品目」という。）について，EAR の適用が及ぶ（EAR の規定中の文言で言えば，"subject to the EAR" である。）か否かを検討する。
②-1　取引で実施する行為が所定の行為でない場合や，行為の対象となる品目が，EAR の適用が及ぶものでない場合には，原則として，EAR による規制は及ばない。ただし，U.S. person と定義される人又は組織（主な該当者は，米国籍者，米国永住権者，米国法人（外国の支店・支部を含む。）及び米国内に所在する全ての人・組織である。）の取引については，例外的に，行為の対象品目が EAR の適用が及ぶものでない場合や，取引により実行される行為が下記 II 1 の表1に記載した所定の行為でない場合でも，EAR に基づく許可取得義務の対象となることがある（§§736.2(b)(7)，744.6(b)及び(c)）。[1]
②-2　取引で実施する所定の行為の対象品目が，EAR の適用が及ぶものである場合，当該品目が，商務省規制品目リスト（Commerce Control List（Supple-

図1 EARに基づく許可取得義務の検討フロー[2]

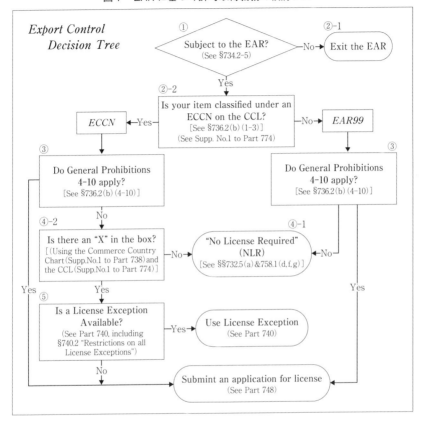

ment No.1 to Part 774)) において輸出規制分類番号 (Export Control Classification Number, 以下「ECCN」) を付与されたものかを確認する。

③ 取引が一般禁止事項4から10 (問題のある用途・エンドユーザー向けである，仕向地がエンバーゴ国である等，安全保障上の懸念が大きい取引が列挙されている (§736.2(b)(4)から(10))。) に該当するかを確認する。該当する場合には，当該取引を行う前にBISの許可を得る必要がある[3]。

④-1 ECCNが付与されていないことを図1の②-2で確認した品目 (ECCNが付与されていない品目は，「EAR99」品目と称される。) の場合，③で一般禁止事項

4から10に該当しなければ，当該取引は，BISの許可を得ずに行うことができる。

④-2　他方，ECCNが付与されていることを図1の②-2で確認した品目の場合は，③で一般禁止事項4から10に該当しなくとも，さらに検討が続く。具体的には，商務省規制品目リストに記載された，当該ECCNに対応する規制理由を確認する（例として下記図2参照）。その上で，商務省カントリーチャート（Commerce Country Chart（Supplement No.1 to Part 738），例として下記図3参照。）において，当該規制理由の縦軸と，輸出等の仕向地の横軸とが交わる欄を確認する（図2の品目の場合には，図3において，NP1及びAT1の縦軸と，取引における輸出等の仕向地である国・地域とが交わる欄を確認する。）。その欄にXが記載されていない場合，BISの許可を得る必要はない。

図2　商務省規制品目リスト（Commerce Control List）の一部

1B232 Turboexpanders or turboexpander-compressor sets having both of the following characteristics (see List of Items Controlled).
License Requirements
Reason for Control: NP, AT

Control(s)	Country Chart (See Supp. No. 1 to part 738)
NP applies to entire entry	NP Column 1
AT applies to entire entry	AT Column 1

出典：Supplement No.1 to Part 774（2024年5月20日版）

図3　商務省カントリーチャート（Commerce Country Chart）の一部

[Reason for control]

Countries	Chemical and biological weapons			Nuclear nonproliferation		National security		Missile tech	Regional stability		Firearms convention	Crime control			Anti-terrorism	
	CB 1	CB 2	CB 3	NP 1	NP 2	NS 1	NS 2	MT 1	RS 1	RS 2	FC1	CC 1	CC 2	CC 3	AT 1	AT 2
Afghanistan	X	X	X	X		X	X	X	X	X		X	X			
Albania [23]	X			X		X	X	X	X	X						
Algeria	X			X		X	X	X	X	X			X	X		
Andorra	X			X		X	X	X	X	X						
Angola	X			X		X	X	X	X			X	X			
Antigua and Barbuda	X	X		X		X	X	X	X		X	X	X			
Argentina	X					X		X			X	X	X			

出典：Supplement No.1 to Part 738（2024年5月20日版）

⑤　商務省カントリーチャートを確認した結果，該当の欄にXが記載されている場合，許可例外（Part 740）の適用可能性を検討する。許可例外が適用されるならば，当該取引は，BISの許可を得ずに行うことができる。他方，許可例外が適用されないならば，当該取引を行う前にBISの許可を得る必要がある。

Ⅲ　EARの域外適用

1　所定の行為

本稿では図1の検討フローのうち，①の「EARの適用が及ぶ（"subject to the EAR"である）」という概念のみを取り上げる。図1の①及び②-1のとおり，EARが規制するのは，原則として，取引により実行される行為が所定の行為であり，かつ，当該行為の対象となっている品目が，EARの適用が及ぶものである取引のみである。

このうち，取引により実行される行為について，所定の行為とは下記表1の5類型であり，各類型の主な定義は，表1の右欄に記載のとおりである。

表1　EARが規制する行為（§734.13から§734.16）[4]

輸出	米国内から米国の外へ向けた，品目の出荷又は移送
みなし輸出	技術又はソースコードを，米国内で外国人・外国組織に対して開示し，又は他の方法で移転すること
再輸出	EARの適用が及ぶ品目の，外国から別の外国へ向けての出荷又は移送
みなし再輸出	EARの適用が及ぶ技術又はソースコードを，外国で，当該外国以外の外国人・外国組織に開示し，又は他の方法で移転すること
国内移転	同一の外国内における，品目の最終用途又はエンドユーザーの変更

なお，上記行為類型に該当しない活動を定める規定（§734.18）及びみなし再輸出の定義から除外される活動を定める規定（§734.20）が存在することに留意が必要である。

上記表1の定義から明らかであるとおり，再輸出，みなし再輸出及び国内移転は，終始，米国の外でのみ実施される行為であり，これらの行為を米国の規則であるEARが規制することは，まさに域外適用である。もっとも，これら

の定義に該当する行為をなす取引の全てを EAR が規制するということではなく，前述のとおり，行為の対象品目が，EAR の適用が及ぶものでなければ，該当取引は EAR による規制の対象とならない。

2　EAR の適用が及ぶ品目

EAR の適用が及ぶ品目は，下記表2のとおり規定されている（§734.3(a)）。なお，規制権限が BIS 以外の連邦官庁に専属的に帰属する品目，出版物等の一定の類型の品目，公開されている情報・ソフトウェア等，たとえ下記表2の要件を満たしても EAR の適用が及ばない品目が存在する（§734.3(b)）。

表2　EAR の適用が及ぶ品目（§734.3(a)）

①	米国内に所在する全ての品目（自由貿易地域内及び通過中の品目を含む）
②	米国産の品目（所在地を問わない）
③	§734.4に定める態様で(a)米国の輸出管理の対象である米国産貨物を組み込んだ（incorporate）外国産貨物，(b)米国の輸出管理の対象である米国産ソフトウェアと組み合わされた（bundled）外国産貨物，(c)米国の輸出管理の対象である米国産ソフトウェアと混合した（commingled）外国産ソフトウェア，及び(d)米国の輸出管理の対象である米国産の技術と混合した（commingled）外国産の技術
④	§734.9に定める，所定の技術及びソフトウェアの直接製品である外国産品目

表2の①の品目を対象とする行為は，必然的に，米国を起点とする行為である。このため，EAR の域外適用（米国外でのみ実施される行為への適用）の範囲を画する機能を有するのは，②から④の類型である。このうち③及び④について，その詳細は以下のとおりである。

(1)　デミニミスルール

表2の類型③は，「米国の輸出管理の対象である」米国産品目を「§734.4に定める態様」で組み込む等した外国産品目である。表2の類型③の品目について，どのような場合に EAR の適用が及ぶかを決するルールをデミニミスルールと呼ぶ（Supplement No.2 to Part 734）。デミニミス（de minimis）とは些細とか僅少といった意味であり，デミニミスルールとは，僅少と見なせる割合を超えて米国の輸出管理の対象である米国産品目を組み込む等した外国産品目には EAR の適用が及ぶ，というルールであると言える。

米国の輸出管理の対象である米国産品目とは，当該米国産品目を，そのまま（外国産品目に組み込む等せず），外国産品目の仕向地に対して輸出又は再輸出する場合にBISの許可を要することとなる品目を指す（Supplement No.2 to Part 734, para.(a)(1)）。したがって，外国産品目に組み込まれ，又はそれと組み合わされ若しくは混合している米国産品目について，米国の輸出管理の対象であるか否かを判定するためには，各々の品目について，図１の②-２から⑤の検討を行う必要がある。ただし，このデミニミスルールの下での検討においては，最終用途やエンドユーザーを原因としてBISの許可が必要になる品目は米国の輸出管理の対象である品目に含めない等，実際に輸出等を行うために図１の検討を行う場合とは異なる点があることに留意が必要である。

　外国産品目に組み込まれ，組み合わされ又は混合した米国産品目のうち，米国の輸出管理の対象であるものを特定した後は，米国の輸出管理の対象である米国産品目の価値の合計が，外国産品目の価値（米国産品目の組込み等が完了し，品目として完成した状態での価値）に対して占める割合が，所定の閾値を超えるかを検討する（下記図４参照）[5]。下記図４における米国産品目の価値及び外国産品目の価値として代入する数値には，それぞれ，公正な市場価値（fair market value）を用いる（Supplement No.2 to Part 734, para.(a)(2)及び(3)）。

図４　デミニミスルールの下で，閾値を超えるか否かを検討すべき価値割合

$$価値割合 = \frac{米国の輸出管理の対象である米国産品目の価値の合計}{上記米国産品目を組み込み，又はこれと組み合わされ，若しくは混合した外国産品目の価値}$$

　閾値は，外国産品目又は組み込まれる等した米国産品目が所定の機微品目である場合には設けられていない（いわば閾値がゼロであり，わずかでも米国の輸出管理の対象である米国産品目が含まれていれば，当該外国産品目にEARの適用が及ぶ。）が，それ以外の場合には，輸出等の仕向地が，カントリーグループE:1又はE:2（2024年５月31日現在，キューバ，イラン，北朝鮮及びシリアが該当する（Supplement No.1 to Part 740）。）の国・地域である場合のみ10％であり，それ以外の国・地域が仕向地である場合には25％である（§734.4(c)及び(d)）。

共通論題②　経済規制法規の域外適用をめぐる新たな展開

(2) 外国直接産品ルール

　表2の類型④の品目について，どのような場合にEARの適用が及ぶかを決するルールを，外国直接産品ルールと呼ぶ。外国直接産品ルールは近年，より広い範囲の外国産品目をEARの適用が及ぶものとして捕捉する形に改正されているが，改正により元から存在したルールが上書きされたわけではなく，新たな類型の直接産品ルールが追加されている。その結果，2024年5月31日現在，9種類の直接産品ルールが存在し，それぞれに名称が付けられている（§734.9(b)から(j)）。近年の改正以前から存在した原則的な直接産品ルールには，現在，国家安全保障直接産品ルールという名称が付されている（§734.9(b)）。以下では，この国家安全保障直接産品ルールの内容を見た後，他の直接産品ルールのうち，上記Iに記載したとおり中国が懸念を示しているものについて，どのような形で国家安全保障直接産品ルールの内容に修正が加えられ，より広い範囲の外国産品目が捕捉されるようになっているのかを検討する。

　国家安全保障直接産品ルールの下では，以下の要件を満たした品目が，EARの適用が及ぶものとなる（下記A及びBの各類型において，それぞれ①から④の全ての要件が満たされた場合に，当該外国産品目にEARの適用が及ぶ。）。

A）技術又はソフトウェアの直接産品：

①　当該外国産品目が，米国産の技術又はソフトウェアの直接産品である。

②　上記①の米国産の技術又はソフトウェアが，輸出許可申請の際に受取人から所定の誓約書を取得することが必要となる，機微な技術又はソフトウェアである。

③　当該外国産品目が，商務省規制品目リストにおいてECCNを付与されているものであり，同リスト上，規制理由が国家安全保障（NS）とされている。

④　当該外国産品目の輸出等の仕向地がカントリーグループD:1，E:1又はE:2の国・地域である。

B）プラント又はその主要な構成要素の直接産品：

①　当該外国産品目を直接産出したプラント又はプラントの主要な構成要素が，米国産の技術の直接産品である。

図5　国家安全保障直接産品ルールの概要

A) 技術又はソフトウェアの直接産品

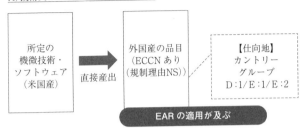

B) プラント又はその主要な構成要素の直接産品

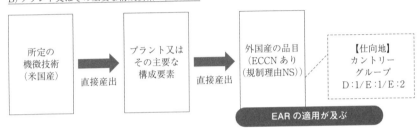

②　プラント又はプラントの主要な構成要素を直接産出した，上記①の米国産の技術が，輸出許可申請の際に受取人から所定の誓約書を取得することが必要となる，機微な技術である。
③　当該外国産品目が，商務省規制品目リストにおいてECCNを付与されているものであり，同リスト上，規制理由が国家安全保障（NS）とされている。
④　当該外国産品目の輸出等の仕向地がカントリーグループD:1，E:1又はE:2の国・地域である。

　上記Aの類型においては，外国産の品目が米国産の技術又はソフトウェアから直接産出されているのに対し，Bの類型においては，米国産の技術（ソフトウェアは規定に含まれない。）から直接産出されるのはプラント又はその主要な構成要素であり，外国産の品目は，当該プラント又はその主要な構成要素から直接産出されている。これを模式図にしたものが，図5である。
　なお，プラントの主要な構成要素とは，品目の製造に不可欠な装置（試験装置を含む。）を指す，と定義されており（§734.9(a)(1)(i)），品目の製造工程に実

共通論題② 経済規制法規の域外適用をめぐる新たな展開

表3 外国直接産品ルールの改正（§734.9(e), (h)及び(i)）

	改正前の要件	改正後の要件
A)	技術又はソフトウェアの直接産品	
①	当該外国産品目が，米国産の技術又はソフトウェアの直接産品である	当該外国産品目が，EARの適用が及ぶ技術又はソフトウェア（米国産とは限らない）の直接産品である
②	当該外国産品目を直接産出した技術又はソフトウェアが，輸出許可申請の際に受取人から所定の誓約書を取得することが必要となる，機微な技術又はソフトウェアである	当該外国産品目を直接産出した技術又はソフトウェアが，所定のECCNに該当するものである（左欄に該当するとは限らない）
③	当該外国産品目が，商務省規制品目リストにおいてECCNを付与されているものであり，同リスト上，規制理由が国家安全保障（NS）とされている	・当該外国産品目が，商務省規制品目リスト上，国家安全保障（NS）を理由としてECCNを付与されていることは，独立の要件ではない（先端コンピューティング直接産品ルールにおいては，外国産品目が所定のECCNに該当することが要件だが，規制理由がNSであるとは限らない） ・他方，当該外国産品目の需要者・用途について一定の要件が課されている
④	当該外国産品目の輸出等の仕向地がカントリーグループD:1，E:1又はE:2の国・地域である	当該外国産品目の輸出等の仕向地の指定範囲が異なる
B)	プラント又はその主要な構成要素の直接産品	
①	当該外国産品目が，米国産の技術の直接産品であるプラント又はプラントの主要な構成要素から直接産出されている	・当該外国産品目が，下記要件を満たすプラント又はプラントの主要な構成要素により産出されている（直接産出に限定されない） ・プラント又はプラントの主要な構成要素が，米国産の技術又はソフトウェアから直接産出されている（技術に限られず，ソフトウェアが追加されているが，米国産との要件は維持されている）
②	プラント又はプラントの主要な構成要素を直接産出した技術が，輸出許可申請の際に受取人から所定の誓約書を取得することが必要となる，機微な技術である	プラント又はプラントの主要な構成要素を直接産出した技術又はソフトウェアが，所定のECCNに該当するものである（左欄に該当するとは限らない）
③	当該外国産品目が，商務省規制品目リストにおいてECCNを付与されているものであり，同リスト上，規制理由が国家安全保障（NS）とされている	・当該外国産品目が，商務省規制品目リスト上，国家安全保障（NS）を理由としてECCNを付与されていることは，独立の要件ではない（先端コンピューティング直接産品ルールにおいては，外国産品目が所定のECCNに該当することが要件だが，規制理由がNSであるとは限らない） ・他方，当該外国産品目の需要者・用途について一定の要件が課されている
④	当該外国産品目の輸出等の仕向地がカントリーグループD:1，E:1又はE:2の国・地域である	当該外国産品目の輸出等の仕向地の指定範囲が異なる

図6　外国直接産品ルールの改正の模式図（§734.9(e),(h),(i)）

A) 技術又はソフトウェアの直接産品

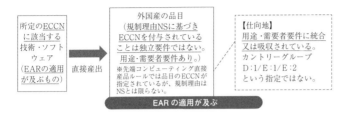

B) プラント又はその主要な構成要素の産品

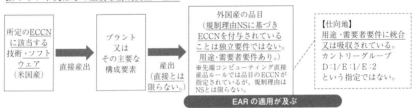

際に使用される製造・試験設備について，プラントの主要な構成要素に該当しないとは主張し難い規定になっている。

　以上が国家安全保障直接産品ルールの要件であるが，前述のとおり，これらの要件を修正し，より広い範囲の外国産品目が，EARの適用が及ぶ品目に該当するような仕組みとなった直接産品ルールが設けられている。本稿では，このうち，2020年以降，中国向け取引に特に焦点を当てた改正により設けられたEntity List直接産品ルール（§734.9(e)），先端コンピューティング直接産品ルール（§734.9(h)）及びスーパーコンピュータ直接産品ルール（§734.9(i)）を取り上げる。これらの直接産品ルールにおいては，表2の①から④の要件が表3の態様で緩和されている。

　この改正内容を図5の模式図に反映すると，図6のようになる。

　以上の改正のうち，表3の要件③の欄で言及した，用途・需要者に係る要件の詳細は，下記表4のとおりである。

　ここで，Entity Listとは，米国の国家安全保障又は外交政策上の利益に反する活動に関与していた，関与している又は関与する重大なおそれがあると考

共通論題② 経済規制法規の域外適用をめぐる新たな展開

表4 中国に特に着目した外国直接産品ルール中の用途・需要者に係る要件（§734.9(e), (h)及び(i)）

直接産品ルール類型	当該直接産品ルールが適用される要件のうち，用途・需要者に係る認識に関する部分の内容（各々(1)又は(2)のいずれかを満たすことが要件）
Entity List 直接産品ルール	(1) Entity Listにおいて脚注1を付された者（ファーウェイグループの企業）又は脚注4を付された者（中国の，所定の半導体関連企業・組織）が製造，購入又は発注した部品，コンポーネント又は装置に組み込まれ，又はそれらの製造若しくは開発に使用されるとの認識（knowledge）がある (2) 上記の者が取引当事者（購入者，中間荷受人，最終荷受人又はエンドユーザー等）であるとの認識（knowledge）がある
先端コンピューティング直接産品ルール	(1) (a) 品目の仕向地がカントリーグループD:1，D:4又はD:5（同時にカントリーグループA:5又はA:6にも該当する仕向地は除く。）であるとの認識（knowledge）がある 又は (b) 品目が 　(i) 上記(a)の仕向地に向かう，又は 　(ii) 自ら若しくは最終親会社がマカオ若しくはカントリーグループD:5の国に本社を有するエンティティに向かう（品目の物理的な行先は問わない） 部品，コンポーネント，コンピュータ又は装置であってEAR99でないものに組み込まれるとの認識（knowledge）がある (2) 品目が，マカオ又はカントリーグループD:5の国に自ら又は最終親会社が本社を有するエンティティがマスク又はICのウェハ若しくはダイの製造のために開発した技術であるとの認識（knowledge）がある
スーパーコンピュータ直接産品ルール	(1) 品目が，中国若しくはマカオにある，又は中国若しくはマカオに向かうスーパーコンピュータの設計，開発，製造，運用，設置（現地での設置を含む），保守（点検），修理，オーバーホール又は改修に使用されるとの認識（knowledge）がある (2) 品目が，中国若しくはマカオにある，又は中国若しくはマカオに向かうスーパーコンピュータに使用される部品，コンポーネント又は装置に組み込まれ，又はその開発若しくは製造に使用されるとの認識（knowledge）がある

える合理的理由を米国当局が認めた者（個人か団体かを問わない。）が列記されているリストであり（§744.11(b))，中国に限らず多くの国・地域の個人・団体が掲載されている。通常，このEntity Listに掲載されている者に向けて，EARの適用が及ぶ品目を輸出等する場合には，BISの許可を得なければならない。[6] 上記のEntity List直接産品ルールは，国家安全保障直接産品ルールよりも広い範囲の品目をEARの適用が及ぶものとして捕捉することにより，ファーウェイグループの企業及び半導体関連の所定の中国企業・組織が関連する取引について，他のEntity List掲載者が関連する取引よりも広い範囲で，BISの許可を得る義務に服させるという帰結をもたらしている。

また，先端コンピューティング直接産品ルールは，対象仕向地としてカントリーグループD:1，D:4及びD:5を，対象需要者としてマカオ又はカントリーグループD:5の国に本社を有するエンティティ等を指定しているが，中国はカントリーグループD:1，D:4及びD:5の全てに該当する[7]。ここでも，中国向け取引の場合には，多くの他国向けの取引の場合よりも広い範囲の品目が，EARの適用が及ぶものとして捕捉されるようになっている。

さらに，スーパーコンピュータ直接産品ルールは，明示的に中国を名指しして，中国若しくはマカオに所在し，又はそこに向かうスーパーコンピュータに関する取引の場合に，対象の品目にEARの適用が及ぶ仕組みを構築している。

なお，Entity List直接産品ルール，先端コンピューティング直接産品ルール及びスーパーコンピュータ直接産品ルールのいずれにおいても，用途・需要者・仕向地に関して，当事者の認識（knowledge）が問題とされている。EARにおいては，認識（knowledge）とは，ある状況が存在していること又はその状況の将来における発生が相当程度確かであることについて積極的に知っている場合のみを指すものではなく，その状況の存在又は将来における発生の高い蓋然性を知悉している場合にも，その状況について「認識し」ているとみなされる。そして，知っている事実を意図的に無視していることの証拠や，意図的に事実の知悉を回避する行為からも，ある状況の存在又は将来における発生の高い蓋然性を知っていることが推認される。

3　企業に生じている困難及びその対処法

元来，EARの域外適用の複雑な仕組みは，米国外の企業が，自社製品がEARの適用が及ぶものかを検討する際に困難をもたらしていた。例えば，上記Ⅲ2(1)に記載したように，自社製品に組み込まれた米国産品目について，デミニミスルールに従い「米国の輸出管理の対象である」品目を特定することが難しいとか，上記Ⅲ2(2)に記載した国家安全保障直接産品ルールに従い，類型Bへの該当性を検討するために，自社が使用する製造設備（プラントの主要な構成要素に該当するもの）を直接産出した技術について，設備メーカーに問い合わ

せねばならないといった，様々な困難があった。

　この点，上記Ⅲ2(2)に記載した直接産品ルールの要件の修正により，そうした困難が更に増幅され，とりわけ，用途・需要者に係る要件（上記表4）が悩みの種となっている。表4の右欄に記載の点が明らかにならないと，自社製品が直接産品ルールに基づき，EARの適用が及ぶ品目となるかを判断できないということは，EARの適用の有無を検討するために，自社製品の販売相手に対し，当該製品を転売する相手や，当該製品を組み込んだ川下製品を販売する相手・用途等について確認する必要があるということである。しかし，これらの事情については，販売先に訊いても営業秘密として回答を拒否されたり，製品購入の時点ではまだ転売先が決まっていなかったりする可能性がある。また，上記のとおり，EARが定義する「認識（knowledge）」の範囲が広いことから，これらの事項について自社製品の販売先に訊かないことにより，認識を得ないようにして要件充当を避けるという方策も奏功しない。以上を踏まえ，自社製品の販売先から，直接産品ルールの各類型の要件に該当するような用途・需要者に当該製品を使用・販売しない旨の誓約書を取得することも一案であるが，これについても，相手方がそのような誓約書の提出に応じるとは限らないし，また，誓約書を取得できても，相手方が誓約書に違反し，該当する用途・需要者に向けて製品を転売した際，誓約書の存在だけでは，自社がEAR違反に問われないことは保証されないという問題がある。

　これらの問題に鑑み，もはや中国企業には自社製品を販売しないという決断をすることも企業にとって考えられる選択肢であるが，その選択は，EARの遵守には資すると思われる一方，下記Ⅳに記載のとおり，中国の対抗立法に捕捉される可能性を孕んでいる。

Ⅳ　中国の対抗立法

　上記表4に記載のとおり，EARの域外適用の範囲を画する要素の1つである直接産品ルールには，2020年以降の改正により，所定の中国向け取引の場合に，取引の対象品目にEARの適用が及ぶように定められた要件が含まれている。また，EARによる輸出管理のうち，本稿で取り扱わない部分（エンドユー

ス規制等）にも，ある種の中国向け取引を含む，一部の取引を名指しする形の規制が含まれている。これに対し，中国も，2020年以降，以下の制度・法令を（いずれも，EARが中国を名指ししているのとは異なり，米国を対象とすると明記したものではないが）相次いで導入・制定し，対抗姿勢を強めている。

1 信頼できないエンティティ・リスト

　信頼できないエンティティ・リスト規定（以下「本リスト規定」）は，2020年9月に公布・施行された。[8] これは，外国エンティティ（外国企業，組織又は個人が含まれる。）による行為が①中国の国家主権，安全，発展の利益に危害を及ぼす場合，②正常な市場取引原則に反し，中国の企業，その他の組織若しくは個人との正常な取引を中断し，又は中国企業，その他の組織若しくは個人に対して差別的措置をとり，中国企業，その他の組織若しくは個人の合法的な権益に重大な損害を与える場合には，中国政府は，当該外国エンティティを信頼できないエンティティ・リストに掲載でき，相応の措置を講じうるというものである（本リスト規定2条及び10条）。

　2024年5月31日現在，米国企業5社（Lockheed Martin Corporation, Raytheon Missiles & Defense, General Atomics Aeronautical Systems, General Dynamics Land Systems及びBoeing Defense, Space & Security）が信頼できないエンティティ・リストに掲載されている。いずれも，台湾に武器を販売していたことを理由として掲載されており，①中国に関連する輸出入活動への従事の禁止，②中国における新規投資の禁止，③高級管理職の入国禁止，④高級管理職の中国での就業許可，滞在・居住資格の承認拒否及び取消しの各処分を課されている。Lockheed Martin Corporation, Raytheon Missiles & Defense及びBoeing Defense, Space & Securityには，さらに⑤過料（本リスト規定の施行以降の台湾への武器販売契約金額の2倍）も課された。[9]

2 外国の法律及び措置の不当な域外適用を阻止する弁法

　外国の法律及び措置の不当な域外適用を阻止する弁法（以下「域外適用阻止弁法」）は，2021年1月に公布・施行された。[10] 域外適用阻止弁法の下では，中国

の公民，法人又はその他組織は，外国の法律・措置により，第三国及びその公民，法人又はその他組織との正常な経済，貿易及び関連活動を禁止又は制限される状況となった場合，30日以内にその旨を国務院商務主管部門に報告しなければならない（域外適用阻止弁法5条）。中国当局は，当該外国の措置・法律の域外適用が「不当」かを評価し，不当である場合には，国務院商務主管部門が，当該外国の法律・措置について，了承，執行及び遵守を禁ずる禁止令を出すことができる（域外適用阻止弁法6条及び7条）。この禁止令の対象者については，中国の公民，法人又はその他組織が含まれることは明らかであるが（域外適用阻止弁法8条において，中国の公民，法人又はその他組織は，禁止令の遵守からの免除を申請できると規定されている。），外国の国民，法人又はその他組織が含まれ，下記の損害賠償義務を負う「当事者」に該当するのかは定かでない。

　上記禁止令の対象となった外国の法律・措置を遵守した当事者が，中国の公民，法人又はその他組織の合法的な権益を侵害した場合，中国の公民，法人又はその他組織は，人民法院に訴訟を提起し，対象当事者に対し，損害賠償を請求できる（域外適用阻止弁法9条1項）。また，禁止令の対象となった外国の法律に基づき下された判決・裁定が中国の公民，法人又はその他組織に損害を与えた場合，中国の公民，法人又はその他組織は，人民法院に訴訟を提起し，当該判決・裁定により利益を得た当事者に対し，損害賠償を請求できる（域外適用阻止弁法9条2項）。

3　反外国制裁法

　反外国制裁法は，2021年6月に公布・施行された。[11)]反外国制裁法は，外国が国際法及び国際関係の基本的規範に違反し，様々な口実を用いて又は自国の法律に依拠して，中国の公民又は組織に対して差別的制限措置を講じ，又は中国の内政に干渉した場合に，中国が相応の対抗措置を執ることができると定めている（反外国制裁法3条2項）。具体的には，国務院の関係部門が，そのような差別的制限措置の制定，決定又は実施に直接又は間接的に関与した個人・組織を対抗リストに加えることを決定でき（反外国制裁法4条），対抗リストに掲載された個人・組織及び一定の範囲の関係者・関係組織に対して，①査証の発行

拒否・取消し，入国禁止，国外追放，②中国国内にある動産，不動産，その他の財産の差押え，押収，凍結，③中国の個人・組織との取引等の禁止又は制限，④その他必要な措置を行うことができる（反外国制裁法5条及び6条）。こうした対抗措置が講じられた場合，中国国内の個人・組織も，当該措置を実行しなければならない（反外国制裁法11条）。また，いかなる個人・組織も，外国が中国の公民・組織に対して講じた差別的制限措置を実行し，又はその実行に協力してはならず（反外国制裁法12条1項），この禁止に反して個人・組織が差別的制限措置の実行又は実行への協力を行い，中国の公民・組織の合法的な権益を侵害した場合には，中国の公民・組織は，人民法院に訴訟を提起して，侵害の停止及び損害賠償を請求できる（反外国制裁法12条2項）。

　反外国制裁法に基づく対抗措置の民間企業に対する執行は，一部，中国に対する米国の制裁措置への対抗として実施されたものもあるが，大半は，台湾に関する活動に従事した企業に対して行われている。次頁の表5は，企業及びその役員に対し，台湾への武器の販売に従事したことを理由として課された，対抗措置（公表されたもの）の一覧である。[12]

4　企業に生じうる困難及びその対処法

　上に挙げた中国の法規は，上記Ⅲ3で言及したように，米中以外の国の企業が，EAR の域外適用の有無を検討するコストを避けるために，又は EAR の域外適用を受けると判断し，その遵守のために，中国企業との取引を停止するという決断を難しくするものである。

　例えば，日本企業が，自社製品に EAR の適用が及ぶと判断し，BIS に許可申請をしたが許可が下りず，このため，取引相手の中国企業に当該製品を再輸出すると EAR 違反になってしまうことを理由として，当該中国企業との契約を解除した場合を想定する。この場合，当該中国企業は，外国の法律・措置により，第三国企業との正常な経済・貿易活動を制限されたとして，域外適用阻止弁法に基づき，中国政府に対し，当該日本企業から契約を解除されたことを報告する可能性がある。中国政府の担当当局が，EAR に基づく BIS の許可不発行が不当な域外適用だと判断し，国務院商務主管部門が禁止令を出した場

共通論題② 経済規制法規の域外適用をめぐる新たな展開

表5 台湾への武器の販売に従事した企業に対して課された，反外国制裁法に基づく（※）対抗措置

時期	対象企業
2022年2月	• Lockheed Martin Corporation • Raytheon Technologies Corporation
2022年9月	• Raytheon Technologies Corporation の CEO • Boeing Defense, Space & Security の CEO （※ なお，記者会見では制裁措置を執ることのみが言及されており，反外国制裁法は直接言及されてはいない。）
2023年9月	• Lockheed Martin Corporation • Northrop Grumman
2024年1月	• BAE Systems Land and Armament • Alliant Techsystems Operation • AeroVironment • ViaSat • Data Link Solutions （対抗措置の内容について，①中国国内の動産，不動産及びその他資産の凍結，②中国国内の組織・個人に対する，上記企業との取引，協力及びその他活動の禁止が含まれる，と明記されている。）
2024年4月	• General Atomics Aeronautical Systems • General Dynamics Land Systems （対抗措置の内容として，①中国国内の動産，不動産及びその他資産の凍結，②高級管理職への査証の発行拒否及び入国禁止が明記されている。）
2024年5月	• Lockheed Martin Missiles and Fire Control • Lockheed Martin Aeronautics • Raytheon/Lockheed Martin Javelin Joint Venture • Raytheon Missile Systems • General Dynamics Ordnance and Tactical Systems • General Dynamics Information Technology • General Dynamics Mission Systems • Inter-Coastal Electronics • System Studies & Simulation • IronMountain Solutions • Applied Technologies Group • Axient （対抗措置の内容として，中国国内の動産，不動産及びその他資産の凍結が明記されている。） • Northrop Grumman の CEO 及び5名の Vice President • General Dynamics Ordnance and Tactical Systems の President • General Dynamics のテクノロジー部門担当 Executive Vice President • General Dynamics Information Technology の President • General Dynamics Mission Systems の President （対抗措置の内容として，査証の発行拒否及び入国禁止が明記されている。）

合，それでもなお上記日本企業が EAR 遵守を主張して契約の解除を維持すると，契約の相手方である中国企業から，人民法院に提訴されて損害賠償請求を受ける可能性を否定できない。2024年5月31日現在，公開情報から判る範囲では，反外国制裁法に基づく対抗措置や，信頼できないエンティティ・リストへの掲載は，台湾への武器の販売に従事した企業を中心に実施されている様子であり，中国企業との通常の取引に従事する企業が，当該取引の停止を理由として直ちにこれらの措置を受ける可能性は低いように思われるが，上記のように損害賠償請求を受けるだけでも，訴訟対応自体が日本企業にとって相当な負担となるし，取引の規模によっては，実際の賠償の経済的負担も無視できない。

これらの不利益を避けるための対応としては，EAR 遵守のために中国企業との契約の締結又は履行を拒絶したり，契約を解除したりせざるを得ない場合，そのような理由があることを強調せずに，価格が折り合わないとか，生産余力がないといった，経済的な理由を前面に出すことが考えられる。また，長期契約を避けてスポット契約とし，受注するかは毎回，自社の裁量に従って自由に決められる旨を契約書に明記することも考えられる。

V　おわりに

経済安全保障の重要性が強調される中，米中の対立が収まる兆しは見当たらない。米国企業及び中国企業の双方と取引を行う第三国企業は，上記Ⅲ3及びⅣ4に記載したような方法を初めとする自衛策を講じつつ，米中双方の制度の改正や運用の推移を注意深く見守る必要がある。特に，上記Ⅲ2(2)に記載したように，現在は，EAR の適用が及ぶ品目の範囲を所定の中国向け取引において拡大する直接産品ルールが，Entity List 掲載者が関与する取引並びに先端コンピューティング及びスーパーコンピュータ関連の取引に適用されているが，この適用範囲が，Entity List 掲載者以外の中国企業が関与する取引や，先端半導体以外の品目に関する取引にまで拡大された場合には，大きな影響があると思われる。

1) 以下，何の条項であるかを示さず条文番号を記載する場合は，EAR の条項を指す。

2) 出典は EAR（Supplement No. 1 to Part 732）であるが，①から⑤までの番号は筆者が追加したものである。
3) 一般禁止事項1から3は，図1のフローに従って検討した結果，②-2，③，④-2及び⑤を経て，最下部の「許可申請の提出が必要」にたどり着く取引については，BIS の許可を得ない限り，輸出等を行うことができない，という内容である（§736.2(b)(1)から(3)）。すなわち，一般禁止事項1から3は，実態としては，特殊な行為の禁止規定というよりも，一般的な許可取得義務の根拠規定である。
4) 表1には各行為類型の主な定義のみを挙げており，一般的企業が日常的に従事すると考え難い内容（例えば，輸出のうち，EAR の適用が及ぶ，許可例外の対象外の人工衛星を，米国内に所在する者から外国人又は外国に所在する者へ譲渡すること）は割愛した。
5) 技術についてデミニミスルールに基づき EAR の適用が及ばないと判断する際は，輸出等の前に，外国産技術の内容や，当該判断の根拠とした分析等を BIS に報告する必要がある（Supplement No. 2 to Part 734, para.(b)）。
6) Entity List 上で，許可取得義務の範囲に関し，「EAR の適用が及ぶ品目全て」という記載でなく，別途の指定がなされている場合には，当該指定された品目の輸出等についてのみ BIS の許可を得る必要がある。
7) 中国はカントリーグループ A:5 及び A:6 のいずれにも該当しないので，これらのいずれかのカントリーグループにも同時に該当するとの理由で先端コンピューティング直接産品ルールの適用対象となる仕向地から除外されることはない。
8) http://www.mofcom.gov.cn/article/b/fwzl/202009/20200903002593.shtml
9) 信頼できないエンティティ・リスト実務機構公告2023年1号, at https://www.mofcom.gov.cn/article/zwgk/gkzcfb/202302/20230203391289.shtml, 信頼できないエンティティ・リスト実務機構公告2024年1号, at http://www.mofcom.gov.cn/article/zwgk/gkzcfb/202405/20240503510680.shtml, 信頼できないエンティティ・リスト実務機構公告2024年2号, at http://www.mofcom.gov.cn/article/zwgk/gkzcfb/202405/20240503510684.shtml
10) http://www.mofcom.gov.cn/article/b/c/202101/20210103029710.shtml
11) https://www.gov.cn/xinwen/2021-06/11/content_5616935.htm
12) 2022年2月21日外交部報道官定例記者会見, at https://www.fmprc.gov.cn/fyrbt_673021/jzhsl_673025/202202/t20220221_10644054.shtml, 2022年9月16日外交部報道官定例記者会見, at https://www.fmprc.gov.cn/fyrbt_673021/jzhsl_673025/202209/t20220916_10767035.shtml, 2023年9月15日外交部報道官定例記者会見, at https://www.fmprc.gov.cn/fyrbt_673021/202309/t20230915_11143550.shtml, 2024年1月7日付け外交部報道官による記者質疑への応答, at https://www.mfa.gov.cn/fyrbt_673021/202401/t20240107_11219408.shtml, 2024年4月11日外交部令第5号, at https://www.mfa.gov.cn/wjbxw_new/202404/t20240411_11280056.shtml, 2024年5月22日外交部令第7号, at https://www.fmprc.gov.cn/wjbxw_new/202405/t20240522_11309756.shtml

（西村あさひ法律事務所・外国法共同事業パートナー弁護士）

共通論題②　経済規制法規の域外適用をめぐる新たな展開

経済規制の域外適用とグローバル・ガバナンス

加藤紫帆

Ⅰ　序
Ⅱ　域外適用と共通利益の実現（Ryngaert）
　1　無私的管轄権
　2　小　括
Ⅲ　域外適用の正統性（Krisch）
　1　グローバル・ガバナンスとしての域外適用
　2　小　括
Ⅳ　示　唆
　1　はじめに
　2　権力性・政治性
　3　正統性
Ⅴ　結　語

Ⅰ　序

　本稿の目的は，経済規制に関する域外適用／域外的管轄権行使を巡る近時の議論を紹介し，グローバル・ガバナンスという観点から，域外適用の課題について検討することにある。

　国際法上の管轄権法は，一般に，国家権限の地理的範囲の画定に関わるとされ，また，管轄権は領土（territory）に基づく主権の法的鏡像であることから，その基本原則は領域性（territoriality）であると考えられてきた。ところが，近年，環境やサイバー活動，人権等のグローバルな現象に対応する必要性から，広範な管轄権行使が行われ，域外性（extraterritoriality）が，例外ではなく出発点と看做されるようになりつつあるという。学説上も，このような広範な域外適用を許容する見解が支持を集めているとされ，注目される。そこでは，管轄権の機能はどのように把握され，領域性はどのように位置付けられているのであろうか。また，域外適用は，国家間の権力の不均衡を背景に，政治

的に批判されてきたが，同様の問題はここでは生じないのだろうか。

以上の問題関心から，本稿では，広範な管轄権行使の正当化を試みる見解として，管轄権に関する議論の中心人物でもあるCedric Ryngaertの見解を紹介した上で（Ⅱ），域外適用の拡大に批判的な議論の中でも，グローバル・ガバナンスの観点から域外適用にアプローチする，Nico Krischの興味深い議論を紹介する（Ⅲ）。最後に，これらの見解をいずれもグローバル・ガバナンスに関心を有する議論と位置付けた上で，両見解につき，若干の検討を行う（Ⅳ）。

Ⅱ 域外適用と共通利益の実現（Ryngaert）

まず，Ryngaertの見解について，その近著を中心に紹介する。Ryngaertは，同書の中で，ある状況と必ずしも強い関連性を有しない国家（＝バイスタンダー〔bystander〕国家）が，国際共同体の共通利益の実現のために，域外的な効果ないし含意を有し得る一方的管轄権（＝無私的管轄権〔selfless jurisdiction〕）を行使することを可能とし，又は，これを制約する条件について検討している。

1 無私的管轄権

（1） 共通利益

まず，Ryngaertは，気候変動や人権侵害等といった問題に対するグローバル・ガバナンスの失敗を受け，国際共同体の共通利益の実現のための管轄権行使がますます求められるようになっているとする。かかる集合行為問題（collective action problems）に国際機関が適切に対処できていないために，多国間主義の限界を補うべく，第三国による一方的措置の可否が問題となる，とするのである。

その上で，Ryngaertは，域外的な一方的管轄権行使を正当化するには，国際共同体が対象を保護の必要があるものと承認していることが必要となるとする。この点，Ryngaertは，グローバル公共財（global public goods）やグローバル問題といった非法的概念に基づき，共通利益を同定するアプローチを採用する。このアプローチによれば，問題となる公共財の保護が国際法に明記されて

いるか否かではなく，当該公共財に対する脅威を回避するために一方的措置をとることが得策か（expedient）否かが問題となるとする。[16]

ここでRyngaertは，経済規制の域外適用における国家利益と共通利益の関係について，次のように論じている。すなわち，国内法上の目標が必ずしも明確に国際的に共有されていない場合，当該法の域外適用は自国主義的なものと映るが[17]，このような国内法も，やがてグローバルな行動規範となることで，グローバルな統一法への道を開くことが考えられる[18]。そこで，Ryngaertは，ある国家利益が，グローバルな目標，帰結又はその含意を持つ限り，少なくとも「出現しつつあるグローバルな価値（emerging global values）」を促進するものであれば，無私的管轄権の研究対象に含まれるとする[19]。例として，個人データ保護を挙げる[20]。

(2) 再解釈

以上に加え，Ryngaertは，国際法上の領域主権原則及び合意原則の再解釈を行い，管轄権法における無私的管轄権の正当化を試みる。第1に，領域主権原則に関しては，主権や管轄権，領土概念が，現行のガバナンス課題に照らした再概念化を要する概念であり，その意味と用途が文脈により変化する法的な構成概念（legal constructs）[21]であることを確認する[22]。その上で，国家間の相互依存の高まりや国際正義の概念等に関する進展を踏まえ[23]，コスモポリタン的で連帯的な目的に奉仕するものとして，主権概念を再構築すべきとする[24]。第2に，合意原則に関しても，第三国が国際共同体の形成に貢献すべく無私的に行動している限り，国家の実際の同意は不要である[25]，と主張する。

(3) 合理性による制限

ところで，人類への奉仕を目標とする管轄権行使は，帝国主義的又は覇権主義的な野心を実現するための口実であると批判されることがある[26]。これに対し，Ryngaertは，権力及び能力を有する国家だからこそ，グローバルな利益を促進するために多くをなすべき責務があると反論する[27]。ただし，上記批判の懸念には自覚的であるべきとし[28]，無私的管轄権行使を合理的なもの（reasonable）[29]とする抑制技術について検討する。具体的には，共通利益の国際的承認[30]，民主的参加（制度設計過程への外国等の参加[31]や裁判所での紛争解決[32][33]），等価性（equivalence)[34]，及び，技術等[35]の移転である。

(4) 国家実行

最後に，Ryngaertは，環境・人権保護に関連したビジネス活動規制を巡る国家実行を検討する[36]。例えば，欧州連合（EU）は，属地主義を広く解し[37]，域内市場を標的とする外国供給者に対しても，EU一般データ保護規制（GDPR）といった自らの法を適用しているが[38]，Ryngaertは，このような広範な管轄権行使は，基本的権利であり出現しつつあるグローバルな価値でもある個人データ保護の特性によって，正当化される可能性があるとする[39]。ただし，それは無制限ではなく，EUは，合理性による制限として，事業者の利益や諸外国の価値に十分配慮を払うべきであるとする[40]。

2 小括

Ryngaertの無私的管轄権の議論は，国際法上の管轄権法の再解釈を行い，主権衝突の回避から，コスモポリタンないし無私の目的のためのものへと，管轄権法の転換を試みるものと位置付けられる[41]。同見解によれば，領域性は，実証的に検証可能な現象というよりは法の創造物であり，人権・環境分野におけるコスモポリタン的な域外的管轄権行使を促進する強力なメカニズムとして，再解釈されることとなる[42]。

III 域外適用の正統性（Krisch）

次に，域外適用に批判的な見解として，Nico Krischの議論[43]を紹介する。Krischは，管轄権が，主権国家間の水平的な境界画定という問題から，強国が国境を越えた市場を統御するグローバル・ガバナンスの構造へと変容を遂げており[44]，それゆえ，管轄権行使を正統なものとするために，アカウンタビリティ[45]や自己統治の尊重を可能とするメカニズムが必要となる[46]，と主張する。

1 グローバル・ガバナンスとしての域外適用

(1) 国家実行

まず，Krischは，国境を越えた市場との密接な結びつきゆえに，変更圧力

が大きいビジネス活動規制に焦点を当て，国家実行を観察する[47]。その結果，米国やEUといった国々においては，例えば自国への寄港といった事情に基づき[48]，一定の領域的関連性が認められさえすれば，領域外の活動に対して規制が適用されていることを確認する。Krischは，国家が別々の行動範囲（separate spheres of action）を有するという従来の領域的管轄権の観念とは異なる，「縛を解かれた（unbound）管轄権」の行使が観察されるとするのである[49]。

(2) 管轄権の変容

次に，Krischは，管轄権の変容について理論的な観点から論じている。

第1に，Krischは，まず，領土概念が歴史的・社会的な構成概念であるという理解を前提に[50]，領土とは，領域を画定し支配する政治的試みの結果であるとする[51]。そして，時間的・地理的に広範に及ぶ行為や，世界中に遍在する多国籍企業，グローバルな市場という挑戦を受け[52]，領土・領域性概念が再構築されることにより，縛を解かれた管轄権がもたらされているとする[53]。具体例として，Krischは，「領土的拡張（territorial extension）[54]」と呼ばれるEU法の適用を挙げ[55]，そこではEUとのわずかな領域的関連性により，広範な影響が及ぶ管轄権の主張がなされていると指摘する[56]。

第2に，Krischは，縛を解かれた管轄権の特徴につき，次のように論じる。まず，縛を解かれた管轄権は，特に企業との関係で管轄権競合をもたらす傾向があり[57]，その結果，分離ではなく重複と相互作用が管轄権の特徴となっているとする[58]。また，管轄権は従来，水平性をその鍵概念としてきたが[59]，域外的管轄権行使は，対象企業に加え，自らの政策を決定する能力が制限される他国との関係でも階層性を確立する[60]。さらに，経済分野における広範な管轄権行使は，事実上十分な市場権力と規制・監視能力を有する国家にとってのみ，実行可能であるため[61]，国家間には能力の非対称性（asymmetrical capacity）が存在する[62]。そこで，Krischは，管轄権の特徴を水平性ではなく階層性や寡頭制（oligarchy）により把握すべきであると主張するのである[63]。

(3) 正統性問題

最後に，Krischは，管轄権が他国やその市民に対する階層性を持つならば，グローバル・ガバナンスの問題として，その行使には正当化が必要となる

とする。具体的には，正統性や民主政，アカウンタビリティといった規範的問題や，公共財供給への貢献の程度が問題となるという。

Krischによれば，正統性には，有益な結果等に基づくアウトプットにおける正統性と，民主的参加等を通じたインプットにおける正統性という2つの側面がある。Krischは，アウトプットにおける正統性に関して，多様な戦略の存在や過剰執行という問題があることに加え，グローバルな公益を明確かつ偏りなく定義できなければ，正統な結果を生み出すことはできないことから，それのみでは不十分であり，インプットによる強力な補完が必要となるとする。

Krischは，インプットによる正統性の核となる要素はアカウンタビリティであるとする。その上で，域外的管轄権行使は，他国政策に取って代わる試みであるから，市民への直接的な説明を伴う公的アカウンタビリティが要求されると主張する。具体的には，影響を被る市民や国家の自己統治の保護のため，国際機関やアドホックな国際的な枠組みを通じ，影響を受ける人々に実際の発言権を与える公開協議（public consultations）や共同決定（co-decision）といった，強固な制度的包摂メカニズムが要求されるとする。

反対に，階層構造の中ではパターナリズムに陥る合理性原則による管轄権の制限や，国家間で政策目標が多様である場合には機能しない補完性原則には，限界があるとする。さらに，法形成過程への手続的参加についても，規制国の決定に影響を及ぼす保証がなく，同国に広範な裁量の余地を認めるため，自己統治の保護という観点からは疑問があるとする。

2 小 括

Krischの議論は，ガバナンスの側面を真剣に捉えることで，管轄権を巡る議論の焦点を，境界画定や国家の行動範囲の調整から，共通財の促進及び自己統治の維持に資するガバナンス形態の探求へと移行させることを試みるものといえる。同見解では，共通利益の実現を重視するRyngaertの見解と比べ，域外的管轄権行使が民主政や自己決定の観点から深刻な問題をはらむことが強調された上で，アカウンタビリティ確保のメカニズムについて議論されていた。

Ⅳ 示　唆

1　はじめに

　以上，本稿では，域内適用の拡大を受けて管轄権の変容について論じる Ryngaert と Krisch の見解を紹介した。これらの見解は，政治的試みとしての域外的管轄権行使につき，その正当化根拠や制限，正統性を議論するものといえる。筆者の研究能力の制約のために，両見解につき，ここで国際法の観点から本格的な検討を加えることはできない。そこで以下では，国際法上の議論とは一応切り離した上で，両見解が管轄権を巡る議論に与える示唆を探ることとする。

　ここで注目されるのは，Ryngaert と Krisch が，域外的管轄権行使に対し対照的な態度を採るにもかかわらず，いずれもグローバル・ガバナンスに関心を有していた点である。一方で，Ryngaert は，グローバル・ガバナンスの課題への対応として，共通利益の実現のための域外適用を積極的に評価し，他方で，Krisch は，域外適用がグローバル・ガバナンスの側面を有するならば，規範的には，その正統性が問題となると主張するのである。両者の違いは，ガバナンスの空白を埋める側面と，アカウンタビリティの空白を生む側面という，域外適用の2面性を反映するものと評価できよう。

　このように，グローバル・ガバナンスという観点から域外適用にアプローチする場合，域外適用に関しては，どのような課題が浮かび上がるだろうか。紙幅の都合上，以下では，グローバル・ガバナンスに関する議論の中でも，その権力性・政治性（2）及び正統性（3）を巡る議論を紹介し，これらの議論を踏まえつつ，両見解の主張につき，若干の検討を行うこととする。

2　権力性・政治性

(1)　グローバル・ガバナンスと権力作用の隠蔽

　グローバル・ガバナンスの定義には様々なものがあるが，しばしば引用されるグローバル・ガバナンス委員会の報告書によれば，ガバナンスとは，「個人と機関，私と公とが，共通の問題に取り組む (manage) 多くの方法の集まりで

あ」り、また、「相反する、あるいは多様な利害関係を調整したり、協力的な行動をとる継続的プロセスのことであ」って、「承諾を強いる権限を与えられた公的な機関や制度に加えて、人々や機関が同意する、あるいは自らの利益に適うと認識するような、非公式の申し合わせもそこには含まれる[81]」、とされる。この定義にあるように、一般に、グローバル・ガバナンスとは、国境を越えた問題を操舵するためのグローバルな準則・規範の形成・実施を目的とする、政府、国際機関及び非国家アクター間での、公私の垣根を越えた、調整の構造及びプロセスと捉えられているといえよう。[82]

このように、グローバル・ガバナンスは、アクターや規範の多様性をその特徴としており、「解決ないし緩和に寄与するのならば、だれがどの次元でどう処理するには拘らない」という点で、「一定の領域内の事柄は国家が管轄すべきであると前提する主権原理と対照的である[83]」、とされる。そのため、グローバル・ガバナンスを巡る言説では、「『必要性』の論理に基づいて『合理的』な解の提示を試みることで、権力性や政治性を後景に退かせる[84]」傾向があるとされる。これは、課題設定及び執行の政治化を避け、「機能主義に包まれた中で権力性を稀薄化」させる効果があるが、それゆえに、グローバル・ガバナンスの分析の際には、「アジェンダ形成や執行における政治性・権力性に敏感である必要があ[85]」るとされる。

(2) 考　察

上述した権力性・政治性は、共通利益の実現というRyngaertの見解における課題設定との関係で特に問題となろう。Ryngaertは、国際法に明記されているか否かは問題ではなく、個人データ保護といった出現しつつあるグローバルな価値も共通利益に含まれると主張する。確かに、個人データ保護については、EUのGDPRの考え方が浸透したことで、事実上のコンセンサスが形成されつつあるとされる。[86]だが、このようなグローバル・スタンダードの形成は、グローバル市場に対するEUの規制力を背景としたものといえ、その権力性には十分留意すべきであろう。Ryngaert自身も指摘するように、共通利益の名の下で覇権主義的な域外適用がなされることへの懸念は、予てより指摘されてきたのであり、[88]課題設定は、国際的な枠組みを通じて具体的かつ明確に承認さ

れているような場合を除き，権力性や政治性，恣意性といった問題に十分に留意しつつ，慎重に行われるべきであるように思われる。[89]

3　正統性
(1)　グローバル・ガバナンスと正統性の欠損

次に，グローバル・ガバナンスに関しては，主に国際政治学や国際関係論の立場から，グローバル・ガバナンスの主な担い手となる国際機関につき，その正統性が議論されてきた。[90)91)] 正統性概念は多義的な概念であり，文脈や論者により，その意味内容は異なるが，正統性には，一般に，規範的側面と記述的側面があると考えられている。[92] 本稿で紹介したKrischの議論は，規範的側面に焦点を当てるものといえる。このような議論としては，Krischによる整理と同様，参加・透明性・アカウンタビリティといったインプット側に着目する議論と，アウトプット側に着目して，効率性・正義・公平性に貢献する成果がどの程度生み出されたか，を評価する議論とがあるとされる。[93]

(2)　考　察

国家は，外部との関係では民主的正統性を有していないため，国際機関と同様，他国に影響を及ぼす域外適用を行う場合には，正統性の欠損という問題が生じる。[94] Krischが主張するように，正統性が認められるには何が必要か，という点につき，検討する必要があると考えられる。この点については，アウトプットによる正統化に疑問を呈するKrischの見解だけでなく，共通利益の実現というアウトプットによる正統化にむしろ重きを置くRyngaertの見解においても，合理性による制限の文脈ではあるが，民主的参加といったインプットのメカニズムの重要性が指摘されていた。

問題は，どのような仕組みによれば，インプットにおける正統化要請が満たされたといえるか，という点であろう。この点，Krischは，手続的参加は不十分であるとし，公開協議や共同決定といった制度的で強固なアカウンタビリティ確保のメカニズムの必要性を主張する。Krischの主張について，その理論的前提となる政治理論を含め，ここで正面から検討することは困難であるものの，具体的な点に関する疑問を2つ指摘したい。[95]

第 1 に，Krisch のインプットによる正統化要請の射程が問題となるように思われる。Krisch 自身は一般的に論じているが，上記要請はあらゆる規制分野に当てはまるのか，必ずしも明らかでない[96]。規制分野・対象によっては，手続的参加や裁判所を通じた事後的な権利救済の存在も，正統化の要請を満たす[97]と考える余地があるように思われる[98]。第 2 に，Krisch の提唱する公開協議や共同決定については，その前提条件が問題となろう。例えば，競争法分野における二国間協定を通じた相手国への相互通知の仕組みは，少なくとも関係国間[99]での規制目標に関するコンセンサスの存在に支えられるものと考えられる[100]。公的アカウンタビリティのメカニズムが要求されるならば，それが立ち上がるための条件も検討される必要があるように思われる。

V　結　語

以上，本稿では，Ryngaert と Krisch の見解を紹介した上で，両見解に共通する問題関心であるグローバル・ガバナンスという観点から，その権力性・政治性及び正統性の問題に焦点を当てつつ，両見解につき，若干の検討を行った。わずかな領域的関連性に基づくものの，国際法上は合法とされる広範な管轄権行使が拡大する中，グローバル・ガバナンスという観点は，あるべき方向性を提示したり，国家実行を批判したりするための視座として，一定の有用性を有すると思われる[101]。

ところで，このようにグローバル・ガバナンスの観点を受入れた場合でも，[102]領域性が管轄権（法）との関係で意義を失うか否かは，別途慎重な検討を要するだろう[103]。領域性は衰退しているのでなく，単にその位置を変えている（has shifted）のであり，法適用における域外性は，なおも特別の正当化を要する[104]，とすれば，領域原則を含む，管轄権法の技術的規則の技術性がむしろ再評価される余地もあると思われる[105]。この点は今後の検討課題としたい[106]。

［付記］本稿は，日本国際経済法学会2023年度研究大会における報告を加筆修正したものであり，科研費（基盤(A)）「デジタルプラットフォーム取引の越境性に対応した規整枠組の構築」（21H04383，令和 3 年～ 7 年度，代表：横溝

大），及び，科研費（若手）「規制法規の競合・衝突に対する抵触法的対応：『技術としての抵触法』の有用性の検討」（24K16253，令和6年〜10年度）の研究成果の一部である。

1) 本稿では，「立法者の領土外の人や活動，あるいは利益に影響を及ぼす法的権威の行使」を指すものとして，域外適用／域外的管轄権行使という用語を用いる。See Hannah L. Buxbaum, "The Practice(s) of Extraterritoriality", in Hannah L. Buxbaum and Thibaut Fleury Graff (eds.), *Extraterritoriality* (Brill, 2022), p. 3. また，管轄権は立法ないし規律管轄権を指すものとして用いる。国際法上の管轄権の意義につき，岩沢雄司『国際法〔第2版〕』（東京大学出版会，2023年）170頁以下等参照。
2) 本稿Ⅳ2参照。
3) Cedric Ryngaert, "International Jurisdictional Law", in Austen Parrish and Cedric Ryngaert (eds.), *Research Handbook on Extraterritoriality in International Law* (Edward Elgar Publishing, 2023), p. 13.
4) *Ibid.*, p. 13.
5) Stephen Allen *et al.*, "Introduction: Defining State Jurisdiction and Jurisdiction in International Law", in Stephen Allen *et al.* (eds.), *The Oxford Handbook of Jurisdiction in International Law* (Oxford University Press, 2019), p. 8.
6) Cedric Ryngaert and Austen Parrish, "Introduction to the Research Handbook on Extraterritoriality in International Law", in Austen Parrish and Cedric Ryngaert (eds.), *Research Handbook on Extraterritoriality in International Law* (Edward Elgar Publishing, 2023), p. 6.
7) *Ibid.*, p. 6及びそこで挙げられる文献参照。
8) Cedric Ryngaert, *Selfless Intervention: The Exercise of Jurisdiction in the Common Interests* (Oxford University Press, 2020). 同書の紹介として，角奈都子「学界展望〈国際法〉Cedric Ryngaert, *Selfless Intervention: The Exercise of Jurisdiction in the Common Interests.* (Oxford University Press, 2020, xxix + 233pp.)」『国家学会雑誌』134巻11・12号（2021年）901頁。
9) Ryngaert, *supra* note 8, p. 1. Ryngaertは，普遍的（刑事）管轄については，条約や慣習国際法に基づく場合は義務的なものであること等の事情から，参照はするが，同書の直接の検討対象には含めていない。*Ibid.*, pp. 143-144.
10) *Ibid.*, p. 139.
11) *Ibid.*, pp. 22-23.
12) *Ibid.*, p. 17.
13) *Ibid.*, p. 25.
14) グローバル公共財とは，非競合的かつ非排除的（non-rival and non-excludable）な財であり，誰もがその恩恵から排除されることはなく，また，ある者の消費が他者の消費を減らすこともない財のことを指すとされる。*Ibid.*, p. 32.

15) *Ibid.*, pp. 32-34. 例としては，地球気候やオゾン層，汚染防止，漁業資源の保護，生物多様性，人権，平和，国際犯罪に対する責任が挙げられる。*Ibid.*, pp. 32-33.
16) *Ibid.*, p. 33.
17) *Ibid.*, pp. 80-81. 具体的には，米国やEUの競争法や個人データ保護法，知的財産法，動物愛護法の域外適用の例が挙げられる。*Ibid.*, p. 81.
18) *Ibid.*, p. 82.
19) *Ibid.*, p. 82.
20) *Ibid.*, p. 82, pp. 194-197.
21) ここでは，Anthony J. Colangelo, "What is Extraterritorial Jurisdiction?" *Cornell Law Review*, Vol. 99, No. 6 (2014), p. 1304が引用されている。
22) Ryngaert, *supra* note 8, p. 47.
23) *Ibid.*, p. 49.
24) *Ibid.*, p. 62, pp. 139-142.
25) *Ibid.*, p. 62.
26) *Ibid.*, p. 35.
27) *Ibid.*, p. 40.
28) *Ibid.*, p. 94.
29) *Ibid.*, p. 136.
30) *Ibid.*, pp. 101-108.
31) 例えば，欧州委員会による影響評価（impact assessments）の過程で行われる第三国や市民との間での協議（consultation）の例が挙げられる。*Ibid.*, pp. 119-120.
32) *Ibid.*, pp. 123-125.
33) *Ibid.*, pp. 109-125. 例えば，一定の条件を満たす他国規制を尊重し，自国規制の適用を抑制する相互承認原則が挙げられる。*Ibid.*, p. 127.
34) *Ibid.*, pp. 125-130.
35) *Ibid.*, pp. 130-136.
36) 具体的には，①違法・無報告・無規制（IUU）漁業及び船舶起因汚染に対する寄港国管轄権，②環境との関係での貿易規制，③国境を越える企業活動による人権侵害を理由とする不法行為に対する民事裁判権，④個人データ保護規制の4つである。*Ibid.*, pp. 145-208.
37) *Ibid.*, p. 215.
38) *Ibid.*, p. 208.
39) *Ibid.*, p. 208.
40) *Ibid.*, p. 208.
41) *Ibid.*, p. 210.
42) *Ibid.*, p. 140.
43) Nico Krisch, "Jurisdictional Unbound: (Extra)territorial Regulation as Global Governance", *European Journal of International Law*, Vol. 33, No. 2 (2022), p. 481.
44) *Ibid.*, p. 482.

45) 同論文では，アカウンタビリティ（accountability）概念は明確に定義されていない。Krisch のアカウンタビリティ概念を含め，同概念を巡る詳細な分析については，興津征雄「グローバル行政法とアカウンタビリティ――国家なき行政法ははたして，またいかにして可能か」浅野有紀ほか編著『グローバル化と公法・私法関係の再編』（弘文堂，2015年）47頁参照。
46) Krisch, *supra* note 43, pp. 482-483.
47) *Ibid.*, p. 488. 具体的には，①2015年の FIFA 汚職事件に関する米国の刑事管轄権，②米国や EU の金融規制，③（IUU 漁業や EU の温室効果ガス排出規制との関係での）寄港国管轄権，④国境を越えた企業活動による人権侵害に対する民事裁判権，⑤個人データ保護の5つである。*Ibid.*, pp. 488-495.
48) *Ibid.*, pp. 490-491.
49) *Ibid.*, p. 495.
50) Stuart Elden, *The Birth of Territory* (University of Chicago Press, 2013) が引用されている。
51) Krisch, *supra* note 43, p. 497.
52) *Ibid.*, p. 496.
53) *Ibid.*, p. 498.
54) *Ibid.*, pp. 496-497. Joanne Scott, "Extraterritoriality and Territorial Extension in the EU Law", *American Journal of Comparative Law*, Vol. 62, No. 1 (2014), p. 90によれば，領土的拡張とは，状況との領域的関連性を引き金として適用されるものの，第三国における行為や状況がその適用に重要な影響を与えるような規制の適用のあり方を指す。
55) 例えば，航空部門での温室効果ガスの排出量取引制度においては，EU 域内の空港を離発着する航空事業者との関係で，EU 域外の区間を含む飛行区間全体で発生した排出量を踏まえ，当該会社が償却すべき排出枠が決定されている。Directive 2008/101/EC of the European Parliament and of the Council of 19 November 2008 amending Directive 2003/87/EC so as to include aviation activities in the scheme for greenhouse gas emission allowance trading within the Community, [2009] OJ L 8/3. 高村ゆかり「EU の航空機二酸化炭素排出規制――『規制の普及』戦略とその国際法上の課題」『法学セミナー』693号（2012年）10頁も参照。
56) Krisch, *supra* note 43, p. 497.
57) *Ibid.*, p. 501.
58) *Ibid.*, p. 495, 502. Krisch は，この重複・相互作用の状態を「管轄権的集合（jurisdictional assemblage）」と表現する。集合概念については，Saskia Sassen（サスキア・サッセン〔伊豫谷登士翁監訳・伊藤茂訳〕『領土・権威・諸権利――グローバリゼーション・スタディーズの現在』〔明石書店，2011年〕）から示唆を受けたとする。
59) Krisch, *supra* note 43, p. 503.
60) *Ibid.*, p. 504.
61) 具体的には，米国や EU，ロシア，中国が挙げられている。*Ibid.*, p. 505.
62) *Ibid.*, p. 505.

63) *Ibid.*, pp. 503-505.
64) *Ibid.*, p. 505.
65) *Ibid.*, p. 505.
66) *Ibid.*, pp. 506-507.
67) *Ibid.*, pp. 506-507.
68) *Ibid.*, p. 507.
69) *Ibid.*, p. 507.
70) *Ibid.*, p. 509.
71) *Ibid.*, pp. 507-508.
72) 例えば，競争法分野における協議の例が挙げられる。*Ibid.*, p. 508, FN 177. 参照。OECD「競争法の審査及び手続に関する国際協力に係る理事会勧告」（2014年採択）（at https://www.jftc.go.jp/kokusai/kaigai/oecd.html〔アクセス日：2024年7月11日（以下同じ）〕）。
73) Krisch, *supra* note 43, p. 508.
74) *Ibid.*, pp. 512-513.
75) *Ibid.*, p. 513.
76) See also, Cedric Ryngaert, "Territory in the Law of Jurisdiction: Imaging Alternatives", *Netherlands Yearbook of International Law 2016* (2017), p. 52.
77) 例えば，Ryngaertの見解について，角「前掲論文」（注8）903頁，森田章夫「国際環境保護実現手段としての寄港国管轄権」『国際法外交雑誌』122巻4号（2024年）535頁。Krischの見解について，Roger O'Keefe, "Cooperative National Regulation to Secure Transnational Public Goods: A Reply to Nico Krisch", *European Journal of International Law*, Vol. 33, No. 2 (2022), p. 515.
78) See Ioanna Hadjiyianni, "The Extraterritorial Reach of Environmental Law: Legitimacy Concerns and the Role of Domestic Courts in Controlling Transnational Regulatory Power", in Austen Parrish and Cedric Ryngaert (eds.), *Research Handbook on Extraterritoriality in International Law* (Edward Elgar Publishing, 2023), p. 372, 375.
79) そのほか，米国の海外腐敗行為防止法（FCPA）の域外適用が汚職のグローバル・ガバナンスに与える影響について批判的に検討するものとして，Ellen Gutterman, "Extraterritoriality as an Analytic Lens: Examining the Global Governance of Transnational Bribery and Corruption", in Daniel S. Margolies *et al.* (eds.), *The Extraterritoriality of Law: History, Theory and Politics* (Routledge, 2019), p. 183.
80) Commission on Global Governance, *Our Global Neighbourhood: The Report Of The Commission On Global Governance* (Oxford University Press, 1995).
81) 以上の邦訳については，グローバル・ガバナンス委員会〔京都フォーラム監訳〕『地球リーダーシップ——新しい世界秩序をめざして：グローバル・ガバナンス委員会報告書』（日本放送出版協会，1995年）28-29頁によった。
82) See "Introduction: Legitimacy in Global Governance", in Jonas Tallberg, Karin Bäckstrand and Jan Aart Scholte (eds.), *Legitimacy in Global Governance: Sources, Pro-*

cesses, and Consequences (Oxford University Press, 2018), p. 7. See also, Lamont C. Hempel, *Environmental Governance: The Global Challenge* (Island Press, 1996).

83) 遠藤乾「グローバル・ガバナンスの歴史と思想」遠藤乾編『グローバル・ガバナンスの歴史と思想』(有斐閣, 2010年) 5頁。

84) 同上, 5頁。

85) 同上, 6頁。

86) 小向太郎「GDPRとEUのデジタル政策」『ジュリスト』1593号 (2024年) 46頁等。

87) 堀口悟郎=三澤真明「EU──グローバル・スタンダードの構築へ」山本龍彦ほか編『個人データ保護のグローバル・マップ』(弘文堂, 2024年) 394-397頁〔三澤真明執筆〕。アニュ・ブラッドフォード〔庄司克宏監訳〕『ブリュッセル効果 EUの覇権戦略』(白水社, 2022年) も参照。

88) See Ellen Gutterman, "Extraterritoriality in the Global Governance of Corruption: Legal and Political Perspectives", in Austen Parrish and Cedric Ryngaert (eds.), *Research Handbook on Extraterritoriality in International Law* (Edward Elgar Publishing, 2023), pp. 431-432.

89) その際には, 特定の実体的価値から一定の距離を置いた課題設定の可能性を探る国際私法 (又は抵触法) の議論が参考になろう。参照, 横溝大「レギュレーションと抵触法」『国際私法年報』17号 (2015年) 122頁; Dai Yokomizo, "Conflict of Laws and Global Governance", in Roxana Banu, Michael S. Green and Ralf Michaels (eds.), *Philosophical Foundations of Private International Law* (Oxford University Press, 2024), pp. 398-400; 加藤紫帆『文化財の不正取引と抵触法』(信山社, 2024年) 209-213頁。

90) See, *e.g.*, Ruth W. Grant and Robert O. Keohane, "Accountability and Abuses of Power in World Politics", *American Political Science Review*, Vol. 99, No. 1 (2005), p. 29; Allen Buchanan and Robert Keohane, "The Legitimacy of Global Governance Institutions", *Ethics and International Affairs*, Vol. 40, No. 4 (2006), p. 405. See also, Tallberg *et al.*, *supra* note 82, pp. 8-11. 小寺智史「グローバル・ガバナンスにおける『法源論』の再検討──動態的法源論へ向けて」須網隆夫=中川淳司=古谷修一編『国際経済法の現代的展開──清水章雄先生古稀記念』(信山社, 2023年) 183頁以下も参照。

91) このほか, Krischが主唱者の一人である「グローバル行政法 (Global Administrative Law)」という議論もある。See Benedict Kingsbury, Nico Krisch and Richard B. Stewart, "The Emergence of Global Administrative Law", *Law and Contemporary Problems*, Vol. 68, No. 3/4 (2005), p. 15. 宮野洋一「『グローバル行政法』論の登場──その背景と意義」横田洋三=宮野洋一編『グローバルガバナンスと国連の将来』(中央大学出版会, 2008年) 323頁等参照。興津「前掲論文」(注45) 52-55頁によれば, Krischらが提唱するグローバル行政法とは, グローバル行政を担う公私の主体のアカウンタビリティ確保をその核心とする研究プロジェクトであるとされる。

92) 参照, 藤谷武史「ガバナンス (論) における正統性問題」大沢真理=佐藤岩夫編『ガバナンスを問い直す (Ⅰ)』(東京大学出版会, 2016年) 227頁以下。例えば, グローバル・ガバナンスの文脈において, 規範的正統性とは, 哲学的に定式化された特定の価値

観や原則（民主政・正義・公正等）に適合していることに基づく，ある権威による支配権（right to rule）のことであり，記述的ないし社会学的正統性とは，ある権威の行使が適切であるという特定の聴衆内部における信念や認識を意味する，と説明するものとして，Tallberg et al., supra note 82, p. 8.

93) Ibid., p. 8.

94) 域外的行為を行う国家の外的アカウンタビリティの問題を指摘するものとして，Grant and Keohane, supra note 90, p. 39.

95) そのためには，Krisch のグローバル行政法論（注91）や国際法秩序構想に関するラディカル多元主義論（Nico Krisch, *Beyond Constitutionalism: The Pluralist Structure of Postnational Law* (Oxford University Press, 2010). Krisch の多元主義論の紹介・分析として，加藤陽『多元主義の国際法―国連法と人権法の交錯―』〔信山社，2022年〕293-302頁）を踏まえた，包括的な検討が必要となろう。

96) Krisch は，管轄権が階層性・寡頭制の構造へ変容しているという認識を前提に，自己統治の保護の観点から公的に制度的なメカニズムを要求するが，そのような変容が，あらゆる分野における域外適用に認められるのか，疑問の余地もあろう。なお，階層性・寡頭制という評価は，社会的文脈ないし社会的事実の問題であるとされる。See Nico Krisch, "Jurisdictional Hierarchies between Form and Fact: A Rejoinder to Roger O'Keefe", *EJIL: Talk!*, Oct. 3, 2022, at https://www.ejiltalk.org/jurisdictional-hierarchies-between-form-and-fact-a-rejoinder-to-roger-okeefe/; Sarah Nouwen (host), Nico Krisch and Roger O'Keefe (guests), "Episode 17: What's Wrong with the International Law on Jurisdiction?" *EJIL: The Podcast!*, Oct. 4, 2022, at https://www.ejiltalk.org/ejilthe-podcast-episode-17-whats-wrong-with-the-international-law-on-jurisdiction/.

97) 例えば，多くの国々が効果理論に基づく域外適用を認めている競争法規制はどうだろうか。アジア諸国の法執行状況について，Mari Takeuchi, "Asian Experience with Extraterritoriality", in Austen Parrish and Cedric Ryngaert (eds.), *Research Handbook on Extraterritoriality in International Law* (Edward Elgar Publishing, 2023), pp. 169-172 参照。

98) 国境を越える規制権力のコントロールにおける国内裁判所の役割に注目する議論として，Hadjiyianni, supra note 78. また，より一般的に，事後的な権利救済の回路を通じたガバナンスの正統化に関する公法学の観点からの検討として，藤谷「前掲論文」（注92）240-241頁。

99) 参照，松下満雄＝梅島修＝内田芳樹「最近の国家規制法の域外適用を巡る動向についての座談会（２）」『国際商事法務』51巻２号（2023年）159頁。

100) 競争法分野における積極礼譲の発展につき，さしあたり，加藤紫帆「コミティの現代的展開（１）」『名古屋大学法政論集』268号（2016年）174-176頁参照。

101) ここでの議論を国際法上の議論と位置付けられるか否かは，別途慎重な検討を要するだろう。なお，Ryngaert は，合理性による制限を必ずしも国際法上の法的要請と位置付けていないことにつき，Ryngaert, supra note 8, p. 97.

102) グローバル・ガバナンスが「主権国家システムが持っている内／外の峻別をなしくず

していく機能を持つ」ことにつき,遠藤乾「グローバル・ガバナンスの最前線——現在と過去のあいだ」遠藤乾編『グローバル・ガバナンスの最前線——現在と過去のあいだ』(東信堂, 2008年) 16-17頁。

103) See Dan J. B. Svantesson, "A New Jurisprudential Framework for Jurisdiction: Beyond the Harvard Draft", *American Journal of International Law*, Vol. 109 (2015), p. 69.
104) Ralf Michaels, "Notes on Territory", *Max Planck Private Law Research Paper No. 20/18* (2020), p. 15, at https://papers.ssrn.com/sol3/papers.cfm?abstract_id=3731554.
105) Ryngaert, *supra* note 8, p. 139.
106) See Ralf Michaels and Annelise Reils, "Law as Technique", in Marie-Claire Foblets *et al.* (eds.), *The Oxford Handbook of Law and Anthropology* (Oxford University Press, 2020), pp. 872-874.

(東京大学社会科学研究所准教授)

自由論題

気候変動対策としての炭素国境調整措置の意義とWTO協定との両立性

早川　修

Ⅰ　はじめに
Ⅱ　問題の所在
　1　パリ協定と炭素国境調整措置（BCA）
　2　本稿の主要点
　3　本稿の方法
Ⅲ　カーボンプライシングと炭素国境調整措置
　1　カーボンプライシング
　2　炭素国境調整措置（BCA）の意義
Ⅳ　EUの炭素国境調整措置（CBAM）の概要
　1　CBAM規則の採択
　2　時期及び義務
　3　対象国
　4　対象製品と対象排出量
　5　排出枠の無償割り当ての段階的廃止
　6　EUの貿易相手国への影響
Ⅴ　炭素国境調整措置の導入に向けた国際的な動きとその背景
　1　炭素国境調整措置の導入に向けた動き
　2　炭素国境調整措置の導入の背景
Ⅵ　炭素国境調整措置のWTO協定との両立性
　1　総　論
　2　最恵国待遇，内国民待遇および国境調整措置に関するWTO協定との関係
　3　炭素国境調整措置のGATT20条との両立性
Ⅶ　炭素国境調整措置に関する多国間の合意の可能性
　1　炭素国境調整措置に関する多国間の合意の意義と現状
　2　交渉による合意形成はなぜ期待できないか
Ⅷ　炭素国境調整措置は「新たな貿易戦争」を招くか
　1　炭素国境調整措置のWTO体制への影響
　2　EUとの交渉を通じた紛争リスクの低下の見通し
Ⅸ　終わりに

I　はじめに

地球温暖化は人類が直面する深刻な脅威である。本稿では，新しい温室効果ガス（GHG）排出削減策である炭素国境調整措置（border carbon adjustment: 以下「BCA」，詳細はⅡおよびⅢ参照）について，WTO協定との両立性および深刻な紛争に発展する可能性を中心に論じたい。

Ⅱ　問題の所在

1　パリ協定と炭素国境調整措置（BCA）

2016年に発効したパリ協定は，京都議定書に代わる，2020年以降のGHG排出削減等のための新たな国際的枠組みである。パリ協定は，世界共通の長期目標として，世界全体の平均気温の上昇を工業化（産業革命）前よりも2℃高い水準を十分に下回るものに抑えること，努力目標として1.5℃までの気温上昇に抑えることを明記している。また，21世紀の半ばまでに世界全体のGHGの排出量を実質ゼロにすることを目標として掲げている。

2021年のCOP26では，パリ協定では努力義務に過ぎなかった1.5℃目標は国際目標として位置づけられた。さらに，先進国では，2050年までのGHGの排出の実質ゼロの達成とそれを達成するための数値目標の設定が事実上のスタンダードとなっている。

GHG削減の主要な手段として最近国際的な注目が高まっているのが，国産品と輸入品の炭素価格（carbon price）を同一にする（equalize）[1] BCAである。EUは，世界に先駆けて2023年10月CBAM（carbon border adjustment mechanism）と呼ばれるBCAの準備段階に着手し，2026年に本格稼働を予定している。また，日本や英国もBCAの導入の方針を2023年に表明している（Ⅴ1参照）[2]。

BCAの是非やWTO協定との両立性は気候変動交渉やWTO非公式会合などで議論されてきた。気候変動枠組み条約締約国会合（COP）では，2009年にインドが「気候変動を理由としたいかなる一方的な国境調整措置も採用してはならない」と提案し中国などが支持したが，先進国の反対により同年の

自由論題

COP15のコペンハーゲン合意には盛り込まれなかった。また，2011年のCOP17でもインドが類似の提案を行ったが，先進国の反対により合意には至らなかった。その後COPではBCAに関する議論は行われず，2015年に合意されたパリ協定もBCAには言及していない。2023年5月のG7広島サミット首脳コミュニケ（パラ19）はカーボンプライシング（Ⅲ1参照）に触れているがBCAには言及していない。

一方，日本では，国際経済法の専門家からBCAは保護主義的な措置であるとの見方やCBAMのWTO協定との両立性について否定的な見解が表明されている（詳細はⅥ1参照）。また，2023年，環境経済学の専門家である有村俊秀も，CBAMについて「1997年の京都議定書以降，国際社会は世界全体で気候変動対策に取り組んできた。だが，ここに来て，EUは一方的な措置を使って他国に排出削減を強制しようとしているように見える。これは自由貿易の拡大と反する動きをしている最近の経済動向と連動している。」，トランプ政権の保護主義的な貿易政策，英国のEU離脱といった「反グローバリズムの流れがあって初めて，反自由貿易的なEUの国境炭素調整の具体化が可能になったと考えられる。」と述べている。

このような評価ははたして妥当なのだろうか。日本の専門家から否定的に評価されているBCAを導入する動きが広がりつつあるのはなぜだろうか。BCAは，ドーハ・ラウンドの頓挫，上級委員会の機能停止および米中対立などにより苦境に立たされているWTOに深刻な紛争をもたらすだろうか。

2 本稿の主要点

本稿では以下の2点を主張する。第1に，CBAMやBCA全般がWTO協定に違反すると指摘されているにもかかわらずBCAの導入が進みつつあるのは，パリ協定に限界があり，BCAが脱炭素化と経済成長を同時に達成するための主要な政策手段である（Ⅴ参照）ことに加え，BCAとWTO協定との両立性はBCAの制度設計次第であると考えられる（Ⅵ1参照）ためである。

第2に，BCAに関するWTOでの多国間の交渉による合意は実現しておらず，WTOの紛争処理手続きによる規範形成も期待できない（Ⅶ参照）ため

BCAがWTOの紛争となる可能性はある。しかし，CBAMはEU域内に対し域外よりも厳しいGHG削減策を課すEUの方針を背景としており，域内の産品と輸入品の間の負荷の均衡などWTOの先例が重視している要件が満たされれば，WTO協定と両立しない保護主義的な措置にはならないであろう（Ⅵ参照）。またBCAの導入が先進国を中心に今後進むと予想されることに加え，EUがCBAM関係国との間で行っている協議を通じて紛争のリスクは低下すると予想される。したがって，「貿易戦争」と呼ばれる関税の引き上げの応酬による貿易の縮小やBCAの実施が妨げられる事態とはならないであろう（Ⅷ参照）。

3 本稿の方法

本稿では，以下の方法をとることとする。

第1に，考察対象はBCA全般とするが，BCAとして唯一実施段階にあるEUのCBAMを中心に考察する。

第2に，本稿は2021年の世界銀行報告書（以下「世銀報告書」）[5]，2023年5月のCBAM規則[6]を踏まえて作成された持続可能な開発国際研究所（IISD）報告書[7]および戦略国際問題研究所（CSIS）報告書[8]を活用している。また，2021年の経済産業省『不公正貿易報告書』に掲載された「貿易と環境：炭素国境調整措置の概要とWTOルール整合性」（以下「2021年経産省報告書」）は，BCAに関する経産省の立場をまとめた文書であり，同年の日本政府の「2050年カーボンニュートラルに伴うグリーン成長戦略」にも反映されていることから，本稿は同報告書を活用している。さらに2023年9月のWTOパブリックフォーラムでは「貿易がよりグリーンで持続可能な将来にどのように貢献できるか」[9]とのテーマで討議が行われ，BCAはハイレベルセッションや分科会（Ⅵ2参照）で議論された。本稿は同フォーラムを活用している。

第3に，本稿ではGATT・WTO協定（以下「WTO協定」）との両立性を中心に考察する。なお，インドは上記WTOパブリックフォーラムで，BCAは各国にGHGの排出削減目標設定の裁量を認めたパリ協定に違反すると主張した。しかし，パリ協定はBCAを禁止しておらず，パリ協定の交渉過程で

自由論題

BCAを禁止するインド提案が否決されたことから，反論は可能である[10]。

Ⅲ　カーボンプライシングと炭素国境調整措置

1　カーボンプライシング

カーボンプライシング（carbon pricing）とは，企業などの排出する炭素（CO_2）に価格をつけ，それによって排出者の行動を変化させるために導入する政策手法である[11]。

カーボンプライシングは，政府によるプライシングと民間によるプライシングに分かれるが，政府によるプライシングとして，国内で行われるのが炭素税と（国内）排出量取引（ETS：emission trading system），国外に対して行われるのがBCAである。BCAはCBAMのような排出量取引と一体で実施される場合と，（国内）炭素税と一体で実施される場合のいずれかであり，BCA単独で実施されることはない[12]。

国内で行われるカーボンプライシングのうち，排出量取引は，企業ごとにGHG削減目標（排出量の上限）を政府が決め，それを超過する企業と下回る企業との間でCO_2の排出量を取引する制度であり[13]，炭素価格は市場で変動する。例えばEU―ETSの場合，炭素価格は1トン当たり2023年8月時点で100ユーロ弱で，2018年と比べ5倍弱に上昇している[14]。これに対し，炭素税では削減目標は設定されないが，炭素価格が固定される点では企業にとって予測可能性が高いという特徴がある。

2　炭素国境調整措置（BCA）の意義

パリ協定の下では緩和（GHG削減）の具体策について国際的な合意がないため，削減目標がより野心的な国・地域の企業は競争力の低下を懸念している。例えば，EUの製鉄企業は，EU―ETSの炭素価格が高額になれば，そのような炭素価格の規制がない諸国の製鉄企業と競争できないことを懸念する結果，そのような規制のない諸国に生産が移転するリスクが生じる[15]。

このような気候変動対策に伴い生じる競争力の低下の懸念と同様に生じるのが環境政策の観点からのカーボン・リーケージ（炭素漏洩）の懸念である。

カーボン・リーケージは，ある国の炭素排出規制（carbon emission regulation）の強化によって，規制のない国の市場がより魅力的となり競争力を高める結果，規制の弱い国の炭素排出量が増加することを意味する[16]。

BCA は，国内の生産者が支払う炭素価格に相当する価格を輸入品に付加することにより，規制のない国の生産者が規制のある国において販売する際に享受する費用面での利点をなくすことを目的とする措置である[17]。EU にとっては BCA はカーボン・リーケージを解決するための代表的な手段であり，BCA には規制のない国のただ乗りを防止するという意義もある。

各国の気候変動対策に差異があっても，それによる費用を通常の企業努力で吸収したり需要に大きな影響を与えずに価格に転嫁することができれば，GHG 集約度の高い海外産品による国内産品の代替には至らず，カーボン・リーケージは生じない。しかし，生産費用に占めるエネルギー費用の割合が高い業種や，先進国と同等の GHG 削減目標を持たない新興国との競争が激しい業種には大きな影響が生じうる[18]。

カーボン・リーケージとして認識されているリスクについて決定的な証拠は存在しない[19]。しかし，日本で排出量取引が国レベルで未だに導入されていないのは，導入していない国の企業に対し国際競争力上不利益を被るとして製鉄業などエネルギー集約的な産業が反対してきたためであり[20]，カーボン・リーケージは気候変動対策の妨げとなってきた。

このように，BCA は，①気候変動対策の実効性確保，②産業競争力の維持（不均衡の是正），③他国に対する温室効果ガスの排出削減の誘因付与という根拠（目的）や意義を有している[21]。しかし，①と②のどちらをより重視するかによって BCA の制度には違いが生じ，①は貿易法および環境政策の観点から最も正統な目的である一方，②のみを重視すれば外国企業に不利となる（正統性を欠く）。その結果，最終的には純粋な環境保全から純粋な国内産業保護まで両極端の目的のための制度が構築される可能性がある[22]。

自由論題

Ⅳ EUの炭素国境調整措置(CBAM)の概要

1 CBAM規則の採択

EUは2021年,55%削減目標に基づく政策パッケージ(「Fit for 55」)の一貫としてCBAM規則案を公表し,欧州委員会・欧州議会・EU理事会による調整を経て2023年5月CBAM規則を制定した。CBAMの概要は下記2から4のとおりである。[23]

2 時期及び義務

2023年10月から2025年末までは移行期間であり,輸入者は製品単位あたりの排出量等の情報を報告する義務のみを負い,炭素価格の支払い義務を負わない。

2026年からは本格稼働となり,輸入者は当該輸入品の製品炭素含有量に応じた炭素価格の支払い義務を負う。ただし,原産国(輸出国)などEU域外で支払われた炭素価格は輸入課金から控除される。また,原産国で支払われた炭素価格の考慮に関しては,EUは当該国と,当該国の炭素価格メカニズムを考慮するための合意を締結することができる。

3 対象国

対象から除外されている国はEU-ETSに完全に連結した制度を有するアイスランド,リヒテンシュタイン,ノルウェー,スイスに限定されており,途上国例外は設けられていない。ただし,最貧国の懸念を踏まえ,EUは,CBAMの履行のため最貧国や中所得国に技術支援を行うと同時に,これらの諸国の脱炭素化の支援にEU予算を使用する(CBAM規則パラ74)。[24]

4 対象製品と対象排出量

対象製品は,エネルギー集約型であり貿易が多いとされる,鉄鋼,アルミ,セメント,肥料,水素,電力,鉄鋼やアルミの一部下流製品(ねじやボルトなど)に限定されているが,移行期間(2025年末まで)に収集した情報に基づき

2026年以降対象範囲を拡大するかどうか検討される予定である。

対象排出量は，対象製品の生産プロセスで発生した直接排出量であるが，セメント，肥料，電力については間接排出量（生産に伴い消費された電力）も含む。

5 排出枠の無償割り当ての段階的廃止

2005年にEU－ETSを開始したEUは，2013年以降，カーボン・リーケージに関する懸念に対し，BCAではなく域内企業へ排出枠を無償で割り当てることにより対応してきた。具体的には，エネルギー集約度や貿易との競争の度合いが高いことを理由に，カーボン・リーケージリスクの高い域内の業種に最高100％まで無償で排出枠を提供してきた。EUは，気候変動対策の強化に伴うEU産業界の懸念に対応するため，CBAMを段階的に導入し，それにあわせて2026年以降無償割り当てを段階的に削減する方針であり，2034年には無償割り当てを完全に廃止してCBAMに切り替える方針である。

6 EUの貿易相手国への影響

柳美樹[25]によると，CBAM対象となっている5製品（鉄鋼，アルミ，セメント，肥料，水素）に関するEUの輸入相手国（物量シェア，2021年値）の上位を占める国（除外対象国アイスランド，ノルウェーを除く）は，ロシア（鉄鋼22％，肥料34％，アルミ12％），トルコ（セメント44％，鉄鋼12％，アルミ7％），アルジェリア（セメント11％，肥料12％），ウクライナ（鉄鋼13％），エジプト（肥料12％），インド（鉄鋼8％）となる。したがって，日米その他の先進国や中国はCBAMの対象が拡大しない限り大きな影響は受けないと予想される。

V 炭素国境調整措置の導入に向けた国際的な動きとその背景

1 炭素国境調整措置の導入に向けた動き

2023年2月，日本は，多排出産業等の排出量取引を2026年に本格稼働させ，2028年頃を目途に，石油，石炭などの化石燃料の輸入事業者に炭素の排出量に応じた「賦課金」を導入すると表明した。[26]また，英国も2023年12月，2027年にBCAを開始する方針を表明した。日英の動きはいずれもCBAMを踏まえた

自由論題

動きと見られる。

　また，BCA の実施に不可欠となる排出量取引と炭素税のいずれかを国内の全域または一部で実施している国は2015年の38から2023年の73に増加し[27]，世界の GHG 排出量の約23％をカバーしている。

　先進国では，カナダは導入される BCA の具体的な制度についての協議を終えており[28]，日英に次いで BCA を導入する可能性が高いと見られる。米国も，何らかの BCA を実施することへのコミットメントをこれまで繰り返し表明している[29]。

2　炭素国境調整措置の導入の背景

(1)　パリ協定の限界と地球温暖化の深刻化

　BCA の導入に向けた動きの第1の要因は，パリ協定に基づく GHG 削減策の限界である。

　温暖化予防は正の公共財であり，パリ協定に基づいて GHG を削減すれば，そのメリットは全ての国にもたらされ（非競合性），かつ特定の国だけ外すこともできない（非排除性）ため，ただ乗り（free ride）の問題が生じる。1997年に合意された京都議定書は法的拘束力のある GHG 削減目標を先進国に義務付けたが，「共通だが差異のある責任」原則に基づき途上国は GHG の削減対象に含まれなかった。そのため，米国は，途上国のただ乗りを非難して離脱し，他の先進国の予防策にただ乗りしているのではないかと指摘される結果となった[30]。

　パリ協定は，京都議定書と異なり途上国を含む全ての気候変動枠組み条約締約国を対象としており，締約国は国別削減目標（NDC）を独自に設定することを義務付けられているが，目標を達成できない場合の罰則はなく，京都議定書とは異なり先進国は法的拘束力のある GHG 削減義務を課されていない。したがって，ただ乗りの問題は解決されていない。

　パリ協定が合意された2015年から2021年まで世界全体の GHG の排出量は新型コロナ禍の2020年を除き毎年増加を続けている[31]。国別の GHG 排出量が世界1位の中国と3位のインドは2位の米国とあわせて世界全体の GHG 排出量の

約半分を占めているが，中国とインドはそれぞれ実質ゼロの目標期限を2060年と2070年としているため，世界全体のGHG排出量が2023年以降減少に転じても，21世紀半ばまでの実質ゼロ目標が達成されるか楽観できない。

2023年3月に公表された気候変動政府間パネル（IPCC）第6次統合報告書も，パリ協定に基づく各国のNDCが全て実施されても気温上昇は1.5℃を超える可能性が高く，2℃未満に抑えることも難しいと指摘している[32]。同報告書を受け，グテーレス国連事務総長は，先進国に対し温室効果ガスの排出を実質ゼロにする目標期限を2050年から2040年に前倒しするよう要請した[33]。

世界的な異常気象やロシアのウクライナ侵攻も脱炭素化を加速させている。米国のバイデン政権とグテーレス国連事務総長は，北半球では2023年が観測史上最も暑い夏となったことを踏まえ，世界的な異常気象の原因は地球温暖化にあるとして気候変動対策の強化を訴えた。ロシアのウクライナ侵攻も，ロシアの化石燃料への依存のリスクを顕在化させ，エネルギー安全保障の観点から再生可能エネルギーへの転換を加速させている。

(2) 脱炭素化と経済成長の同時実現に向けたEUのリーダーシップ

BCAの導入に向けた動きが広がっている第2の要因は，脱炭素化と経済成長の同時実現に向けたEUのリーダーシップである。EUは，CBAMを，よりグリーンでより持続可能な技術をグローバル産業に奨励する措置でありWTO協定と両立すると位置づけている[34]。

EUがCBAMを提案することを初めて表明したのは，2019年に欧州委員会が公表した「欧州グリーンディール」である。EUは気候変動対策の国際的なリーダーシップを追求し，条約交渉では事前により高い目標や政策を掲げ，域外国のモデルとなることを目指してきた[35]。「欧州グリーンディール」も，2050年までのGHG排出実質ゼロを達成するため，GHG排出量を2030年までに55％削減する（1990年比）という他国よりも厳しい削減目標を打ち出した。

EUは世界最大のGHG排出量取引市場であるEU―ETS（EU排出量取引制度：EU Emission Trading System）を運営してきた。EUは「欧州グリーンディール」で掲げた目標の達成のためにETSを強化すると同時にCBAMを提案した。CBAMは，EU―ETSの強化に伴うEU産業界のカーボン・リーケージ

自由論題

リスクへの懸念に対応したものである。

　市場規模が大きいEUが単一市場の分断化を防止するという対内的な動機から発生した単一市場規制が市場原理を通じてグローバルスタンダードとなり，それがEUの産業にとっての公平な競争条件を確保することは「ブリュッセル効果」[36]と呼ばれている。CBAMはEUが気候変動問題（脱炭素化）で国際的なリーダーシップを発揮することを可能にする意義があり，日本や他の先進国も，EU市場へのアクセスの確保と同時に，EUの政策や制度をモデルとし，脱炭素化と経済成長の同時達成（脱炭素化が経済成長を阻害しないというデカップリングの実現）を目指している。

（3）炭素国境調整措置に関する法的評価

　BCAの導入が広がっている第3の要因は，BCAがWTO協定と両立するかはBCAの制度設計次第と考えられる（Ⅵ1参照）ためである。

Ⅵ　炭素国境調整措置のWTO協定との両立性

1　総　論

（1）主要論点

　BCAは，最恵国待遇原則（GATT1条）や内国民待遇原則（同3条）に違反したり，国境調整措置に関する規定（同11条）により正当化されない場合でも，それだけではWTO協定と両立しないとの結論にはならず，WTO協定の他の規定に違反した措置を例外的に許容するGATT20条の条件を満たす場合には正当化される。

　前述の通りEUはCBAMをWTO協定と両立すると位置づけている。EUはCBAMの実施の際にGATT20条の改正を主張していないことから，BCAはGATT20条を含む関連規定によって正当化される（GATT20条などWTO協定の改正は必要ない）との立場をとっていると考えられる。

　これに対し，日本の専門家からはBCAのWTO協定との両立性について否定的な意見が表明されている。例えば，2019年平覚は，「環境税についての国境税調整はWTO法上許容されると解釈することができる」が，輸入産品について輸出者に排出割り当ての保有を義務付ける国境調整措置について，「経済

的効果が同じと言うだけで国境税調整と同一視できるかは疑問」であり，「WTO法の多くの規定（GATT1条，3条，11条，（中略）など）に違反する可能性がある」，「国境調整措置の目的には措置発動国の国内産業の保護という側面が含まれており」，GATT20条(b)または(g)で正当化が可能か疑わしいと述べている[37]。

また，2022年，川瀬剛志は，実施前の段階での予備的な評価としつつ，CBAMはEU―ETSと同様の制度を持たない国への差別に当たり，GATT20条柱書に適合しないため，あくまで国際的なルールが作られるまでの過渡的措置として許容されるであろうと述べている。また，WTO協定と整合的なEU・CBAMの制度設計が可能かとの質問に対しても，「シンプルな炭素税なら制度設計しやすい」と述べつつ，「規制コストの平準化を目論む措置の正当化は難しい」と述べている[38]。

(2) 日本の立場

一方，2021年経産省報告書は，「炭素国境調整措置とWTO協定の関係は，（中略）ルールの文言解釈という法技術的な問題にとどまらず，地球環境の保護の費用負担に関する国際的な合意がない中で，各国による個別の対応をどこまで認めることが適切かという政策論に直結する」「炭素国境調整措置のWTO協定整合性は，個別具体的な措置における具体的な制度設計に依存すると考えられる」と述べ，その根拠として，「WTO協定上炭素国境調整措置を端的に想定した規定は存在せず，許容性についての解釈論も確立していないが，WTO協定が炭素国境調整措置一般を許容しないと解する根拠もない」と指摘している[39]。

さらに，2023年7月経産省は，CBAMの実施を前提としてEUとの協議によりCBAMの懸案を解決する姿勢を明確に打ち出しており，「今後，移行期間中の情報収集等も踏まえて，制度の修正が行われていくと思われる。EUに対して引き続き，地球環境保護のための協力と共に，二国間やWTOなど様々な議論の場を通じて，CBAMの具体的な制度設計において輸入品が不利に扱われることのないよう，議論を継続する必要がある。」と述べている[40]。これは，日本政府がBCAを2028年を目途に実施する方針を2023年2月に表明した

自由論題

(3) 世界銀行報告書

前述の世銀報告書（詳細は下記Ⅵ2および3参照）[41]は、「BCAは政治的に賛否両論を招く可能性や国際経済法との両立が困難となる可能性がある上、事務的にも実施に手間がかかる可能性がある」、「BCAに関する最も重要な懸念は保護主義の目的のために悪用される可能性があることであり、WTOの紛争処理手続きで争われる可能性が高い」と指摘している。その上で、各々のBCAの制度がWTO協定と両立するための主要な要件として、①製品の炭素排出量（carbon footprint）を正確に測定していること、②輸出業者がよりよい（炭素排出抑制の）成果を示すことを認める柔軟性を持つこと、③炭素価格付け以外の緩和（GHG削減）対策を考慮することの3点を証明する必要があると指摘している。

EUは①②については下記3(3)のとおり認める方針である。③については下記(6)の通りEUがCBAMの本格稼働の前に関係国と個別に協議して解決することが望ましい。

(4) 欧米の専門家の見解

2021年コロンビア大学が主催した公開会合は、要旨として「BCAは新しい措置でありその困難さはWTO協定との両立性にあるが、WTO協定と両立するかは一般的にはBCAの制度設計の特徴に依存する」と指摘している。また、同会合で、BCAの専門家であるKateryna Holzerは、「WTO法はBCAを禁止していない。」、「WTO法は時代に適合しておらず曖昧で厳格すぎる。WTO法がBCAの制定を阻害してはならない。」と述べ、「仮に特定の国がWTOの紛争で負けたとしても、（BCAという）措置の全体で負けることにはならないであろう。」と予想している。その一方、Holzerは、BCAが国際貿易法に抵触すれば報復措置を招き、貿易戦争に発展し持続可能な開発を危険にさらす可能性があることから、国際貿易法との整合性に注意しなければならないと述べている。[42]

(5) 考 察

1947年GATTは気候変動問題を想定しておらずBCAを禁止していない。

またパリ協定に基づくGHG削減策は実効性に欠け，パリ協定の目標の実現のためにBCAを導入する国が増えつつある現状を踏まえると，2021年経産省報告書，世銀報告書及び専門家が指摘するとおり，BCAのWTO協定との両立性はBCAの具体的な制度設計次第であると考えられる。

以下，主要点ごとに考察する。

2　最恵国待遇，内国民待遇および国境調整措置に関するWTO協定との関係

(1)　経産省の立場

2021年経産省報告書は，（上記1の平と同様）BCAは国境炭素税ではないと指摘しつつ，BCAが「排出権取引の提出義務付けが関税や課徴金の賦課とは異なる国境調整措置だと判断された場合，（関税その他の課徴金以外の禁止・制限を扱う）「GATT第11条1項の規定（「締約国は，関税その他の課徴金以外のいかなる禁止または制限も新設し……てはならない」）の文言に抵触する。そのためGATT第20条等による正当化が必要である。」と指摘している。また同報告書は，BCAが「国内規制の輸入産品への適用を扱う同3条4項」により正当化される可能性も指摘しており，BCAがGATT11条に抵触する国境調整措置とは断定していない。

また，同報告書は，「輸入の際に求められる排出権の提出は，輸入の数量に上限を設けるものではなく，排出権の購入という形で金銭の負担を求めるものに過ぎないので，『関税その他の課徴金』にあたり，GATT11条や3条4項ではなくGATT2条・同3条2項で扱われるべき措置であるとの見解も見られる」と述べ，CBAMのように排出量取引に基づくBCAがGATT11条に抵触するとの見解がコンセンサスにはなっていないことを認めている。

CBAM規則が公表された後の2023年7月，経産省「不公正貿易報告書」は，CBAMは国内規制に当たるとの見解を明確にし，「CBAMがベースにしているEU―ETSはモノに対する内国税に当たらず国内規制と考えられる」として，「国内規制上輸入産品に同種の国産品より不利でない待遇を与えるべきことを定めた3条4項が適用される可能性が高い。」と述べている。その上で，具体例を示しつつ，「CBAMはEU―ETSと同一の制度ではない以上，

自由論題

輸入産品が国内産品に比べて不利な立場に置かれることは想定できる」と指摘し，CBAM が内国民待遇義務違反に当たる可能性を示唆している。[45]

(2) CSIS 報告書[46]

これに対し，前述の CSIS 報告書は経産省と異なり CBAM を国内規制とはとらえておらず，CBAM の WTO 協定との両立性についてより肯定的な立場をとっている。具体的には，CSIS 報告書は，CBAM は海外からの炭素集約的な物品に対する輸入関税（import tariff）であり輸入者によって支払われる輸入税（import tax）であると位置づけ，「EU は GATT20 条を（最恵国待遇や内国民待遇の原則によって正当化できない場合の）最後の防御手段であると位置づけている」と指摘している。

その上で，CSIS 報告書は，複数の新興国が CBAM を WTO の紛争とする可能性が高いものの，EU は CBAM を以下の通り複数の方法で防御できると述べている。第 1 に，産品に関連しない PPM に関する先例である「EC―アスベスト事件」（DS135）に基づき，上級委員会が GHG 排出量の異なる産品が「同種の産品」でない（BCA が内国民待遇違反とはならない）と判断する可能性がある。（CSIS 報告書は，溶鉱炉と比べ GHG の排出が少ない電気炉を使って製造された鉄鋼を例として挙げ，電気炉で製造された鉄鋼は溶鉱炉で製造された鉄鋼と「同種の産品」ではないと判断される可能性を示唆している。）第 2 に，EU 域内の産品は，既に EU－ETS を遵守しなければならないため，外国の産品と類似したレベルの精査（scrutiny）を受けると主張できる。第 3 に，CBAM は，より高い環境基準を第三国に対して奨励することを目的としているものの，EU 市場における輸入品にのみ適用されるため，本質的に域外適用ではない。

(3) 考　察

このように CBAM の位置づけに関するコンセンサスは欠如しており，特に内国民待遇原則や国境調整措置に関係する WTO 協定と両立するか見解が分かれているが，そもそも EU 自身が CBAM の位置づけ（税，課徴金または域内規制にあたるか）を明確にしていないことが混乱の原因となっていると考えられる。CBAM の位置づけが曖昧なのは，税制は EU 加盟国に権限があることを背景に，欧州委員会主導で実施される新たな制度であることを明確にしつつ，

欧州委員会の権限や裁量に基づき運用できるようにする狙いがあるためと推測される。ちなみに，蜂屋勝弘は，日本が導入予定の「賦課金」について，排出量取引で決まる炭素価格と大幅な乖離が生じることを避ける狙いがあると見られ，「賦課金」とすることで負担の水準について国会での議決を経ずに政省令で定めることが可能になることから，負担水準の変更は租税に比べて柔軟に行えると考えられると述べている。[47]

「同種の産品」については，気候変動が問題となっていなかった時代の1947年に作られたGATT3条の解釈に関するWTOの先例を所与の前提とすべきではなく，炭素排出量が異なる産品を「同種の産品」ではないとすることはGHG排出削減のために効果的であろう。ちなみに，元WTO上級委員の松下満雄は，WTO法解釈の大きな問題点として「同種産品に関する法解釈が硬直化し，市場の実態から乖離する気味がある」と述べ，WTOの先例に基づくと「バイオ燃料を税制によって優遇することに対する障害が生ずる恐れがある」と述べている。[48]

しかしながら，どの程度炭素排出量が異なれば「同種の産品」ではなくなるかコンセンサスはないことが課題として残されている。また，現在のEUの方針ではCBAMの対象となる輸入品はEU域内の排出量取引の対象とならない。例えば，インドの製鉄企業が，炭素排出削減努力をしてEU域内で生産された製品よりも炭素排出量が少ない製品をEUに輸出してもEU―ETSで排出枠を取引できない。したがって，2023年経産省が指摘した通りCBAMは内国民待遇原則違反となる可能性があり，CBAMはGATT20条による正当化が必要との立場をとることが安全であろう。

3 炭素国境調整措置のGATT20条との両立性

(1) GATT20条

GATT20条が適用されるためには，まず20条(a)から(j)各号の条件のいずれかを満たす必要があり，その上で，20条柱書の要件を満たす必要がある。20条柱書は，20条(a)から(j)各号の条件を満たす措置は，「同様の条件の下にある諸国の間において恣意的な，若しくは正当と認められない差別待遇の手段となる

自由論題

ような方法で、又は国際貿易の偽装された制限となるような方法で、適用」されてはならないと規定している。

以下、主要論点ごとに考察する。

(2) GATT20条(g)号（「有限天然資源の保存に関する措置」）の適用可能性

BCAがGATT20条(g)号（「有限天然資源の保存に関する措置」）の要件をみたすことについては異論は提起されていない。例えば2021年経産省報告書は、WTOの先例、特に「米国—ガソリン事件」（DS52）と「米国—エビ・カメ事件」（DS58）に基づき、BCAがGATT20条(g)号の要件をみたすことに肯定的である。

(3) GATT20条柱書の適用可能性

(a) 国内負荷と輸入品に対する負荷の均衡

WTOの先例、主として「米国—エビ・カメ事件」を踏まえると、BCAがGATT20条柱書と両立するため、国内負荷と各国輸入品に対する負荷が均衡していること、輸出国（炭素国境調整措置の対象国）の事情に配慮して負担を調整できるような柔軟性を制度に持たせることの2点が重要である[49]。

国内負荷と輸入品に対する負荷の均衡について、世銀報告書は、輸入品が国産品と比べ、数量ベースまたは単位当たりでより多くの炭素価格を課されない場合や、輸出業者（注：BCAの措置国にとっては輸入業者）が実際の炭素使用量（actual carbon footprints）を証明することを許される場合、WTO協定と両立すると判断される可能性が高くなると指摘している[50]。この点について、EUは、輸入業者に対し、製品ごとに実際の炭素使用量を証明することを認める方針である[51]。

現時点では炭素排出量の算定や炭素価格の算定の方式に関する国際的な合意が存在しないため、措置国（BCAの実施国）が採用した算定方式の妥当性が問題となりうる。他方厳密に負担を均衡させようとするほど実施可能性や効率性が損なわれ、措置国の負担が高くなると同時に措置の対象国（輸出国）側の遵守コストも高くなるという問題が生じる[52]。

炭素排出量の算定について、EUは、CBAM1年目（2024年12月まで）は、輸入者の負担を緩和する柔軟な措置を多数とるとしている[53]。例えば、報告義務の

対象となる外国産品の炭素排出量について実際の炭素排出量を計算できない場合，デフォルト値（default values）の利用などを認めることを明らかにしている。しかし，この方法は最も炭素効率性の高い生産者に対し，より多く課税し低炭素技術への投資のインセンティブを低下させるリスクがある。[54]

(b) 輸出国の事情に配慮して負担を調整できる柔軟性

輸出国の事情への配慮について，2021年経産省報告書は，[55]「米国—エビ・カメ事件」に基づき，①規制の基準が輸出国における特殊事情を反映する柔軟性を有しているか，②規制を実施する前に，輸出国と適切に交渉を行ったか，③規制の適用過程において，公正な手続きが保障されていたかの3点を重視すべき判断基準としている。

このうち，①については，BCAの負荷の算定に当たり，「輸出国の国内状況（経済の発展段階等）を考慮せずに特定の負荷を課すことは，国内と同一の負担を求める場合であっても「恣意的又は正当でない差別」と判断される可能性がある。他方，炭素国境調整措置の負荷の算定について輸出国の国内状況を考慮して定めると規定されている場合は，この（注：20条柱書の）要件を満たす方向で考慮されうる。」と指摘している。

②について，2021年経産省報告書は，「炭素国境調整措置について，措置の適用を受ける国と誠実に交渉すれば，結果的に合意に至らなくとも，この要件を満たすことができる可能性が高い」としている。また，「先例（米国—エビ・カメ事件）と比べ発動される貿易措置が輸入禁止よりも軽いことを考えれば，求められる交渉努力は先例で十分とされた交渉努力（ウミガメ保護のための多国間条約の合意を目指した国際会議の主催など）に及ばなくとも足りるとされる可能性がある」としている。[56] 2021年経産省報告書が指摘する通り「米国—エビ・カメ事件」の争点は輸入禁止措置であることから，輸入禁止措置ではないBCAはより緩やかな規律に服すのが妥当であろう。

また，「米国—エビ・カメ事件」では，国内法に基づく一方的措置，また「米国—ガソリン事件」では国内の大気汚染に関する規制の妥当性がそれぞれ争点であり，多国間環境協定（MEA）が争点ではなかった。一方，BCAはMEAであるパリ協定上明文の根拠規定は持っていないが，BCAはパリ協定

自由論題

の目標（21世紀半ばまでの脱炭素化）の達成のために実施される措置である。したがって，BCAは「米国―エビ・カメ事件」よりも緩やかな規律に服すとの主張は正当化できる余地がある。

(c) 低所得国に対する特別で差異のある取り扱い

EUは最貧国や低所得国を除外対象としていないが，以下の通り除外が妥当と考えられる。

IISD報告書は，輸出国が最貧国または低所得国と分類される場合には国別の除外の理由となりうると指摘している。同報告書は，輸出国の事情に対する配慮について，「発展段階（development status）に基づくBCAの対象からの除外は，特別かつ異なる措置（S&D）（WTO協定の原則）および共通だが差異のある責任（気候変動枠組み条約の原則）を尊重する必要性を満たすと考えられる。これらの原則に基づくと，歴史的に気候変動に最も寄与しておらず，また気候変動に取り組む手段も最も少ない諸国に負担を負わせることは公平ではないことを認めることにつながるであろう」と指摘している。その一方，特定のBCAのレジームにおいてカーボン・リーケージの抜け穴ができるリスクも生むことになると指摘している。

この点について，欧州委員会は，低所得国をCBAMの対象から除外すると，低所得国の炭素排出を増加するリスクがあることを理由に，低所得国に対しては技術支援，技術移転および財政支援を行う方針を表明している[58]。しかし，欧州議会は，輸出国が最貧国または低所得国の場合はCBAMを最貧国の脱炭素化を支援する財源とすることなどを提案しており，WTOの紛争となるリスクを低減するため今後EUによるこの方向での見直しが行われると予想される。

(d) 輸出国における環境保護目的の措置

世銀報告書は，炭素価格を高める政策をとっている輸出国に対し，より低い炭素価格を適用すればWTO協定との両立性が高まるが，異なる規制体制を比較することは難しく，除外の根拠をどのように評価すべきか不透明であると指摘している[59]。

また，IISD報告書は，①輸出国が輸入国に類似した排出量取引制度に基づ

くBCAを実施している場合や，②輸出国が「適切な」国内の気候変動対策をすでに実施している場合，BCAの対象から除外しうると指摘している。[60]

　この点について，欧州委員会は，輸出国がCBAMに類似した排出量取引制度に基づくBCAを実施している場合，EU並みの厳格さ（EU levels of stringency）を満たす炭素価格を設定した諸国からの輸入品はCBAMの対象から除外する立場である。[61]

　一方，輸出国が森林伐採対策などカーボンプライシング以外の国内の脱炭素政策をすでに実施している場合，輸出国の多様な脱炭素政策をどう評価するか国際的な合意はないため，EUが（炭素価格の決定につながる）排出枠の決定を一方的に行えば，パリ協定の精神やWTO協定に違反すると批判されることになる。EUが貿易相手国との個別の協議を通じて解決する必要があろう。

　(e)　対象となる製品の範囲

　CBAMの対象（Ⅳ4参照）はエネルギー集約型であり貿易が多いとされる製品に限定されている。EUは移行期間終了後対象の範囲の拡大を検討する予定であるが，輸出国の事務的な負担を軽減しWTO協定との両立性を高めるため，このような製品の限定は望ましいと考えられる。[62]

Ⅶ　炭素国境調整措置に関する多国間の合意の可能性

1　炭素国境調整措置に関する多国間の合意の意義と現状

　Ⅳ3の論点に関係するが，WTO協定と両立するBCAの制度および炭素排出量や炭素価格の算定方法について多国間の合意が望ましいとの認識が支配的である。例えば2021年経産省報告書[63]は，BCAに「制度設計段階での予見可能性が欠けるため，紛争が多発する危険がある」ため，「早期に，気候変動交渉において全ての主要国が参加する，公平かつ実効性のある国際的枠組みが構築され，これに基づいて，気候変動対策を理由とした貿易措置の扱いが多国間交渉で検討され，何が許されて何が許されないのか，明確な要件が確立されることが望ましい」と指摘している。また，「GATTの条文修正，明確な解釈基準の確定，GATTの条文と抵触した場合に例外として認める旨の義務の免除規定の合意，また実務上の重要性が特に高い問題として，炭素排出量や炭素価格

自由論題

の算定方法に関する合意等などが考えられる」、「国際合意がない状況にどう対処するかという問題が残されている」と述べている。

2022年、川瀬剛志も、WTOのTESSD（Trade and Environmental Sustainability Structured Discussion）をはじめとする国際的なフォーラムで、法的拘束力のある合意ではなくとも一定の指針が合意されることが望ましいと述べている[64]。

経産省が指摘する「GATTの条文修正や明確な解釈基準の確定」はGATT20条に関する提案、「GATTの条文と抵触した場合の義務免除既定の合意」はウェーバー規定（GATT25条）に関する提案と考えられる。前者はEUが、後者はインドとASEANが1996年WTOの貿易と環境委員会（CTE）で提案したが支持を得られなかった[65]。また、以下2の通り今後もBCAについて多国間の合意（規範形成）は期待できない。

2　交渉による合意形成はなぜ期待できないか

BCAとWTO協定の両立性は、内国民待遇原則を規定するGATT3条の「同種の産品」や一般的例外を規定したGATT20条の解釈論に直接かかわる問題であり、産品に関連しない生産工程・生産方法（non-product related PPM）に基づく措置をWTO協定上許容するか否かという論点と直結している（Ⅵ参照）。

1995年、WTO設立と同時に作業を開始したCTEは、MEAに基づく貿易（制限）措置を主要な議題とし、産品に関連しないPPMに基づく貿易（制限）措置をWTO協定上許容するかが争点となってきた。インドなどの途上国は、労働基準を根拠とした貿易（制限）措置をGATT20条の改正などによってWTO協定上許容することに強く反対してきたため、合意の見通しは立っていない[66]。

前述のWTOパブリックフォーラムでも、インドのAashish Chandorkarジュネーブ代表部参事官は、「カーボン・リーケージを理由にBCAを認めれば最低賃金のリーケージ（を理由とする貿易措置）に発展する可能性があり、途上国への負の影響という観点からパンドラの箱を開けることになる。」と述べていた[67]。また、同参事官は、CBAMsは貿易措置であると同時に環境措置でもあり、リオ原則の「共通だが差異のある責任」が適用されるため、WTOのア

ジェンダにすることには反対すると発言した。このように，インドは，産品に関連しないPPMに関わる規範がWTOで形成されることが契機となって労働基準に基づく途上国に対する一方的措置が正当化されることを懸念している。

　以上の通り，インドの立場は1996年当時と変わっておらず，BCAについてWTOを含め多国間の合意形成は期待できない。

Ⅷ　炭素国境調整措置は「新たな貿易戦争」を招くか

1　炭素国境調整措置のWTO体制への影響

　IISD報告書[68]は，「BCAは本来は過渡的措置であるが，各国が独自のBCAを選択する結果，異なるBCAが長期間乱立する可能性が高く，BCAが保護主義的な動機に基づくと受け止められれば，多国間の気候変動対策の努力を阻害する可能性がある。」と指摘している。

　しかし，WTOは，ドーハ・ラウンドが2015年以降事実上頓挫していることに加え，トランプ政権時代に始まった米中間の「貿易戦争」（関税の引き上げ競争）や，米国による上級委員会の委員の任命拒否を背景とする紛争処理手続きの機能不全などの試練に直面している。また，WTO事務局にとって，米中対立を背景とした経済安全保障論による国際貿易の縮小や保護主義が最大の懸念材料である[69]。さらに，電気自動車をめぐる中国の国営企業や米国の自動車産業に対する補助金がWTOの紛争となることも懸念されている。これに対し，下記2以下の通り，BCAがWTOの紛争の原因となってもWTO体制を揺るがす深刻な紛争には発展しないと予想される。

2　EUとの交渉を通じた紛争リスクの低下の見通し

(1)　EUによる関係国との交渉

　WTOの貿易と環境の分野（Ⅶ2参照）では，1996年以降も交渉による規範形成は実現していない。しかし，WTOの紛争処理手続きが有効に機能してきたことから，紛争処理手続きを通じた規範形成がWTOにおける紛争の予防に貢献し，モントリオール議定書などの多国間環境協定に基づく貿易（制限）措置がWTO違反とされる事態は避けられてきた。

自由論題

しかし，米国による上級委員の任命拒否により2019年末以降上級委員会の機能は停止しており，代替的な措置としてEUが主導して立ち上げられたMPIA（多数国間暫定上訴仲裁アレンジメント）に米国やインドは参加していないことから，WTOの紛争はMPIAに参加するWTOメンバー（EU，中国，日本など）間の紛争を除きパネル報告の後「棚ざらし」となってしまう。したがってWTOの紛争処理手続きによるBCAに関する規範形成は期待できない。

したがって，CBAMについてはEUがCBAMの対象となる貿易相手国との協議によって紛争リスクを低減させることが重要である。下記(2)以下の通り，EUが個別に協議を行い，また今後BCAを導入する諸国の間で事実上の国際標準が形成されることにより，WTOでの紛争が起きてもBCAの制度全体が停止を余儀なくされることにはならないであろう。

なお，BCAに関する多国間の規範が交渉を通じて合意されていないことはBCAの実施の障害にはならないと予想される。

(2) 途上国

途上国（新興国を含む）のうち，最貧国についてはⅤ5の通りCBAMの影響は小さいと見られる。また，最貧国はEUによる支援が行われるため，CBAMはWTOの紛争とはならないと予想される。他の途上国については，実効性の観点からはCBAMから除外される国が増えすぎないことが重要である。

(3) 中国とインド

中国はすでに国内でETSを実施していることから，今後BCAを実施する可能性は高いと見られ，仮に実施しない場合でもEUやBCAの実施国と交渉し悪影響を低減できるであろう。

インドは，前述のWTOパブリックフォーラムでEUとの交渉による合意の可能性を否定しなかった。同フォーラム分科会でインド（Ⅶ2参照）は「EUのCBAMに限らず広く炭素国境調整措置（broad CBAMs）を議論の対象としたい」と述べた上で，「CBAMsはパリ協定に違反する」と述べる一方，「CBAMsが何をすべきで何をすべきでないか議論すべきである」と矛盾するような発言をした。また，「インドはCBAMについてEUと交渉する可能性

はあるか」問われたのに対し,「交渉に関する(インドの立場の)ポイントをこのような(公開の)場でまとめることはできない。」と述べた[70]。CBAMを禁止する多国間の合意は実現していないため,インドはEUとの個別の交渉での解決を目指していると見られる。

(4) 米 国

USTRはEUとCBAMに関する協議を継続している他,豪州,カナダ,日本,韓国および英国とBCAを含む脱炭素化の方法について二国間協議を行っている[71]。また,2024年4月,バイデン政権の高官はカーボン・リーケージ対策や産業の炭素排出削減を目的とした新たなタスクフォースの設置を表明しており[72],CBAMについての米EU間の協議が今後他の先進国にも拡大され,炭素排出量の算出方法などについての関係国間の合意につながる可能性が指摘されている[73]。

一方,トランプ前大統領が大統領選で勝利した場合米国のパリ協定からの離脱が予想されるが,米国は製鉄やアルミなどエネルギー集約型産業では国際競争力があり,現在のCBAMの対象産品では米国を含む先進国への影響は小さい[74](Ⅳ5参照)。したがって,米国が今後ETSやBCAを導入しない場合でも,米国がEUのCBAMに対し対抗措置をとることはないであろう。

Ⅸ 終わりに

米国はトランプ政権時代にGATT21条(安全保障条項)に基づく関税の引き上げを鉄鋼で発動して「貿易戦争」の引き金を引き,安全保障条項の濫用との批判を招いた。BCAは制度設計や運用次第では保護主義的な効果を持つことは否定できないが,本稿で論じた通りCBAMには政策的な意義があり,WTO協定とも両立しうると言えるため,安全保障条項の濫用と批判された米国の政策と同列に論じるべきではないであろう。

[付記] 本稿の作成に当たり中川淳司中央学院大学教授から貴重な助言を頂いた。厚くお礼申し上げる。

自由論題

1) European Commission, "Carbon Border Adjustment Mechanism (CBAM) starts to apply its transitional phase", Press Release, 29 September 2023. https://ec.europa.eu/commission/presscorner/detail/en/ip_23_4685
2) 内閣官房「ＧＸ実現に向けた基本方針」2023年2月。https://www.cas.go.jp/jp/seisaku/gx_jikkou_kaigi/pdf/kihon.pdf
3) 経済産業省「貿易と環境：炭素国境調整措置の概要とWTOルール整合性」『不公正貿易報告書』2021年。https://www.meti.go.jp/policy/trade_policy/wto/3_dispute_settlement/32_wto_rules_and_compliance_report/322_past_columns/2022-04.pdf
4) 有村俊秀，日引聡『入門環境経済学〔新版〕』（中央公論新社，2023年）18頁，226-227頁。
5) Brenton and Chemutai, *The Trade and Climate Change Nexus*, World Bank, 2021. https://documents.worldbank.org/en/publication/documents-reports/documentdetail/644711632894241300/the-trade-and-climate-change-nexus-the-urgency-and-opportunities-for-developing-countries
6) Regulation (EU) 2023/956 of the European Parliament and of the Council of 10 May 2023 establishing a carbon border adjustment mechanism. https://eur-lex.europa.eu/legal-content/EN/TXT/PDF/?uri=CELEX:32023R0956
7) "Border Carbon Adjustments", *Policy Brief*, International Institute for Sustainable Development (IISD), August 2023. https://www.iisd.org/publications/brief/border-carbon-adjustments-international-cooperation
8) Analyzing the European Union's Carbon Border Adjustment Mechanism, Center for Strategic International Studies (CSIS), February 2023. https://www.csis.org/analysis/analyzing-european-unions-carbon-border-adjustment-mechanism
9) "Do carbon border adjustment measures make trade greener?", Session 84, WTO Public Forum 2023, 15 September 2023. https://www.youtube.com/watch?v=qs1xE8RKD-c
10) Event Highlights: Carbon Border Adjustments in the EU, the U.S., and Beyond, Columbia Center on Sustainable Investment, 19 November 2021. p.6. https://ccsi.columbia.edu/content/event-highlights-carbon-border-adjustments-eu-us-and-beyond
　Michael Mehlingは，上記会合で，BCAがパリ協定に違反しているとの主張に対し，パリ協定2条1項及び4条1項に基づき反論可能であると述べている。
11) 資源エネルギー庁『脱炭素に向けて各国が取り組む「カーボンプライシング」とは？』2023年5月15日。https://www.enecho.meti.go.jp/about/special/johoteikyo/carbon_pricing
12) *Supra* note 7, p.3.
13) 資源エネルギー庁『前掲資料』（注11）。
14) *Supra* note 7, p.1.
15) Brenton and Chemutai, *supra* note 5, p.67.
16) *Id*.
17) *Id*.

18）　経済産業省，『前掲資料』（注3）4頁。
19）　Brenton and Chemutai, *supra* note 5, p.67.
20）　有村，日引『前掲書』（注4）210頁。
21）　経済産業省『前掲資料』（注3）1-2頁。
22）　*Supra* note 7, pp.2-3.
23）　経済産業省『不公正貿易報告書2023年版』（2023年7月）124-125頁。https://www.meti.go.jp/shingikai/sankoshin/tsusho_boeki/fukosei_boeki/report_2023/honbun.html
24）　*Supra* note 6.
25）　柳美樹『炭素国境調整措置（CBAM）とグリーン貿易戦争の足音』（一般財団法人日本エネルギー経済研究所，2023年）。https://eneken.ieej.or.jp/whatsnew_op/230220ieej_webinar.html
26）　内閣官房「前掲資料」（注2）。
27）　*Supra* note 7, p.1.
28）　*Ibid.*, p.2.
29）　*Id.*
30）　有村，日引『前掲書』（注4）31頁。
31）　Greenhouse gas emissions - Our World in Data, https://ourworldindata.org/greenhouse-gas-emissions
32）　環境省地球環境局『IPCC第6次評価報告書（AR6）統合報告書（SYR）の概要』2023年4月。
33）　同上。
34）　*Supra* note 1, p.1.
35）　和達容子「第4章　気候変動と持続可能な発展」庄司克宏編『国際機構〔新版〕』（岩波書店，2021年）89-91頁。
36）　庄司克宏「欧州の産業政策におけるEUの役割と限界」『世界経済評論』11・12月号（2023年）46-48頁。
37）　中川淳司，平覚他『国際経済法〔第3版〕』（有斐閣，2019年）322-323頁。
38）　公開ウェビナー「SDGs時代の貿易と環境〜どうなる炭素国境調整措置（CBAM）？〜」国際問題研究所，2022年7月27日。https://www.jiia.or.jp/eventreport/20220727-01.html
39）　経済産業省『前掲資料』（注3）7-8頁。13頁。
40）　経済産業省『前掲資料』（注23）125頁。
41）　Brenton and Chemutai, *supra* note 5, p.68.
42）　*Supra* note 10, pp.8-9.
43）　経済産業省『前掲資料』（注3）12-13頁。
44）　同上。
45）　経済産業省，『前掲資料』（注23）125頁。
46）　CSIS, *supra* note 8. p.3, pp.7-8.
47）　蜂屋勝弘『カーボンプライシングの活用に向けた課題』（日本総研，2023年）8-9

自由論題

48）有村俊秀他編『地球温暖化対策と国際貿易』（東京大学出版会，2012年）309頁。
49）経済産業省『前掲資料』（注3）15-17頁；Brenton and Chemutai, *supra* note 5, p.68.
50）*Id.*
51）*Ibd.*, p.71.
52）経済産業省『前掲資料』（注3）18頁。
53）*Supra* note 1, pp.1-2.
54）Brenton and Chemutai, *supra* note 5, p.71.
55）経済産業省『前掲資料』（注3）12-13頁。
56）同上。
57）IISD, *supra* note 7, pp.4-5.
58）Brenton and Chemutai, *supra* note 5, p.70.
59）Ibid., p.70.
60）IISD, *supra* note 7, p.8.
61）CSIS, supra note 8, p.5.
62）Brenton and Chemutai, *supra* note 5, p.70.
63）経済産業省『前掲資料』（注3）18-19頁。
64）前掲（注38）。
65）早川修「WTO貿易と環境委員会の教訓」，『国際法研究　第14号』（2024年3月）9-11頁。
66）同上。
67）WTO, *supra* note 9.
68）IISD, *supra* note 7, p.10.
69）Ngozi Okonjo-Iweala, "Why the World Still Needs Trade", *Foreign Affairs*, July/August 2023.
70）WTO, *supra* note 9.
71）Executive Office of the President, "Office of the United States Trade Representative, Fiscal Year 2024 Budget", March 2023. https://ustr.gov/sites/default/files/2023-03/USTR%20FY%202024%20Congressional%20Budget%20Justification_03-2023_0.pdf
72）Nicole Jao, "US creates climate and trade task force to address commerce, manufacturing emissions", Reuters, April 17, 2023. https://www.reuters.com/sustainability/climate-energy/us-creates-climate-trade-task-force-address-commerce-manufacturing-emissions-2024-04-16/
73）CSIS, "New Trade Guys Episode: Critical Minerals, CBAM, and AGOA", 30 April, 2024. https://www.csis.org/podcasts/trade-guys/critical-minerals-cbam-and-agoa
74）CSIS, *supra* note 8, p10.

（元立命館アジア太平洋大学アジア太平洋学部教授）

自由論題

新たな投資紛争解決機関による判断の承認・執行
――UNCITRAL 第3作業部会事務局による条文草案を手がかりに――

田 村 侑 也

I　はじめに
II　UNCITRAL 第3作業部会における議論状況
III　新たな投資紛争解決機関による判断の承認・執行
　1　執行地手続法の適用範囲
　2　承認・執行拒絶事由の要否
IV　結びに代えて

I　はじめに

　現在，投資家対国家紛争解決（以下，「ISDS」）制度の改革作業が，主に国連国際商取引法委員会（以下，「UNCITRAL」）の第3作業部会において進められている。これは，UNCITRAL の2017年総会においてなされた委任に基づくもので[1]，ISDS 制度の一類型である投資仲裁に対する，仲裁人の選任方法やその独立性・中立性，仲裁廷による判断の一貫性の欠如やその判断の修正メカニズムの欠如，仲裁手続の期間・費用，そして透明性の欠如といった種々の批判をふまえたものである[2]。

　第3作業部会において検討されている改革案として，常設かつ多国間での，上訴機関（appellate body）または投資裁判所（investment court）の設立がある[3]。そのような新たな投資紛争解決機関の設立方法としては，まずは設立条約（founding convention）の締結が考えられる。この点，第3作業部会では，そのような設立条約において，「内部の執行メカニズム（internal enforcement mechanism）[4]」の構築を支持する見解が表明されている。すなわち，新たな投資紛争解決機関による判断の承認・執行に関する規定を，その設立条約に設けることが望ましい，との見解である。

　本稿では，新たな投資紛争解決機関が多国間条約において設立される場合

に，どのような承認・執行制度が構築されるべきかを，特に1965年の国家と他の国家の国民との間の投資紛争の解決に関する条約[5]（以下，「ICSID条約」[6]）の起草過程や，ICSID仲裁判断の承認・執行に関する近時の裁判例を踏まえて検討する[7]。特に，ICSID条約のように，執行地の裁判所が依拠し得る承認・執行拒絶事由（以下，単に「拒絶事由」）を規定しない制度とすべきか，それとも，1958年の外国仲裁判断の承認及び執行に関する条約[8]（以下，「ニューヨーク条約」）のように，一定の場合に執行裁判所による拒絶を認める制度とすべきか，が検討の中心となる。

このような検討を行うのは，ICSID条約の承認・執行に関する規定が，投資仲裁の現実に即したものか，換言すれば，新たな投資紛争解決機関の設立条約にそのまま採用して良いものなのか，について，検証の必要があると考えるからである[9]。特に，拒絶事由の要否について，新たな投資紛争解決機関による判断の実効性の確保という観点からは，ICSID条約型が望ましいように思われる[10]。しかしながら，今日では，ICSID仲裁において敗れた投資受入国による仲裁判断の不履行のみならず，執行裁判所による承認・執行の拒絶や停止，またICSID仲裁判断の執行が執行地の公序に反する可能性など，ICSID条約の起草者らが想定していなかった事象が生じている。

このような問題意識から本稿では，新たな投資紛争解決機関の設立に関する条文草案を確認した上で（第I章），どのような承認・執行制度が構築されるべきかについて，承認・執行手続における執行地手続法の適用範囲（第II章-2）および拒絶事由の要否（第II章-2）の観点から検討を行う。

II　UNCITRAL第3作業部会における議論状況

第3作業部会では，常設かつ多国間での上訴機関や投資裁判所が設立される場合の，内部の執行メカニズムについて，大きく2つの見解が表明されている。

一方は，「ICSID条約の54条に規定された執行メカニズム，また，近時の2国間および多国間投資条約の文言が有用なモデルを提供し得る[11]」とする見解である。同条は，その締約国に対して，ICSID仲裁判断を拘束力があるものとし

て承認し，自国の裁判所の確定判決とみなして当該仲裁判断が課す金銭上の義務を執行することを義務づける（1項）。また，承認・執行を求める当事者は，各締約国が指定する管轄裁判所その他権限のある当局に仲裁判断の謄本を提出することになっており（2項），執行手続は，その国の判決の執行に関する法令による（3項）。なお，ICSID条約55条は，（執行地手続法上の）執行免除の規定の適用可能性を認める。

他方は，ICSID条約や近時の投資条約をモデルにすることに疑問を呈し，「例えばニューヨーク条約に依拠して，国内裁判所の役割を留保するモデルが好ましいだろう」とする見解であり，「そのようなモデルは，国内裁判所が，執行の求められている国家の公序に反する判断を執行することを要求される状況を回避するだろう」と指摘する。[12] ニューヨーク条約5条は，有効な仲裁合意の不存在（1項a号），仲裁手続上の瑕疵（1項b号ないしd号），仲裁判断の拘束力の欠缺もしくは取消し・停止（1項e号），または仲裁判断の実現の法律上の禁止（2項a号およびb号）という事情がある場合に，仲裁判断の承認・執行拒絶を認めている。[13]

このように，ICSID条約型・ニューヨーク条約型の双方を支持する見解があるところ，第3作業部会の48会期（2024年4月）に向けて事務局が作成した条文草案（以下，「2024年草案」[14]）では，投資紛争解決のための常設メカニズムによる判断の承認・執行について，第一審にあたるDispute Tribunalの判断と，第二審にあたるAppeals Tribunalの判断とに分けて，規定が設けられている。[15]

前者について，[16] 2024年草案26条の1項，2項，および5項は，ICSID条約54条の1項，2項，および3項にそれぞれ対応する（但し，55条に対応する執行免除に関する規定はない）。[17] また，同草案26条3項は，（設立条約の非締約国における承認・執行を想定して，）第一審の判断がニューヨーク条約1項における「仲裁判断」に該当すること，および4項は，具体的な事由については定めないものの，承認・執行拒絶がなされる可能性について規定する。後者については，同草案36条[18][19]が規定しており，同草案26条と概ね同様の規定が置かれている（但し，拒絶事由の規定はない）。

自由論題

Ⅲ　新たな投資紛争解決機関による判断の承認・執行

　上述の2024年草案をふまえ、以下では、① ICSID 条約54条の規定を基本とすることには、執行地手続法の適用範囲が不明確な点で課題があること、また②設立条約の制度設計や各拒絶事由の機能に照らして、拒絶事由のいずれについても規定する必要はないことを提示する。

1　執行地手続法の適用範囲

　2024年草案26条および36条ならびに ICSID 条約54条の下で、新たな投資紛争解決機関による判断および ICSID 仲裁判断は、すべての締約国において拘束力があるものとして承認され（recognition）、その国の裁判所の確定判決として執行される（enforcement）。そして、執行手続（execution）は、その国の執行に関する法令による。この規定について、ICSID 条約の英語版が enforce/enforcement（同条約54条1項および2項）と execution（同条約54条3項および55条）とを使い分けていることに起因して、それら用語に意味の違いがあるのかについて、学説が分かれてきた。

　一方では、それら用語に意味の違いはなく、どちらも ICSID 仲裁判断に基づく強制執行手続を指すと解する同一説があり、他方では、enforce/enforcement は ICSID 仲裁判断に対する執行力の付与（国内判決への転換）の手続を指すのに対して、execution は強制執行手続を指すと解する区別説がある。とはいえ、それら学説の対立は、ICSID 条約54条3項および55条の下で執行地手続法が適用される範囲、換言すれば、同条約から執行地手続法への送致範囲が、強制執行および執行免除に関する規定に限定されると解する点で、大きな解釈の相違を生じさせはしない。

　以上のような解釈とは対照的に、それら用語の使い分けに意味の違いはないとした上で、ICSID 仲裁判断に対する執行力の付与の手続と、それに基づく強制執行手続の双方が、ICSID 条約54条3項の下で執行地手続法に委ねられているとの解釈も、文理上は可能である。この第3の解釈を採る場合には、（本来は同条約54条2項に規律される）ICSID 仲裁判断に対する執行力の付与の手続

が，各執行地の手続法に規律されることとなり，同条約の下で認められていない執行裁判所による審査や手続の停止がなされる可能性がある。米国には，この解釈を採用したと考えられる2017年の Mobil Cerro Negro 事件判決があるほか[23]，近時では，ICSID の特別委員会による執行停止が解除されたにも拘らず[24]，その取消手続が未だ係属していることを理由に，米国での執行停止を継続した事例もある[25]。

このように，ICSID 条約54条の規定は，執行裁判所間で異なる解釈・実行がなされる一因となっているが，2024年草案26条および36条も，enforce/enforcement および execution を使い分けている。承認・執行手続においては，執行裁判所が新たな投資紛争解決機関の設立条約の規定を解釈することから，執行裁判所間での解釈の相違は不可避である[26]。とはいえ，起草段階から，執行地手続法の適用範囲を明確にし，執行裁判所間での国際的な判決調和を志向することが重要と考えられ[27]，それら用語の取扱いや統一の可能性について，今後の議論が期待される[28]。

2 承認・執行拒絶事由の要否

第Ⅱ章で言及したように，ニューヨーク条約は，仲裁判断の承認・執行拒絶について，大きく４つの類型を規定している。以下では，新たな投資紛争解決機関の設立条約への導入の要否を類型毎に検討する。

(1) 有効な仲裁合意の不存在・仲裁手続上の瑕疵

ニューヨーク条約５条１項ａ号ないしｄ号が規定する拒絶事由は，承認・執行の求められている仲裁判断の基礎となった仲裁合意や仲裁手続の有効性・適正性に関するものである。新たな投資紛争解決機関の設立条約においては，それら事由は上訴事由としてカバーされ，同機関内部での審査が可能であり，拒絶事由として規定される必要性はないと考えられる。

2024年草案29条は，まず１項において，(a)法の適用または解釈の［明らかな］誤り，および(b)事実の評価における明らかな誤り（［関連する国内立法の評価および損害賠償金の評価を含む］）を挙げる。その上で，同条２項は，(a)第一審手続に関する合意の当事者の無能力または当該合意の無効，(b)第一審の構成に

自由論題

かかる瑕疵，(c)第一審の明らかな権限踰越，(d)第一審構成員の不正行為，(e)第一審による手続の基本原則からの重大な離反，(f)第一審判断における判断理由の欠缺，(g)［第一審判断の国際公序（international public policy）との抵触］，(h)［新たな事実（の発見）］，および(i)［根拠なき判断または判断理由の欠缺］を挙げている[29]。それら上訴事由のうち，2項各号が，ニューヨーク条約の下での，有効な仲裁合意の不存在・仲裁手続上の瑕疵に関する拒絶事由に対応するものといえよう。

以上のような上訴事由は，事務局の注記によれば，「1項は，そのような〔上訴〕事由を限定することを目的とするところ，2項は，ICSIDの文脈における取消しおよび国内裁判所における取消しの事由に言及することで，第一審による判断（awards or decisions）への唯一の救済として，上訴が機能し得ることを確かなものとすることを目的とする[30]」。このように，有効な仲裁合意の不存在・仲裁手続上の瑕疵の問題が，新たな投資紛争解決機関の内部で判断されるのであれば，執行裁判所による再度の審査機会を設ける必要性は乏しい。むしろ執行裁判所による審査は，新たな投資紛争解決機関において確定した判断の強制的な内容の実現可能性を不安定にしかねない[31]。

(2)　仲裁判断の拘束力の欠缺または取消し・停止

ニューヨーク条約5条1項e号が規定する拒絶事由は，承認・執行の求められている仲裁判断が，未だ拘束力を有しない，またはその取消しや停止がなされた場合に関するものである。新たな投資紛争解決機関による判断の承認・執行の文脈においては，上訴に係る第一審の判断の効力が問題となる。この点，2024年草案は，上訴申立ての登録に伴い，第一審の判断が，他のフォーラムでの取消し，承認・執行，または審査手続に服さないものとされ（31条1項），また，第一審の判断が第二審によって修正または覆された場合には，第二審が変更した通りに紛争当事者を拘束するほか，第二審が第一審に判断を差し戻した場合には，元の第一審判断はもはや効果を有さない（34条2項・3項）ことを規定する。このように設立条約内部での調整規定が置かれる限りにおいて，ニューヨーク条約5条1項e号に相当する拒絶事由は不要となろう[32]。

(3) 仲裁判断の実現の法律上の禁止

　ニューヨーク条約5条2項a号およびb号が規定する拒絶事由は，承認・執行の求められている仲裁判断についての，執行地法上の仲裁可能性および公序違反の有無に関するものである。本節(1)でみた2024年草案の上訴事由に，それら2つの拒絶事由に対応する規定はみられない。これは，仲裁可能性や公序は，各執行裁判所が，自国の基準に照らして判断するものであって，内国裁判所ではない新たな投資紛争解決機関の第二審に判断を委ねるべき性質のものではないからであろう。[33]

　そうであれば，新たな投資紛争解決機関の設立条約においてそれら2つの事由に関する拒絶事由を規定することは，必ずしも当然に排除されているものではない。[34]このことは，ICSID仲裁にもいえる。すなわち，ICSID仲裁制度において，仲裁判断の取消手続は特別委員会によって行われ，同制度内で完結するものの，その承認・執行は各締約国の裁判所で行われる。然らば，執行地法上の仲裁可能性および公序の審査が可能であってもよさそうなところ，同条約はそのような拒絶事由についても，規定していない。そこで，新たな投資紛争解決機関の設立条約におけるそれら拒絶事由の要否を検討するにあたり，まずはICSID条約の起草過程を振り返ってみたい。

(a) ICSID条約の起草過程

　ICSID条約の起草過程を振り返るに，そもそもICSID仲裁判断の承認・執行制度は，自己に有利なICSID仲裁判断を得た投資受入国のために設けられた。[35]すなわち，1962年に最初のワーキングペーパーを作成し，同条約の起草作業を主導した世界銀行法律顧問のAron Brochesは，同行理事からなる投資紛争の解決に関する全体委員会（1962年-1963年）において，（投資受入国が仲裁判断の履行をしない場合に，投資家は本国に外交的保護を求めることができる点に鑑み）自国に不利な仲裁判断を得る締約国と自国に有利な仲裁判断を得る締約国との間の均衡を保つために，仲裁判断が全ての締約国において執行可能となることの必要性を指摘した。[36]

　次に，ICSID条約に公序に関する拒絶事由が規定されなかった背景には，①公序違反という事態が想定できない，という起草者の認識に加えて，②投資家

自由論題

を敗れた当事者とする ICSID 仲裁判断の承認・執行可能性の確保があった。①について，公序に関する拒絶事由は，複数の条文案を経て，最終的には各国代表からなる法律委員会（1964年11月-12月）の審議・投票において否決された[37]。その後，世界銀行理事からなる全体委員会（1965年2月）において，Broches は，公序は特に家族法分野（身分，婚姻・離婚，養子縁組，国籍および成年年齢など）に関係するものであり，公序（ordre public or public policy）が，投資に関する仲裁判断の不執行を合理的とするような事例を考えることができないとした[38]。

また，②について，Broches は，まず，紛争当事国は仲裁判断の履行義務をICSID 条約の下で負うことから，（任意履行がない場合の）裁判所による執行手続は通常用いられないだろうとする。このように，同条約が規定する執行手続が，主に自己に有利な仲裁判断を得た投資受入国のためにあるとの認識の下で，もし裁判所による仲裁判断の執行に，公序のいくらかの概念が導入されるのであれば，今度は反対に，紛争当事国が自国の公序違反を理由に仲裁判断の履行を拒絶する権利を主張するかもしれない，との見解を示した[39]。

以上のように，公序に関する拒絶事由の要否が比較的詳細に議論されたのに対して，仲裁可能性について，多くの議論はなされていない。バンコクで行われた地域協議会（1964年4月-5月）において，Broches は，予備草案4条15項が拒絶事由を規定していないことについて，ニューヨーク条約とは異なり，本条約では自己完結的な制度が構築されているとした上で，しかし，公序および仲裁不可能性（non-arbitrability）については本条約においてカバーされていないと発言している[40]。

(b) 仲裁可能性に関する拒絶事由

上述の通り，仲裁可能性に関する拒絶事由の要否について，ICSID 条約の起草過程における議論は多くはない。とはいえ，ICSID 条約は，その締約国が投資紛争の仲裁（または調停）による解決を可能とするために作成された条約であって[41]，ICSID 仲裁廷が下した判断について，その締約国の裁判所が仲裁可能性を否定し得る制度設計は，そもそもの制度趣旨に反するように思われる[42]。同様のことは，新たな投資紛争解決機関の設立条約にも妥当しよう。

この点を措くとしても，近時，投資仲裁に付託される紛争の多くが，投資受入国による公的措置から生じたものであること[43]からも，同様の結論を導けるのではないか。

まず，仲裁可能性の判断基準は，各国が独自に設定するもので，国際的に統一されてはいないが，その機能のひとつに，自国の裁判所の管轄権に服するべき紛争が仲裁に付託されることを防ぐことがあると考えられる[44]。勿論，日本の民事訴訟法が国際裁判管轄について専属管轄を定める事項と，日本の仲裁法が仲裁可能性を否定する事項とが完全に一致するわけではないが[45]，日本の仲裁法13条は，「当事者が和解をすることができる民事上の紛争（離婚又は離縁の紛争を除く。）」を仲裁可能性の判断基準としつつ，「法令に別段の定めがある場合を除き」として，個別の法令による仲裁可能性の肯定・否定を可能としている[46]。

このように，仲裁可能性に関する拒絶事由を，仲裁判断の本案に関する，仲裁廷と執行裁判所との間の管轄権の調整機能として捉えると，投資受入国による公的措置から生じた投資紛争に関する判断の承認・執行の文脈においては，そのような調整は不要と考えられる。これは，承認・執行制度は，主に投資受入国以外の第3国における手続のために構築されるものであるところ，外国国家たる投資受入国の公的措置から生じた紛争について，第3国の裁判所は，国際法上の主権免除（裁判権免除）を理由として，通常は裁判権を行使することができないからである[47]。

そうすると，一方で，ニューヨーク条約と，ICSID条約および新たな投資紛争解決機関の設立条約は，いずれも内国裁判所によらない（仲裁）判断の承認・執行を義務付ける点で類似の性格を有する。しかし他方で，その承認・執行が求められる（仲裁）判断の本案について，仲裁廷および執行裁判所間で管轄権調整の必要性があるかについては，ICSID条約および新たな投資紛争解決機関の設立条約については認められない[48]。上述の，新たな投資紛争解決機関の設立条約の制度趣旨も踏まえれば，仲裁可能性に関する拒絶事由は不要と考えられる[49]。

自由論題

(c) 公序に関する拒絶事由

新たな投資紛争解決機関の設立条約における公序に関する拒絶事由の要否を検討するにあたり，まず指摘すべきは，本節(a)で概観したような，ICSID条約起草時の承認・執行制度に関する議論が，今日では妥当しないことである。すなわち，現状，同制度の利用者は主に投資家であり，その背景には，ICSID仲裁において敗れた投資受入国による不履行がある。そうすると，ICSID条約締約国が負う例外なき履行義務と対をなすために，例外なき承認・執行制度であるべきとの考え方は，（あくまでも結果論ではあるが，）今日では支持し難い[50]。

次に，ICSID条約の起草時には，執行に伴う公序違反が想定できないとされていた。この点，ICSID仲裁判断の執行義務と，EU法上の誠実協力義務との衝突可能性が英国の裁判所で問題となったMicula事件[51]のように，仮にICSID条約が公序に関する拒絶事由を規定していたならば，執行裁判所が援用したであろう事例が現実にみられるようになった。この点で，新たな投資紛争解決機関の設立条約においては，公序に関する拒絶事由を規定し，設立条約と執行地が負っている他の国際義務との間の衝突可能性に備えるべき，とも考えられる。

しかしながら，そのような衝突可能性への対処としては，調整規定を設立条約に直截に規定することも考えられる。例えば，2019年の民事又は商事に関する外国判決の承認及び執行に関する条約[52]（以下，「ハーグ判決条約」）23条2項が，「この条約は，締約国による他の条約（この条約の前に締結されたもの。）の適用に影響を与えるものではない[53]」と規定するようにである[54]。

このハーグ判決条約23条は，同条の下で調整され得る他の条約の事項的範囲を限定しておらず，調整の対象を「仲裁判断の承認及び執行に関する」他の条約に限定したニューヨーク条約7条1項とは対照的である。新たな投資紛争解決機関の設立条約においても，ハーグ判決条約23条のような規定を置くことで，例えば，設立条約に基づいて下された判断の承認・執行が，執行地が負っている他の国際義務に反するような場合に，いずれの条約の下での義務を優先すべきかを規律することができる。

そのような規定は，一方では，新たな投資紛争解決機関の設立条約の下での承認・執行義務の例外を明文上規定し，執行裁判所が，他の国際義務との間で板挟みになる状況を回避することを可能にしつつも，他方では，公序例外の導入が承認・執行拒絶にかかる執行裁判所の権限を拡大するといった投資家が抱き得る懸念に対処することも可能とする。ISDS制度としての実効性を確保しながら，国際社会における他の重要な価値・政策との調和を図る方法として，検討に値するのではないだろうか。[55]

Ⅳ　結びに代えて

本稿では，ISDS制度改革の一環として，常設かつ多国間での上訴制度や投資裁判所が設立される場合に，どのような承認・執行制度が構築されるべきかを検討し，①ICSID条約54条の規定を基本とすることには，執行地手続法の適用範囲が不明確な点で課題があること，また②設立条約の制度設計や各拒絶事由の機能に照らして，拒絶事由のいずれについても規定する必要はないこと，の２点を提示した。

ICSID条約の起草から約60年が経ち，その制度の限界も明らかになる中で，（実際に新たな投資紛争解決機関が設立されるかに拘わらず，）どのような制度が構築されるべきかを考えることは，持続可能な投資紛争解決制度の実現に不可欠である。[56]今後も，第３作業部会における議論を追いつつ，検討を深めていきたい。[57]

[附記]　本稿は，2023年11月に中央大学大学院に提出した博士学位請求論文で新たに執筆した未公刊部分，かつ日本国際経済法学会第33回研究大会での個別報告の内容に加筆・修正をしたもので，JSPS科研費JP21K20094の助成の成果の一部である。また，本稿で参照した第３作業部会の資料は，https://documents.un.org/ から入手した（最終閲覧日：2024年５月27日）。

1)　"Report of the United Nations Commission on International Trade Law Fiftieth session," A/72/17 (2017), paras. 263-264. また，ISDS制度改革の背景・近時の議論状況については，富松由希子「国際約束に基づく投資家対国の紛争解決手続をめぐる時代の変遷と未来」『日本国際経済法学会年報』32号（2023年）34頁も参照。

2) "Possible future work in the field of dispute settlement: Reforms of investor-State dispute settlement (ISDS), Note by the Secretariat," A/CN.9/917 (2017), para. 11参照。須網隆夫「投資仲裁と常設投資裁判所──投資紛争解決制度をめぐる分裂と統合」『法律時報』91巻10号（2019年）63頁、65頁は、現行の投資仲裁制度に向けられる批判は、その実効性または正当性に関するものに分かれ、後者を「より根源的」とする。
3) "Possible reform of investor-State dispute settlement (ISDS), Appellate and multilateral court mechanisms, Note by the Secretariat," A/CN.9/WG.III/WP.185 (2019), para. 45 et seq 参照。
4) "Report of Working Group III (Investor-State Dispute Settlement Reform) on the work of its resumed thirty-eighth session," A/CN.9/1004/Add.1 (2020), para. 64.
5) EU＝カナダ包括的経済貿易協定（Comprehensive Economic and Trade Agreement (CETA) between Canada, of the one part, and the European Union and its Member States, of the other part, October 30, 2016, 2017 O.J. (L 11) 23、以下、「CETA」）が設立する常設投資裁判所による判断の、ICSID条約およびニューヨーク条約の下での承認・執行可能性を検討した日本の先行研究として、伊藤一頼「国際投資保護メカニズムの改革をめぐる課題と展望──ポスト・コロナ時代の社会変容を見据えて」『国際法研究』10号（2022年）115頁、126-127頁、また濵本正太郎「常設投資裁判所構想について──ヨーロッパ連合による提案を中心に（その5）」『JCAジャーナル』64巻12号（2017年）16頁等がある。CETAの下でのISDS制度については、河野真理子「投資紛争解決制度の現代的意義と課題」『フィナンシャル・レビュー』令和6年1号（2024年）197頁、212頁以下も参照。
6) Convention on the Settlement of Investment Disputes between States and Nationals of Other States, *opened for signature* March 18, 1965, 575 U.N.T.S. 159.
7) 勿論、新たな投資紛争解決機関の制度設計の議論とは別に、その設立の是非についても検討する必要がある。とはいえ、前者の議論について少なからず進展が見られ、本稿で検討を行うものである。
8) Convention on the Recognition and Enforcement of Foreign Arbitral Awards, *opened for signature* June 10, 1958, 330 U.N.T.S. 3.
9) Esra Yildiz Üstün, *International Investment Dispute Awards: Facilitating Enforcement* (Informa Law from Routledge, 2022), p. 74は、多国間投資裁判所に固有の執行制度を構築するに当たり、既存の制度の短所を考慮した制度設計の必要性を指摘する。
10) ICSID条約型を支持するものとして、Gloria Alvarez et al., "Ensuring the Effective Recognition and Enforcement of MIC Decisions: Submission by the European Federation for Investment Law and Arbitration (EFILA) to the UNCITRAL Working Group No. III on ISDS Reforms" (2020), p. 14や、Richard Happ and Sebastian Wuschka, "From the Jay Treaty Commissions Towards a Multilateral Investment Court: Addressing the Enforcement Dilemma," *Indian Journal of Arbitration Law*, Vol. 6, Issue 1 (2017), p. 113, p. 131等がある。また、Marc Bungenberg and Anna M. Holzer, "Potential Enforcement Mechanisms for Decisions of a Multilateral Investment Court," in

Güneş Ünüvar et al. (eds.), "Permanent Investment Courts: The European Experiment," *European Yearbook of International Economic Law* (2020), p. 75では，設立条約の非締約国における承認・執行を可能とするために，設立条約とは別に承認・執行に関する条約を作成することなど，多様な執行メカニズムの提案がなされている。

11) *Supra* note. 4, para. 64. 2023年9月にシンガポールで行われた会期間会合においても，常設かつ2審制のメカニズムの場合，執行裁判所による追加的な審査を認めないICSID条約型を支持する見解が表明されている（"Summary of the inter-sessional meeting on investor-State dispute settlement (ISDS) reform submitted by the Government of Singapore," A/CN.9/WG.III/WP.233 (2023), para. 99参照）。

12) *Id.*, para. 67.

13) 拒絶事由の分類につき，小島武司＝猪股孝史『仲裁法』（日本評論社，2014年）483-484頁における，仲裁判断の取消事由の3類型を参考にした。

14) "Possible reform of investor-State dispute settlement (ISDS), Draft statute of a standing mechanism for the resolution of international investment disputes, Note by the Secretariat," A/CN.9/WG.III/WP.239 (2024).

15) なお，2024年草案では，新たな投資紛争解決機関の制度設計が現時点では固まっていないことに鑑み，第二審の上訴機関のみ設立される場合と，第二審と第一審が併せて設立される場合のどちらにも対応できるように，セクションが分かれている（*id.*, para. 3参照）。したがって，前者の場合には，同制度の外で下された仲裁判断が上訴の対象となり，後者の場合には，基本的には同制度内部の第一審による判断が上訴の対象となる（第二審の管轄権を規定する同草案18条につき，*id.*, p. 9のほか，その注記として，"Possible reform of investor-State dispute settlement (ISDS), Annotations to the draft statute of a standing mechanism for the resolution of international investment disputes, Note by the Secretariat," A/CN.9/WG.III/WP.240 (2024), paras. 47-54参照）。

16) *Supra* note 14, p. 12参照。

17) 第3作業部会の44会期（2023年1月）に向けて作成された条文草案（以下，「2023年草案」）では，ICSID条約55条に対応する執行免除に関する規定も組み込まれていた（"Possible reform of investor-State dispute settlement (ISDS), Appellate mechanism, Note by the Secretariat," A/CN.9/WG.III/WP.224 (2022), p. 12参照）。

18) なお，2024年草案の注記（*supra* note 15, para. 75）は，第一審の判断について利用可能な救済（取消しや上訴）によっては，「執行段階での他の審査を設ける必要はないかもしれない」とする。

19) *Supra* note 14, p. 15参照。

20) なお，ICSID条約54条1項の執行義務は，ICSID仲裁判断が課す「金銭上の義務」にしか及ばないところ，2024年草案（および2023年草案）は，そのような限定を課していない。また，同条3項は「現に適用されている判決の執行に関する法令」とするところ，2024年草案では「執行に関する法令」としているなどの違いもある。

21) 学説の整理・検討について，田村侑也「豪州におけるICSID仲裁判断の承認・執行と主権免除」『比較法雑誌』55巻4号（2022年）139頁，144-146頁参照。このような見解

の対立は，実際の裁判例にもみられるようになっている。例えば，2020年の英国の最高裁判所によるMicula事件判決では，同一説を採るICSID条約のコメンタリーが参照され（Micula v Romania [2020] UKSC 5, para. 76)，これを支持したように見えるところ，2023年の豪州最高裁判所によるInfrastructure Services Luxembourg事件判決では，区別説が採用された（Kingdom of Spain v Infrastructure Services Luxembourg S.à.r.l. [2023] HCA 11, paras. 38-66，豪州連邦裁判所第一審および第二審の判決を検討したものとして，田村・同上参照）。なお，Micula事件仲裁判断の英国および米国での執行手続を比較・検討したものとして，田村侑也「EU域内外におけるICSID仲裁判断の執行問題――Micula v. Romania事件仲裁判断の執行（一・二）」『法学新報』128巻1・2号99頁，128巻3・4号（2021年）239頁参照。

22) 岩崎一生「仲裁契約と主権免除」松浦馨＝青山善充編『現代仲裁法の論点』（有斐閣，1998年）126頁，131頁におけるICSID条約55条の解釈も参照されたい。

23) 米国の第二巡回区連邦控訴裁判所は，ICSID仲裁判断の執行手段は締約国に留保されているとの米国連邦政府による意見書に賛同した（Mobil Cerro Negro, Ltd. v. Bolivarian Republic of Venezuela, 863 F.3d 96, 117 (2d Cir. 2017))。この判決については，田村侑也「米国におけるICSID仲裁判断の執行と外国主権免除法（FSIA）」『比較法雑誌』55巻2号（2021年）165頁参照。

24) ICSID条約の下で解釈，再審，または取消しの手続が執られると，仲裁廷や特別委員会は，ICSID仲裁判断の執行を停止することができる。

25) Union Fenosa Gas, S.A. v. Arab Republic of Egypt, No. CV 18-2395 (JEB), 2020 WL 2996085 (D.D.C. June 4, 2020) 等があり，このような判断のICSID条約との不整合性を指摘する論考として，Barton Legum and Antoine Weber, "Departures from the Blueprint for Execution of ICSID Awards: Recognition, Enforcement and National Court Practice," in Julie Bédard and Patrick W. Pearsall (eds.), *Reflections on International Arbitration - Essays in Honour of Professor George Bermann* (Juris, 2022), p. 905, p. 911参照。同頁では，「〔手続の〕停止を命ずる裁判所の権威は，それに固有の権限（its inherent power）の下に生ずる」と述べた9REN Holding S.A.R.L. v. Kingdom of Spain, No. 19-CV-01871 (TSC), 2020 WL 5816012, at *3 (D.D.C. Sept. 30, 2020) も参照されている。

26) 執行地間で条約解釈および執行実務の相違が生ずることについては，Marc Bungenberg and August Reinisch, "From Bilateral Arbitral Tribunals and Investment Courts to a Multilateral Investment Court: Options Regarding the Institutionalization of Investor-State Dispute Settlement", *European Yearbook of International Economic Law* (2nd ed., 2020), p. 159参照。

27) Alvarez et al., *supra* note 10, pp. 13-14は，多国間投資裁判所による判断の執行体制を検討する文脈において，その締約国の裁判所による相異なる解釈が「調和された執行体制の目的を脅かす」(p. 13) 可能性に言及し，一例として，米国でのICSID仲裁判断の執行手続を挙げる。

28) "recognition", "enforcement", および "execution" の3つの用語と概念の違いについ

ては，シンガポールでの会期間会合でも言及がなされている（*supra* note 11, para. 120 参照）。

29) *Supra* note 14, pp. 12-13参照。2024年草案が［　］を付している部分は，第3作業部会の44会期において，2023年草案への修正や追加といった意見が出された箇所・事由であり（"Report of Working Group III (Investor-State Dispute Settlement Reform) on the work of its forty-fourth session (Vienna, 23-27 January 2023)," A/CN.9/1130 (2023), paras. 136-148参照），同部会における更なる議論を想定していると推察される。また，2024年草案29条2項にはj号もあるが，空の［　］であり，更なる事由の追加も想定していよう。

30) *Supra* note 15, para. 81.

31) Gabrielle Kaufmann-Kohler and Michele Potestà, "Investor-State Dispute Settlement and National Courts: Current Framework and Reform Options," *European Yearbook of International Economic Law* (2020), p. 91は，上訴メカニズムが，「国家法またはICSID条約の下での現在のいかなる取消しのタイプの審査とも，組み合わさるのではなく，*取って代わる（substitute）べき*」（斜体ママ）とする。

32) ICSID条約における執行停止措置（注24）も，同種の調整規定といえよう。

33) なお，2024年草案29条2項g号における「国際公序」違反は，特定の法域の「国内公序」違反を判断するものではないと考えられる。

34) 第3作業部会の38会期（後半）では，公序審査に係る国内裁判所の役割の維持・範囲について，問題提起がなされた（*supra* note 4, para. 80参照）。

35) ICSID条約54条の起草過程は，望月洋佑「ICSID仲裁判断の不履行と外交的保護──国内救済完了原則の適用をめぐって」『国際法研究』9号（2021年）135頁，146-148頁等でも検証されている。

36) ICSID, *History of the ICSID Convention: Documents Concerning the Origin and the Formulation of the Convention on the Settlement of Investment Disputes between States and Nationals of Other States* (hereinafter "*History of the ICSID Convention*"), Vol. II-1 (1968), p. 60参照（なお，望月・同上147頁にも当該箇所の紹介がある）。

37) *Id.*, Vol. II-2, p. 903参照。

38) *Id.*, Vol. II-2, p. 989参照。

39) *Id.*, 参照。

40) *Id.*, Vol. II-1, p. 522参照。

41) ICSIDの管轄権は，「締約国……と他の締約国の国民との間で投資から直接生ずる法律上の紛争」にのみ及ぶ（ICSID条約25条1項）。

42) この点に関連して，国家の主権的行為から生じた投資紛争の，日本の仲裁法の下での仲裁可能性について，中村達也『仲裁法の論点』（成文堂，2017年）501頁は，日本が，投資協定上の仲裁条項において，非ICSID仲裁の選択肢を相手方当事国の投資家に与えている場合に，日本の仲裁法の下での仲裁可能性を認めないことは，仲裁判断の執行可能性の観点から意味がないとして，仲裁法13条1項の「法令に別段の定めがある場合」に該当し，もって仲裁可能性が認められるとの解釈を提示する。

43) このことは，特に投資協定仲裁に当てはまる。投資協定仲裁が，投資受入国の裁判所における行政訴訟や国家賠償訴訟と類似の性格を有することについては，原田大樹『行政法学と主要参照領域』（東京大学出版会，2015年）273-274頁や，村西良太「司法権の国外委譲と憲法――投資条約仲裁を手がかりとした序論的考察」『社会科学研究』69巻1号（2018年）141頁，149頁（注30）等参照。

44) 中村達也『仲裁法概説』（成文堂，2022年）347頁は，「〔仲裁可能性の問題は〕仲裁地法に準拠するが，それと同時に，仲裁判断の取消し，承認・執行や仲裁合意に基づく妨訴抗弁の局面において，自国の公序維持の観点から，仲裁による解決を禁じ，自国の裁判所が管轄権を行使すべき事項については，仲裁可能性が否定され，それによりかかる仲裁判断および仲裁合意の効力は否定されることになる」とする。同書346頁も参照する。Reinmar Wolff (ed.), *New York Convention: Article-by-Article Commentary* (2nd ed., C.H.Beck, 2019), pp. 393-394 [David Quinke] は，仲裁可能性の問題と専属管轄の問題とを紐づける。

45) 仲裁可能性と専属管轄との関係性について，道垣内正人「仲裁合意」谷口安平＝鈴木五十三編集代表『国際商事仲裁の法と実務』（丸善雄松堂，2016年）81頁，96-98頁は，一方で，仲裁可能性は，いかなる場合に，私人たる仲裁人の判断に確定判決と同一の効力を認め，それに基づく強制執行を認めて良いかという問題設定であり，他方で，専属管轄ルールは，日本の主権の作用に関わる事項について，他国の公権的判断を許容しないとするものであって，「両者の違いがあることは理由のあるところであるということができる」（98頁）とする。この点については，中村達也「国際仲裁における仲裁可能性と絶対的強行法規の適用について」『國士舘法學』53号（2020年）31頁，45-48頁も参照。

46) 小島＝猪股『前掲書』（注13）77頁参照。

47) 投資受入国の公的措置から生じた投資紛争について，第３国の裁判所による管轄権行使が制限される要因としては，主権免除に加えて，国家行為理論も考えられる（石川知子「投資仲裁」柳赫秀編著『講義 国際経済法』（東信堂，2018年）381頁，383頁参照）。なお，投資財産に商取引関係が含まれる場合（例えば，Christoph Schreuer, "The Unity of an Investment," *ICSID Report*, Vol. 19 (2021), p. 3も参照），執行裁判所の管轄権が及ぶことも考えられるが，そのことが仲裁可能性の否定に直結することは考え難い。

48) なお，ICSID 条約の起草過程において Broches は，拒絶事由の有無に関する ICSID 条約と，ジュネーブ条約およびニューヨーク条約との間の違いについては，「性質というよりは程度の違い（a difference of degree rather than of kind）」と捉えていた（*History of the ICSID Convention*, Vol. II-1, p. 575参照）。

49) 承認・執行場面での仲裁可能性の判断に際して，事案との内国牽連性を考慮すべきとする立場（例えば，中野俊一郎『国際仲裁と国際私法』（信山社，2023年）31-32頁参照）からみると，投資受入国以外の国における承認・執行の場面では，当該受入国の財産所在地であるということ以外に執行地との牽連性がない場合，（仮に仲裁可能性に関する拒絶事由があったとしても）その承認・執行拒絶には慎重であるべき，との見解が得られるかもしれない。なお，投資仲裁廷が審理する事項は，投資家による人権侵害などにも及ぶようになっており，仲裁可能性に関する拒絶事由の要否については，継続して検討

が求められる。人権侵害に関する投資受入国による反対請求や，投資協定上での人権尊重等に関する投資家への義務付けについて，伊藤「前掲論文」（注5）132-133頁参照。

50) 例えば，Emmanuel Gaillard and Ilija Mitrev Penushliski, "State Compliance with Investment Awards," *ICSID Review - Foreign Investment Law Journal*, Vol. 35, Issue 3 (2020), p. 540, p. 593は，「〔投資受入国による〕投資仲裁判断の履行は問題とはならないだろうとのICSID条約起草者らの見立ては……外れた（has not held true）」とする。

51) Micula事件については，田村「前掲論文（『法学新報』）」（注21）のほか，同「EU加盟国におけるICSID仲裁判断の執行問題——Micula v. Romania事件を手がかりに」『法学新報』126巻5・6号（2019年）69頁も参照。

52) Convention on the Recognition and Enforcement of Foreign Judgments in Civil or Commercial Matters, *opened for signature* July 2, 2019.

53) ハーグ判決条約23条の邦訳・解説につき，竹下啓介「外国判決の承認・執行に関する新しいハーグ条約（16）」『JCAジャーナル』69巻9号（2022年）36頁，併せてFrancisco Garcimartín and Geneviève Saumier, *Explanatory Report on the Convention of 2 July 2019 on the Recognition and Enforcement of Foreign Judgments in Civil or Commercial Matters* (Hague Conference on Private International Law, 2020), pp. 162-167参照。

54) また，EUなどの地域経済統合組織の規則との関係性について，ハーグ判決条約23条4項a号は，「この条約の当事国である地域経済統合組織の構成国でもある締約国の裁判所が下した判決の承認又は執行〔に〕ついて，地域経済統合組織の規則の適用に影響を与えるものではない」場合のひとつとして，「この条約が締結される前にその規則が採択された場合」を挙げる（邦訳につき，竹下・同上）。とはいえ，同条の冒頭に条約法条約30条がある（*id*., p. 162参照）点で，留意とさらなる検討が求められる。

55) 伊藤一頼「国際投資保護メカニズムをめぐる現状と課題——ルール形成における私人と国家の関与の構造」『組織科学』45巻2号（2011年）4頁，14頁は，「かつての国内的な紛争処理への逆戻りを防ぎ，BITと仲裁を通じた投資保護のメカニズムを将来にわたり維持しようとすれば，それが社会の他の公共価値と調和的に機能しうるよう，制度設計や法の解釈に関して一層の創意工夫を重ねることが不可欠」とする。

56) 森下哲朗「国際投資仲裁の論点と課題」『日本国際経済法学会年報』17号（2008年）153頁，169頁は，「今後，様々な課題を一つ一つ解決していくことが，投資協定仲裁が一部のプロや投資家のみではなく，社会からのより広い支持を得ていくために重要であると思われる」と指摘する。

57) 承認・執行制度と併せて，任意履行を促す制度設計についても検討が必要である。高杉直「国際投資仲裁判断の執行——国際商事仲裁との比較」『日本国際経済法学会年報』26号（2017年）52頁，68頁における，「投資保護だけでなく国家の種々の政策をも考慮した上でホスト国と投資家の間の紛争解決を図ることができる制度や，ホスト国に任意履行のインセンティブを与えるような制度の構築を図るべき」との見解も参照。

（金沢大学人間社会研究域法学系講師）

自由論題

ブロックチェーン技術の活用と競争法

渕 川 和 彦

Ⅰ　はじめに
Ⅱ　ブロックチェーン技術の利用と法
　　1　ブロックチェーン技術
　　2　貿易取引分野とブロックチェーン技術の利用
Ⅲ　ブロックチェーン技術を活用した取引における競争法上の規制とその課題
　　1　一定の取引分野と市場支配力
　　2　共同行為
　　3　単独行為
　　4　企業結合規制
　　5　エンフォースメント
Ⅳ　おわりに

Ⅰ　はじめに

　近年，印刷技術の飛躍的な向上により，精工に偽造された書類が出回り，取引の安全が脅かされている事象が生じている。デジタル書面について，ブロックチェーン技術を用いて暗号化することで，迅速かつ安全な取引が実現しつつある。デジタル経済において現在用いられている枠組みであるデジタルプラットフォームは，集中型の枠組みである。デジタルプラットフォームは，消費者の選択を狭め，プライバシーを侵害することが懸念されている。[1]

　これに対して，ブロックチェーン技術は分散型の枠組みである。分散型台帳技術（distributed ledger technology）は，普及性，改善性，イノベーションの補完性に特徴づけられる。[2]従来の一元管理とは異なり，ブロックチェーン技術により，多数の参加者が全員の取引履歴を記録・閲覧することができ，システムダウンすることなく安定的に運営することが可能となる。[3]

　貿易取引においてはブロックチェーン技術を用いた取引が一部ではじまっており，ブロックチェーン技術を用いた取引に伴う法的課題についても検討する

必要がある。ブロックチェーン技術それ自体は分散化に特徴づけられ，オープンソースソフトウェアを活用していることから競争促進的な技術ではあるものの，ブロックチェーン技術を独占的に用いた市場において，反競争的な行為が行われる場合には，競争法上の問題が生じ得る。[4]

そこで本稿では，比較法的な視点を踏まえた上で，貿易取引分野におけるブロックチェーンの利用に関する競争法上の法的課題を明らかにするとともに，その解決方法を検討する。

II ブロックチェーン技術の利用と法

1 ブロックチェーン技術

ブロックチェーン技術とは，情報通信ネットワーク上の端末同士を直接接続して，暗号技術を用いて分散的に取引記録を処理・記録するデータベースの一種であり，暗号資産に用いられている基盤技術である。[5]また，ブロックチェーンは，「交換を安全にするために暗号技術を用いることで，分散的なデータベース，又はネットワーク上の取引を見ることができる『デジタル台帳』を提供する」。[6]そして，ブロックチェーン技術は資産の所有権を特定可能にし，デジタル転送を可能にすることで，取引に信頼性を与え，取引を容易にするものである。[7]ブロックチェーンを用いた取引では，①少額取引が可能であること，②取引の処理が適正価格での料金が支払われているか否かという基準によって行われている限り，全ての取引は差別のない平等なアクセスを保証するネットワーク中立性の恩恵を受けること，[8]③一度記録されれば，この記録を覆すことは多くの費用と時間を要するため，改ざんすることがほとんど不可能であること，④誰もが公開台帳を確認することができ，取引が実際に行われたか否か，送信者のID，転送された場所を確認することができること，⑤ブロックチェーンにより，規模の経済やネットワーク効果を削減することに繋がることが特徴として挙げることができる。[9]

ブロックチェーン技術については，まず，第一世代のブロックチェーン技術（「ブロックチェーン1.0」）では，PoW（proof-of-work）という手法を採用し，非常に多くの中央演算機（CPU）を利用する。PoWは，マイナー（採掘者）と称さ

れる検証者の計算能力が51％に達した場合にブロックチェーン全体を書き換えることが可能となってしまう「51％の攻撃」の対象となる可能性がある。第一世代のブロックチェーン技術を利用している具体例としては，ビットコインが例として挙げられる。

次に，第二世代（「ブロックチェーン2.0」）では，PoS（proof-of-stake）という手法に切り替えることで，PoSは，51％の攻撃のリスクに関してPoWよりもより安全であるとされる。PoSの仕組みにおいては，暗号資産に対する掛け金（stake）すなわち保有量が多ければ多いほど，暗号資産の取引の承認の役割を割り当てられる可能性が高まることとなる。PoSであれば，計算能力が高いとしても，掛け金としての暗号資産が高くなければ承認できる可能性は低いため，PoWよりも51％の攻撃のリスクは低いことになる。この第二世代のブロックチェーン技術を採用しているものとして，イーサリアムが挙げられる。

2　貿易取引分野とブロックチェーン技術の利用

参加自由型ブロックチェーンは，パブリック型ブロックチェーンとも称される。検証者として匿名性を有した非常に多くのバリデータ（validator）が取引に介在する。参加自由型ブロックチェーンには，非常に多くのバリデータが取引に介在する。そして，誰でも取引を観察可能である。

これに対して，参加許可型ブロックチェーンは，管理事業者やコンソーシアムによってバリデータを制限するものである。管理主体が単一の組織の場合をプライベート型ブロックチェーン，そして，管理主体が複数の組織の場合をコンソーシアム型ブロックチェーンとも称する。参加許可型ブロックチェーンには，より信用性のある比較的少数のバリデータが取引に介在する。参加許可型ブロックチェーンでは，許可された者しか取引を観察できない。

（1）国際的な機関及び基準について

2017年，国連国際商取引委員会（UNCITRAL：United Nations Commission on International Trade Law）により，MLETR（Model Law on Electronic Transferable Records）という電子商取引にかかるモデル法が採択された。[10]

OECDは，①政府による効率的なブロックチェーンの採用をどのように促

進するのか，②政府がビジネスにおけるブロックチェーンの利用から生じるリスクや好機に対する効果的な政策的対応を明確にすることをどのように支援するのか，③ブロックチェーンを違法な活動に悪用することを防ぐためにどのように支援するのかについて取り組んでいると述べている。[11]

　国際的な貿易プラットフォームのサービスを提供する上で，相互運用性がブロックチェーンに関する技術的な課題の一つである。国際機関でも相互運用性の基準策定について議論が始まっている。[12] 特に，UN/CEFACT は，物流領域を中心に国際 EDI 標準（UN/EDIFACT）を開発している。[13] ICC は，デジタル貿易取引の統一規則（URDTT：Uniform Rules for Digital Trade Transactions）を提案している。この URDTT は，電子商取引，電子署名及び電子的転送可能記録を含む UNICITRAL モデル法に適合するよう起草されている。[14] また，民間ルール策定団体である ICC のデジタル標準イニシアティブ（DSI）は，主要貿易書類及びデータ要素（KTDDE：Key Trade Documents and Data Elements）の主要貿易書類について定義，その目的と法的枠組みを明らかにしている。[15] 現在，我が国では船荷証券の電子化法制に向けて取り組みが行われている。[16]

(2) 各国の動向

　(a) Ｅ　Ｕ

　EU では，INATBA（International Association for Trusted Blockchain Applications）という政府組織がブロックチェーンを活用して研究を行っている。INATBA は，官民の橋渡し，並びに法律，金融，教育等の分野におけるグローバルなブロックチェーンの採用の促進を通じて会員を支援し，ブロックチェーンのエコシステムの促進を目的としている。2024年現在32か国から140の会員が参加しており，政府系助言機関が，31か国から41組織が，学術系助言機関について20か国から64の会員が参加している。[17] 欧州委員会は電子貨物輸送情報にアクセスするための加盟国の当局が用いる手続きの統一に関する実施規則案について意見が求められている。[18]

　(b) 米　国

　米国では，MLETR の法改正が進んでおり，主に民間主導でブロックチェーンの利用が進展している。[19] 例えば，Walmart は，参加許可型ブロックチェー

ンである IBM Food Trust を用いて，食料品に関するサプライチェーンの荷物を追跡している[20]。また，FedEx は，物流でブロックチェーンを活用しており，2018年からブロックチェーン・イン・トランスポート・アライアンス（BiTA）に加盟している。また，BiTA は，物流業界に特化した「OriginTrail」と称するブロックチェーンの開発を進めている[21]。

IBM と総合ロジスティクス企業 MAERSK の共同出資により設立された TradeLens は，物流においてブロックチェーンを用いたグローバルな貿易取引のプラットフォームであったが，2022年11月に事業清算を発表した。

米国国土安全保障省（DHS）及び税関・国境警備局（CBP）は，国際貿易について紙ベースの公的規則の代わりとして，ブロックチェーンを適用することを検討中である。税関・国境警備局は，知的財産権を保護し，貿易を促進するためにブロックチェーンを用いること等を検討している[22]。

(c) アジア

アジアでは，APEC（アジア太平洋経済協力）の民間部門である APEC ビジネス諮問委員会（ABAC：APEC Business Advisory Council）でもブロックチェーンについて議論が行われている。ABAC は，1995年に APEC 大阪会議で設立が決定された。ABAC は，APEC 唯一の公式民間諮問団体として，ビジネス優先課題について APEC 首脳会議に直接提言し，意見交換を行うことが認められている[23]。2019年，ABAC は，APEC 経済圏における取引のペーパーレス化を推進する取組みとして，ブロックチェーンの利用可能性とその法整備の必要性について検討している[24]。

日本でブロックチェーン技術を用いる貿易情報連携プラットフォーム「TradeWaltz」を運営する株式会社トレードワルツ（以下，「トレードワルツ社」）は，シンガポール，タイ，ニュージーランド等の国と貿易プラットフォームに関する連携を進めている。2022年4月に，総合的物流情報プラットフォームシステム「NACCS」とシステム連携している。また，2021年8月には国の港湾関連データ連携基盤「Cyber Port」との連携の意向について発表している。

(3) 我が国における法整備の状況について

我が国における電子帳簿に関する法整備としては，2001年4月1日に，電子

署名及び認証業務に関する法律（電子署名法）が施行されている。また，電子計算機を使用して作成する国税関係帳簿書類の保存方法等の特例に関する法律（電子帳簿保存法，1998年7月1日に施工）は，令和3年改正（2022年1月1日施行）により，税務署の事前承認制度が廃止され，スキャナ保存について適用されることとなった。また，最低限の要件を満たす電子帳簿の電磁的記録による保存が可能となり，タイムスタンプ要件も緩和された（最長約2か月と概ね7営業日以内。クラウド等により，タイムスタンプの付与に代えることが可能）。また，関税法（1954年7月1日施行）の電子帳簿等保全制度に係る規定も令和3年に改正されている（7条の9第2項，2022年1月1日施行）。

船荷証券については有価証券であることから，日本ではブロックチェーンで船荷証券の管理を認める立法・法改正が別途必要となる。船荷証券に関して，日本を含む先進国はヘーグ・ヴィスビー・ルールを批准しており，このヘーグ・ヴィスビー・ルールの内容を反映するために，1992年6月3日に国際海上物品運送法を改正し，翌年1993年6月1日に改正国際海上物品運送法が施行されている。

現在，各国は国連の発表したMLETRに基づき，船荷証券の電子化を法的に担保する法改正を進めている。日本では，法務省委託調査の研究会「商事法の電子化に関する研究会」が開催され，2022年2月14日には法制審議会に提案がなされている。2024年6月19日に法制審議会商法部会第15回会議が開催される。

Ⅲ　ブロックチェーン技術を活用した取引における競争法上の規制とその課題

ブロックチェーン技術により，分散化する性質を持つことで，ネットワーク効果により参入障壁を下げることが可能となる。また，ブロックチェーン技術を用いることにより，マルチ・ホーミングも可能となり，スイッチング・コストが下がることで，より競争が活発化することが期待できるとされる[25]。しかしながら，ブロックチェーン技術を用いて反競争的な行為を行う場合には，競争法上の問題が生じ得る[26]。

自由論題

1　一定の取引分野と市場支配力

　ブロックチェーン技術の活用と経済法の関係を考える上で，まず，ブロックチェーン技術の活用による一定の取引分野（市場）を画定する必要がある。その際には，ユーザーやバリデータにとって代替的な技術が存するか否かを踏まえながら市場の状況を検討しなければならない。[27]

　ブロックチェーン技術を用いた取引には，ビットコインのように単一のアプリケーションとして機能する場合と，プラットフォームとして機能する場合がある。さらに，プラットフォームとして機能するプラットフォーム型ブロックチェーンには，①参加自由型ブロックチェーンと②参加許可型ブロックチェーンがある（例として，Hyperledger Fabric, Corda）。①の場合，商品（又は役務）市場は，核となる活動による。②の場合，個別の市場として機能しているか否かについては個別具体的に判断する必要がある。[28]

　市場画定は，収益を得ている活動等を分析して商品（又は役務）市場を分析することとなる。地理的範囲については需要代替性の観点から画定した商品（又は役務）の範囲に伴い画定されることとなる。ブロックチェーンの市場画定については，知識集約型のデジタル製品またはサービスの市場画定とは異なる点は無いとの指摘もある。[29]デジタルプラットフォーム市場における市場画定では，異なるユーザーを結びつける二面市場又は多面市場においては，間接ネットワーク効果が生じることが明らかにされている。[30]デジタル製品またはサービスの市場においては，データそれ自体も取引の対象となり，地理的範囲も国内外に広がり得る。また，二面市場又は多面市場において，無料サービスが含まれるような場合，独占事業者による値上げを前提に市場画定するSSNIPテスト[31]では補足できないこととなる。[32]

　ブロックチェーンに関する市場では，参加自由型のプラットフォームを構成する場合の市場は，基本的に二面市場ないし多面市場を構成すると考えられる。他方，ブロックチェーン技術の特性上，分散化されることで，間接ネットワーク効果は通常のプラットフォーム市場よりもある程度緩和されることとなると考えられる。参加許可型プラットフォーム市場は，プラットフォームとしての機能は限定的であり，それ自体では市場を構成することは少ないものと考

えられる。他方，共同事業体を組織して特定のサービスを共同で提供するコンソーシアム形式をとる参加許可型ブロックチェーンについてはそれ自体で市場を構成するかを個別具体的に検討する必要があると思われる。

一定の取引分野（市場）を画定し，ブロックチェーンが二面市場ないし多面市場を構成する中で，どのように市場支配力を評価していくべきかが問題となる[33]。また，ブロックチェーンがプラットフォームとその補完商品及び補完サービスのエコシステム[34]の一部を構成している場合には，その影響力も検討する必要があると考えられる[35]。

2 共同行為

ブロックチェーンは，参加自由型，参加許可型に拘わらず，データが閲覧可能な状態になることにより，競争事業者の価格・数量等といった秘密情報を得ることが可能となり，カルテル参加者の逸脱を発見するのに利用される可能性がある[36]。この点，ブロックチェーン技術を用いて，ある契約・取引において特定の条件が成立した場合に一定の条件を開始させるスマートコントラクトは，使い方によっては，カルテルからの逸脱に対して，自動的に制裁を加えることを可能とし得る[37]。このためスマートコントラクトが共同行為や協調行動の調整に用いられていないか注意が必要である。そして，ブロックチェーンは，寡占市場において，事業者間で直接又は間接で合意をする，あるいは黙示の合意をすることを可能とし得る[38]。また，ブロックチェーン技術に基づく共同行為が発覚した場合又はそのおそれがある場合に，共同行為の参加事業者の端末（ノード）からそれぞれ合意に関する証拠を同時に消去することが可能となることが懸念されている[39]。

ブロックチェーンにより共同行為が助長される場合として，アルゴリズムが市場への脅威をいち早く察知したり，既存企業が潜在的な競争者を買収したり，証拠の残らない形で相互の連絡を取ったりすることで，市場の透明性を高め，共同行為からの逸脱に制裁を加えられるようにすること，競争者の行為を監視し，共同行為のファシリテーターとして行動すること，ハブ・アンド・スポーク型共同行為を行うこと，アルゴリズムを通じたシグナリングを行うこ

自由論題

と，機械学習や自己学習を通じて協調すること等が考えられる[40]。

　共通のブロックチェーン技術を利用している場合には，お互いの妥結した価格を即時的に正確な価格を把握することが可能となってしまう。例えば，（1）共通のブロックチェーン技術を利用することを合意した場合，（2）最初の取引価格と同じ価格に設定することが慣習的に行われている場合に独占禁止法上の不当な取引制限に当たり得るかが問題となる。（1）については，ブロックチェーン技術を利用した明示の合意によるカルテルとなるかが問題となる。欧米では価格の情報交換合意を締結し，価格設定を互いに監視することは競争法上違法となる[41]。しかし，我が国独禁法では，価格情報交換合意それ自体を違法とした事例は未だなく，価格の情報交換に基づく黙示の意思の連絡を認定することとなる[42]。（2）については，協調的行動により共通の意思の形成を促すおそれがある。この場合，取引先事業者を介した共同行為であるハブ・アンド・スポーク型共同行為[43]あるいはコンサルタント等の第三者が協調行動を助長するファシリテーター型共同行為[44]のように，取引先事業者あるいは第三者を通じて競争者間の水平的な合意に結びつく場合には競争法上規制が可能となる[45]。

　ブロックチェーン技術に関する事例ではないが，デジタルプラットフォーム関連の規制事例において共通するシステムを利用した共同行為及び協調行為の事例はいくつか存在する。例えば，EU競争法では，オンライン旅行システムを運営する事業者であるEturasが，オンライン旅行システムを通じて旅行代理店にオンライン予約の値引き率の引き下げを働きかけたEturas事件欧州司法裁判所判決（2016年）[46]がある。Eturas事件では，Eturasは，オンライン旅行システム内のメッセージ機能を用いて，旅行代理店にオンライン予約の値引き率を4％から0-3％に引き下げることを呼びかけ，そのメッセージには旅行代理店が3％を超えて割引した場合には，自動的に3％に割引率が削減されることが記されていた。欧州司法裁判所は，「問題となっているメッセージの内容を認識していた旅行代理店間の協調の事実認定は正当化され，もし，市場における事後の行為と，協調と事後の行為の因果関係が認められるのであれば，反競争行為に黙示的に同意したと捉えられる」としてEturasだけでなく，旅行代理店も含めた協調行為をEU機能条約101条違反としている[47]。

米国では，Topkins 事件カルフォルニア州北部連邦地裁（2015年）[48]において，Amazon Marketplace で販売されるポスターの価格設定を行うアルゴリズムを基盤とする価格設定ソフトウェアを用いることで特定のポスターの価格を固定することを共同したことが，米国反トラスト法（シャーマン法1条）に違反するとされている。また，米国競争当局である FTC 及び DOJ は，AI アルゴリズム[49]を利用した共同行為に対する規制に積極的である。FTC は，米国の競争法である反トラスト法上の AI アルゴリズムを利用した共同行為について意見を表明している。[50]その中で，居住用住宅市場において，多くの競合する大家が住宅の価格を決定する際に，住宅の価格について提案する「RENTMaximizer」等のソフトウェアやそれと同様の商品を利用することで米国の賃借人がアパートを比較する機会を奪ってしまうおそれがあることを指摘している。[51]

　また，FTC 及び DOJ は，ホテルの宿泊料金の価格協定に関して共同行為を実施したとして，シャーマン法1条違反を訴えたクラスアクション（Cornish-Adebiyi 事件ニュージャージー州連邦地裁（2024年））について利害関係（interest）の表明を行っている。[52] FTC と DOJ は，ホテルが宿泊料金の価格設定について共同することは許されず，仮に人間が行えば違法となり得る行為を実施するために，共同行為を容易にする（facilitate）アルゴリズムを利用することは許されないと述べている。[53] 一連の事件となる Gibson 事件ネバダ州連邦地裁判決（2024年）[54]では，暫定的集合代表訴訟（putative class action）において，原告らはホテルが宿泊料金を集団的に特定のソフトウェアを用いて価格協定を行ったことがシャーマン法1条に違反すると主張した。裁判所は，競争者間の水平的な合意（リム）が推定される場合，ハブとなる事業者の要請する価格に関して，取引関係（垂直的な関係）のある事業者（スポーク）が合意をするところ，本件では，各ホテルがソフトウエアサービスを使用した時期が異なっており，ホテルらが秘密情報を交換したこと及びソフトウェアが推奨する価格に設定又は固定することの合意に関する主張が不十分であるとして原告の請求を斥けている。このように米国では，AI アルゴリズムを利用した共同行為を，基本的にハブ・アンド・スポーク型共同行為の問題として捉えている。

　日本では，土曜日の ATM 手数料を105円に有料化した土曜 ATM 有料化事

自由論題

件(「大手銀行による土曜日のATM利用手数料の有料化について」公取委発表平15・3・2)において,慣行と称して,顧客への告知前にＡＴＭ利用手数料の改定について提携行へ通知が行われていたが,公取委は,銀行間の話合いや共通の意思の形成を促すおそれがあるとして,4行及び全国銀行協会に対して,今後,顧客への告知前に提携金融機関に通知しないよう注意した。土曜ATM有料化事件は,共通のシステムを利用することでお互いの価格設定を監視可能な場合の独占禁止法上の評価に関する事例として興味深い。

日本でブロックチェーンを用いた貿易手続を行っているトレードワルツ社が運営している「貿易情報連携効率化・普及に向けたコンソーシアム」(通称:貿易コンソーシアム)には,貿易関連企業及び公的機関含め構成事業者140社超が参加している。[55] トレードワルツ社が運営するTradeWaltzはコンソーシアム型の参加許可型ブロックチェーンであることから,当該ブロックチェーンの貿易手続に関する役務それ自体で市場を構成するか否かについては個別具体的に検討が必要である。一方で,市場の閉鎖性・排他性については,別途検討が必要であると思われる。コンソーシアム参加に関する排除や差別的取扱いに対する懸念について,トレードワルツ社は,国際物流システム「TOSSシリーズ」や総合的物流情報プラットフォームシステム「NACCS」とのシステム連携を始めており,TradeWaltzとNACCS間において輸出入許可書のデータの連携が行われている。トレードワルツ社のコンソーシアム型のブロックチェーンは,データを共有できる仕組みになっており,データ基盤を提供して実際に事業を行うのは,構成事業者自身となっている。

3 単独行為

ブロックチェーンに関する単独行為として,例えば,ブロックチェーン技術を用いる新規参入者の規模の制限は,新規参入者のコストを上昇させる可能性がある。また,ブロックチェーンへのアクセス拒絶は,競争的な行動を取る事業者または新規参入者を排除するために行われる可能性がある。ブロックチェーン技術を必要とするハードウェアとブロックチェーンの暗号資産を結びつけることで,ハードウェアでの市場支配力を下流市場でのブロックチェーン

の市場に及ぼすような，垂直的な排除行為も問題となり得る[56]。

　例えば，イーサリアムは，ブロックチェーン上において，支配的な分散型アプリケーション（Dapp：Decentralized Application）やスマートコントラクトを発展させることが出来る。現在，ブロックチェーンのネットワーク上で機能するいくつかのDappが現れている（例として，NEO, Waves, Lisk, Microsoft-compatible Stratis, Cardano）。独占的なブロックチェーンのアクセスが拒絶されたり，参入障壁が設けられたりするような場合には競争法上の問題が生じ得る。また，仮想通貨と付随的な役務（例として，デジタル・ウォレット又はデジタル通貨交換）とをバンドリングする行為など，ブロックチェーンにおいてバンドリングが競争法上問題となり得る。このほか，排他的な取引や差別対価・差別的な取扱いも囲い込みの問題を生じ得る[57]。なお，ブロックチェーンを用いた取引に関して不当な高価格を設定する場合は，搾取的な濫用行為に該当し得るとされる[58]。

　また，従来のプラットフォームにおける競争法上の問題はプラットフォーム型ブロックチェーンについても妥当し得る。例えば，取引妨害（不公正な取引方法一般指定14項）[59]や拘束条件付取引（同一般指定12項）[60]を実施することにより，新規参入の排除や取引機会の減少などの市場閉鎖効果を生じさせる場合が考えられる。また，手数料や等の一方的な設定の問題として，合理的であると認められる範囲を超えて金銭，役務その他の経済上の利益を提供させる場合，優越的地位の濫用の問題が生じ得る（独占禁止法2条9項5号）[61]。

4　企業結合規制

　ブロックチェーンに参加する事業者間の企業結合は，競争者間の水平型企業結合及び取引当事者間の垂直的型企業結合の問題だけでなく異業種体間の混合型企業結合の問題を生じ得る。例えば，仮想通貨と独占的なデジタル・ウォレット又は暗号資産交換の事業の統合などは，競争法上の問題が生じ得る。混合型企業結合でも，不可欠なビッグ・データやアルゴリズムとブロックチェーンプラットフォームとをバンドリングすることで，ブロックチェーン外の独占的な地位をブロックチェーンにレバレッジすることがあり得るとの指摘がなさ

自由論題

れている[62]。

5 エンフォースメント

　排除措置命令・課徴金納付命令による事後規制としての行政処分が基本となる。事後規制に加えて、技術革新が著しい分野であるため、迅速かつ効果的な対応のため確約手続も有効であると思われる。しかしながら、ブロックチェーン技術は参加者がデータを閲覧可能な状態にする分散的なデータベースであるという特質を有するため、特に共同行為に関するエンフォースメントをどのように設計するかが今後重要なるであろう。

　この点、特定デジタルプラットフォームの透明性及び公正性の向上に関する法律（以下、「取引透明化法」）の特定デジタルプラットフォーム提供者として指定されれば、取引透明化法の共同規制を用いることが可能である（取引透明化法4条1項）。ただし、ブロックチェーン技術の活用は、貿易取引のみに限られず、金融取引分野等広範に及び、取引透明化法による共同規制は、報告義務を負うものの、法的なエンフォースメントとしては必ずしも十分とはいえない。また、2024年6月12日に「スマートフォンにおいて利用される特定ソフトウェアに係る競争の促進に関する法律」（以下、「スマホソフトウェア競争促進法」という。）が成立しており、スマートフォンのソフトウェアの分野について、アプリストアやブラウザに関する反競争行為に対する事前規制が可能となっている。但し、「スマートフォンにおいて利用される特定ソフトウェアに係る競争の促進に関する法律」の対象範囲は、スマートフォン分野に限定されている。

Ⅳ　おわりに

　分散型の枠組みであるブロックチェーン技術の活用により、ネットワーク効果が生じることから参入障壁を下げることが可能となる。また、マルチ・ホーミングも可能となり、スイッチング・コストが下がることで競争促進効果が生まれる。但し、ブロックチェーン技術を独占的に用いた市場において、反競争的な行為が行われる場合には、競争法上の問題が生じ得る。

　ブロックチェーンを利用した共同行為に関しては、ブロックチェーンを用い

て共同行為からの逸脱に制裁を加えられるようにすること，競争者の行為を監視し，共同行為のファシリテーターとして行動すること，ハブ・アンド・スポーク型共同行為を行うこと，アルゴリズムを通じたシグナリングを行うこと，機械学習や自己学習を通じて協調すること等が考えられる。ブロックチェーン技術の特性上，ブロックチェーンの参加者には取引の記録が即時的に閲覧可能であることから，競争事業者間でブロックチェーンを形成する場合には，協調的な行動が可能となり，競争法上の問題が生じ得る。ブロックチェーンを利用した単独行為に関しては，独占的なブロックチェーンのアクセスが拒絶されたり，参入障壁が設けられたりするような場合には競争法上の問題が生じ得る。また，ブロックチェーンにおいてバンドリング，排他的な取引や差別的な取扱いによる囲い込みの問題が生じ得る。そして，ブロックチェーンに参加する事業者間の企業結合は，水平型・垂直型企業結合の問題だけでなく異業種体間の混合型企業結合の問題を生じ得る。

　貿易取引におけるブロックチェーン技術は既に実装段階に至っており，新たな技術の到来により競争当局の審査が困難化するだけでなく，実体法上の理論的課題が共同行為，単独行為，そして企業結合規制において生じている。そして，ブロックチェーン技術の利用と法的問題は貿易取引の分野には限られない。貿易取引分野以外の法的問題については，残された課題としたい。

1) Ioannis Lianos, *Blockchain Competition: Gaining Competitive Advantage in the Digital Economy-Competition Law Implications*, in Regulating Blockchain: Techno-Social and Legal Challenges 331 (Philipp Hacker, Ioannis Lianos, Georgios Dimitropoulos & Stefan Eich eds., 2019).
2) Lianos, *supra* note 1, pp. 331-332.
3) この点，クラウドのデータベースも複数のコンピューターがデータを保存し，改ざんを修正することが可能であるが，クラウドのサービス提供業者のサービス提供が停止すれば，データが消失するおそれがある。
4) ブロックチェーンと貿易取引に関する法的問題について取り扱った，拙稿「貿易取引におけるブロックチェーンの利用とその法的課題」(2022年), at https://www.customs.go.jp/osaka/news/news_pdf/boekitorihiki_blockchain_20220901.pdf (as of 12 November 2023) がある (大阪税関・大阪市立大学2021年度共同研究報告書)。本稿は，この報告書の競争法の部分に焦点を当て加筆修正したものである。また，独占禁止法とブロック

自由論題

　　　チェーンに関する文献として，伊藤多嘉彦「ブロックチェーンと独禁法」情報センサー2018年10月号（2018年），宍戸聖「独占禁止法とブロックチェーンの連関性」NBL1252号4頁（2023年）。ブロックチェーン技術に関する法律全般について取り扱った文献として，久保田隆編『ブロックチェーンをめぐる実務・政策と法』（中央経済社，2018年），ゲーム産業におけるブロックチェーン技術の活用と法的問題について取り扱った文献として，松本恒雄監修『NFTゲーム・ブロックチェーンゲームの法制』（商事法務，2022年）等がある。

5) 総務省「平成30年情報通信白書」第3章第3節3参照。
6) OECD, Blockchain Technology and Competition Policy 3 (2018).
7) OECD, *supra* note 6, p. 2.
8) *See* Tim Wu, *Network Neutrality, Broadband Discrimination*, 2 JOURNAL OF TELECOMMUNICATIONS AND HIGH TECHNOLOGY LAW 141-178 (2003).
9) Lianos, *supra* note 1, pp. 335-337.
10) MLETRは，電子的転送可能記録の国内外の法的な利用を可能にすることを目的としており，電子署名や信頼性を担保するための基準などが規定されている。UNCITRAL, Model Law on Electronic Transferable Records (2017).
11) OECD, *supra* note 6, p. 3.
12) ブロックチェーンの相互運用性が議論されている国際機関として，国際商工会議所（ICC：International Chamber of Commerce），国際標準化機構（ISO：International Organization for Standardization），United Nations Centre for Trade Facilitation and Electronic Business (UN/CEFACT)，世界税関機構（WCO：World Customs Organization）などが挙げられる。また，G7広島サミットでは，ルールに基づく多角的貿易体制を強化し，デジタル技術の進化に歩調を合わせるとしている。外務省「G7広島首脳コミュニケ」（2023年5月20日）参照。
13) 国連EDIFACT（行政，商業，輸送のための電子交換に関する国連規則）とは，国連CEFACT（貿易円滑化と電子ビジネスのための国連センター）が開発・維持する電子データ交換（EDI）の国際標準規格である。国連CEFACT日本委員会 Web, at https://www.jec-jastpro.org/%E3%82%A8%E3%82%B0%E3%82%BC%E3%82%AC%E3%82%A4%E3%83%89/edifact/（as of 12 November 2023）.
14) *See* ICC, Uniform Rules for Digital Trade Transactions Version 1.0 (2021). 2018年にバーレーンが法改正したのを皮切りとして，2021年にシンガポールが電子船荷証券を承認する法案を可決し，タイ，英国も電子技術を用いた取引の法的障害を取り除く取り組みを行っている。*See* ICC United Kingdom, Partnership to deliver a cheaper, faster and simpler trade framework for SMEs (March 23, 2023).
15) ICC DSI, Key Trade Documents and Data Elements (November 2023).
16) 商事法務研究会「商事法の電子化に関する研究会報告書——船荷証券の電子化について」（令和4年4月）。
17) *See* INATBA Web, at https://inatba.org/（as of 31 May 2024）.
18) EU Commission, Draft implementing regulation - Ares(2023)7239304 (24 Oct. 2023).

19) ICC DSI, MLETR Progress Tracker, at https://www.dsi.iccwbo.org/_files/ugd/0b6be5_f29f5f4a9c1743ba8ba97f166f233e20.pdf (as of 12 November 2023).
20) IBM, Walmart's food safety solution using IBM Food Trust built on the IBM Blockchain Platform, at https://mediacenter.ibm.com/media/Walmart%27s+food+safety+solution+using+IBM+Food+Trust+built+on+the+IBM+Blockchain+Platform/1_zwsrls30 (as of 12 November 2023).
21) See e.g., UCL Center for Blockchain Technologies, Distributed Ledger Technology in the Supply Chain (2019).
22) Congressional Research Service, Blockchain and International Trade (June 25, 2019).
23) ABAC委員は，APECに参加する各国・地域からそれぞれ3人を超えない範囲で首脳により指名され，通常，年に4回会議を開催し首脳への提言をまとめている。経済産業省「APECビジネス諮問委員会」，経産省 Web, at https://www.mofa.go.jp/mofaj/gaiko/abac/index.html (as of 19 July 2022)。
24) RMIT University, Blockchain and International Trade in the APEC Region (2019).
25) Chris Pike, Gabriele Carovano, *Reasons to Be Cheerful: The Benevolent Market Power of Decentralised Blockchains* (2020).
26) Lianos, *supra* note 1, pp. 380-381; OECD, Antitrust and the trust machine 8-11 (2020).
27) OECD, *supra* note 26, p. 12.
28) THIBAULT SCHREPEL, BLOCKCHAIN+ANTITRUST -THE DECENTRALIZATION FORMULA 185 (2021).
29) *Ibid*.
30) *See* DAVID S. EVANS, PLATFORM ECONOMICS: ESSAYS ON MULTI-SIDED BUSINESS, COMPETITION POLICY INTERNATIONAL 2 (2011).
31) ある地域において，ある商品に関する独占事業者を想定し，当該事業者が，小さいが重要な，一時的ではない程度の値上げ (Small but Significant and Non-transitory Increase in Price) を行った場合に，当該商品及び地域について，需要者が当該商品を他の商品又は役務の振替に着目し，振替が生じなくなった範囲をもって関連市場を画定するもの。公取委「企業結合審査に関する独占禁止法の運用指針」第2の1参照。
32) この他，価格ではなく，品質の変化を指標としたSSNDQテスト (Small but Significant and Non-transitory Decrease in Quality)，コストの変化を指標としたSSNICテスト (Small but Significant and Non-transitory Increase in Costs test) などが提唱されているが，実際の運用には課題があることが指摘されている。*See* OECD, Rethinking Antitrust Tools for Multi-Sided Platforms 37-49 (2018).
33) Lianos, *supra* note 1, pp. 398-399.
34) エコシステムとは，共同事業体の相互作用，上流市場および下流市場の構成要素と補完物のイノベーションの相互作用，そして，プラットフォームと補完商品およびサービス・プロバイダにおける相互作用のことを指す。*See* Michael G. Jacobides, Carmelo Cennamo, Annabelle Gawer, *Towards a Theory of Ecosystem*, 39 (8) STRATEGIC MANAGEMENT JOURNAL 2255, 2256-2258 (2018).

35) Lianos, *supra* note 1, pp. 398-399.
36) ブロックチェーンがコンソーシアムを形成する場合には，ジョイントベンチャー形式の合意として分析することとなる。このようなコンソーシアムが，例えば，データにリアルタイムにアクセスできる公開された台帳に基づき，カルテルを助長するような場合に競争法上の問題が生じ得る。Lianos, *supra* note 1, p. 381; OECD, *supra* note 26, at 12.
37) Lianos, *supra* note 1, at 381; OECD, *supra* note 26, at 12.
38) 例えば，データが公開されているブロックチェーンにおいてアクセスできるようにすることが，合意又は協調行動に該当するのか否か，一方的に価格の情報をブロックチェーンに流すことで，価格シグナリングとして，共同行為を構成するかが問題となり得る。OECD, *supra* note 6, p. 6.
39) 土佐和生「アルゴリズムに基づく協調的行為に対する規制可能性」CPRC Discussion Paper Series, CPDP-94-J（2023）12頁。
40) *See* Lianos, *supra* note 1, pp. 385-386.
41) 例として，UKトラクター事件欧州司法裁判所判決（See Case C-7/95, J. Deere v. Commission, [1998] ECR 1-3111; See Case C-8/95, New Holland Ford v. Commission, [1998] ECR 1-3175.），米国コンテナ事件連邦最高裁判決（United States v. Container Corp., 393 U.S. 333 (1969) が挙げられる。
42) 任天堂DS事件（公取委審決平25・7・29審決集60巻第1分冊144頁）では，価格の情報交換に基づき下限価格を下回らないようにする合意が認定されている。また，モディファイヤー事件（東京高判平22・12・10）では，平成11年合意では，3社による価格引き上げの明示の合意があったが，平成12年では，当初1社が販売価格の引上げを新聞発表し，残る2社に追随を要請しそれぞれ販売価格を引き上げることを新聞発表する等して，価格引き上げに関する平成12年合意が形成されるに至っている。また，加藤化学事件（公取委平28・4・15）では，会合にて販売価格，値上げ交渉の状況等について情報交換を行い，値上げに関して記事になるよう働きかけることにより，黙示の意思の連絡が認定されている。
43) 「ハブ・アンド・スポーク型共同行為」とは，競争者間の情報の開示を通じて，水平的要素と垂直的要素を結び付ける，取引先事業者間の共同行為である。拙稿「我が国独占禁止法における市場及び取引段階の異なる事業者が誘引する協調的行動の規制」法学研究96巻12号（2023年）306-307頁。
44) カルテル当事者とは直接の競争関係にない，関連市場において消極的・受動的な活動しか行っていない事業者のことを「ファシリテーター」と呼び，関連市場において積極的に事業活動に従事している当事者だけでなく，ファシリテーターを含めて規制を行うことを「ファシリテーター型共同行為」と呼ぶ。ハブ・アンド・スポーク型共同行為とファシリテーター型共同行為は相互排他的ではなく，ハブ・アンド・スポーク型共同行為は，狭義のファシリテーター型共同と整理し得る。同上。
45) 我が国でも，取引段階を跨る合意が認定された事例として，本町化学工業事件排除措置命令等取消請求事件（東京地判令4・9・15），デザイナー選定に関するアドバイザリー業務委託契約を締結していた商社が，全日空向け制服に関する入札談合を誘引して

いた全日空制服事件（公取委排除措置命令・課徴金納付命令平30・7・12審決集65巻第2分冊47頁）等がある。
46) Case C 74/14 Eturas UAB and Others v Lietuvos Respublikos konkurencijos taryba (ECJ-Eturas) [2016] ECLI:EU:C:2016:42.
47) ECJ-Eturas, *supra* note 46, para.44.
48) U.S. v. David Topkins, No. 15 Cr. 201 (N.D. Cal. 2015).
49) アルゴリズムとは，明確な定義は確立していないものの，一連のトークン（例：暗号資産）又はオブジェクト（プログラムが取り扱う対象）の集合に対して機械的かつ体系的に適用される，明確で正確な単純動作のリストのこと，すなわち，特定の問題解決あるいは目的を達成するための漸進的な手順であると定義される（See, e.g., OECD, Algorithms and Collusion: Competition Policy in the Digital Age 8 (2017))。また，AI は，アルゴリズムを用いてデータや経験から反復的に学習する機械学習の分野，深層学習の分野などを包摂するシステムのことを指す。これらの AI 及び AI を構成するアルゴリズムを総称して「AI アルゴリズム」と称する（*Id.* at 9-11)。
50) Hannah Garden-Monheit and Ken Merber, *Price fixing by algorithm is still price fixing*, FTC release in the Business Blog (1 March 2024).
51) *Ibid.* DOJ Statement of Interest, *In re RealPageAntitrust Litigation (No.II)*, No. 3:23-md-3071, Document 628 (Nov. 15, 2023). See also *In re RealPageAntitrust Litigation (No.II)*, No. 3:23-md-3071; MDL No.3071, No. 2023 U.S. Dist. LEXIS 230200, 2023 WL 9004806.
52) DOJ Statement of Interest, Karen Cornish-Adebiyi v. Caesars Entertainment Inc., No. 1:23-cv-2536-KMW-EAP, Document 96 (March 28, 2024).
53) *Ibid.* See also FTC, *FTC and DOJ File Statement of Interest in Hotel Room Algorithmic Price-Fixing Case*, FTC press release (28 March 2024).
54) Gibson v. Cendyn Group LLC, No. 2:23-CV-00140-MMD-DJA, 2024 U.S. LEXIS 83547; 2024 WL 2060260 (D. Nev. May 8, 2024).
55) TradWaltz web 参照, at https://www.tradewaltz.com/news/2604/ (as of 12 November 2023)。
56) OECD, *supra* note 6, p. 6.
57) Lianos, *supra* note 1, pp. 388-390.
58) OECD, *supra* note 6, p. 10.
59) 例として，ディー・エヌ・エー事件（公取委排除措置命令平23・6・9審決集58巻第1分冊189頁）。
60) 例として，大分大山町農業協同組合事件（公取委排除措置命令平21・12・10審決集56巻第2分冊79頁）。
61) ブロックチェーンに関する事例ではないが，ソフトウェアメーカーが，利用者に対して，ソフトウェアのアップグレード版の販売に際して保守契約締結を義務付けたこと（平成30年相談事例集6），システムを導入する際に利用者からシステム利用料を求めること（平成21年度相談事例集5）が合理的な範囲に留まるとして，独占禁止法上問題と

自由論題

ならないとした事例がある。
62) Lianos, *supra* note 1, pp. 390-391. なお，デジタルプラットフォーム事業者間の企業結合の事例であるZホールディングス及びLINE経営統合事例（令和2年度主要な企業結合事例10）では，Zホールディングス及びLINEの事業は多岐に亘り，当該経営統合により，異業種体を横断する多種多様な取引を行うエコシステム形成の様相を帯びている。当該経営統合後の令和3年10月から，それまで無料だった中小企業向けのコード決済手数料が有料化されている。

（慶應義塾大学法学部准教授）

〈文献紹介〉

Tomoko Ishikawa

Corporate Environmental Responsibility in Investor-State Dispute Settlement: The Unexhausted Potential of Current Mechanisms

(Cambridge University Press, 2023, xxxix + 302 pp.)

新 谷 里 美

1　はじめに

本書の著者は多数の国際投資法分野の論文を英語で公表しておられる。その中でも特に，IIA（国際投資協定）を通じた企業責任の追及と多国籍企業の活動により損害を被った被害者の救済に高い関心を抱いておられると思われる。本書は，IIAを通じた企業責任の追及に関する著者の研究を集約したものである。

2　本書の概要

本書は序論にあたる第1章，本論の第2から6章，結論の第7章から構成されている。

第1章では問題提起と本書の目的・構成が簡潔にまとめられている。まず，多国籍企業の活動はホスト国に対し良い影響のみでなく環境汚染や人権侵害などの悪い影響も与え得るが，現在のIIAに基づく紛争解決メカニズムは多国籍企業の活動に対し企業に責任を負わせる制度として構築されていないという「片務的 (asymmetry, one-sidedness)」な性質を有していることが指摘される。国際的な紛争処理フォーラムで多国籍企業の責任を追及するためには企業の責任を規定する普遍的な多数国間条約の締結と投資家に対し強制管轄権を有する国際裁判所の設立の双方が必要であるが，これは達成することが困難であるという。一方で，現行のIIAに基づく紛争解決メカニズムは企業の責任を反映させることでIIAの片務的性質を是正するポテンシャルを有している。今求められていることはこの利用し尽くされていないポテンシャルを再評価すると同時に，企業の活動により損害を被った被害者の利益と視点を反映するように片務性の問題を再概念化する分析を行うことであると著者は述べる。このような認識に基づき，本書は現行のIIAに基づく紛争解決メカニズムの枠組み内で投資家の環境・人権上の責任を具現化する道を探求することを目的としている。

第2章ではまずホスト国・投資家のホーム国の国内法システムにおいて多国籍企業の責任を追及するためには依然として多くの限界が存在することが指摘された上で，企業の環境・人権上の責任を国際法上追及するための方法がIIAレジームの内外から模索されている。IIA外では多国籍企業を拘束する実体規範が非常に稀である上に，それらの義務を執行するメカニズムが国際法上ほとんど存在しないことが指摘されているが，代

文献紹介

わりにCSR（企業の社会的責任）に関するソフト・ローが公的・私的セクターの双方において発展してきているという。IIAの枠組み内においては，IIAデータセットの分析により，一定数の近年のIIAがCSR概念に言及し，第3世代IIAにおいては投資家の義務を規定する傾向もみられるようになってきていることが明らかにされている。

　第3章から第5章までは，投資家の環境・人権上の責任を追及する手段としての反対請求（counterclaim）の説明に紙幅が割かれている。第3章では反対請求の利点と規範的根拠，そして限界について説明されている。国内救済を利用する場合には各国の司法能力や被害者救済レベルに格差があることや投資家がホスト国から撤退していた場合にホスト国裁判所判決を執行することが困難であることといった欠点があるが，反対請求を利用すればこれらの欠点を補える上，手続上の経済性や請求間の一貫性が得られる等の利点がある。その一方で，国家が被害者の代わりに反対請求を申し立てることを認めることの規範的根拠について議論がなされている。著者はこの点について，国家が被害者のために反対請求を申し立てることを認めることの規範的根拠の問題は反対請求の管轄権やホスト国の法的地位には関係せず，被害者の利益が存在することを理由として反対請求を受理不可能とするか否かを決定する「妥当性」の問題であるという。そしてこの観点から見れば，被害者の集合的な利益を効果的に保護することを可能にするParens Patriae（後見人としての国家）主義が，被害者のためのホスト国による反対請求に対し規範的な根拠を与える。規範的根拠の問題についてはこのように乗り越えられる一方で，反対請求については，それにより後に被害者個人が企業を訴える訴訟提起することが妨げられてしまうという懸念も示されている。この懸念は反対請求の受理可能性に関係するが，反対請求において被害者の利益が存在していることは，被害者のデュー・プロセス上の権利に基づいて受理可能性が否定される限定的な場合を除いて，受理可能性に影響しないと結論付けられている。

　第4章では，反対請求の管轄権と受理可能性に関する問題がどのような条件のもとで解決されるかについて検討されている。反対請求について仲裁が管轄権を有するか否かを決定するために重要な要素はホスト国による仲裁合意が反対請求に関する合意までをも含むか否かであり，多数のIIAにおいてこのような反対請求についての管轄権への合意が見出せると論じられる。また，受理可能性の要件として求められる「関連性」は法的関連性ではなく事実上の関連性を指していること，IIAに基づく紛争解決メカニズムにおいては制限責任原則が親会社に対する請求の受理可能性を否定する根拠とはならないことが論証される。

　第5章では本案審理において反対請求が認められることが非常に稀であることが指摘された後，国内法に基づく反対請求と，国際法に基づく反対請求それぞれについて，本案審理における問題を議論している。国内法に基づく反対請求については，IIAに基づく紛争解決メカニズムにおいて国内法を適用することが排除されないことが述べられ，仲裁廷にとってなじみのないホスト国の国内法の解釈適用は，関連する法規範の条文や

判例等を含む国内法の多様なソースの分析によってなされるという国内法学（domestic jurisprudence）アプローチを一貫して適用することと法廷外の（ex curia）専門家の活用により，国内法適用の正当性に関する問題に対処することができると説明される。国際法に基づく反対請求については，投資家の義務を規定している IIA が非常に稀である中で慣習国際法や環境条約・人権条約などの条約が投資家を直接拘束する義務を提供する可能性と国際法の影響を通じた国内法上の救済の可能性が示唆されている。また，多国籍企業の CSR 約束が企業の法的責任を生み出すことが指摘されている。

第6章では投資家が操業段階で行った違法行為に着目した議論がなされている。本章ではまず，管轄権認定の妨げとなるのは投資開始時に投資家が行った違法行為であり，投資家が操業段階で行った違法行為は受理可能性と本案審理において影響を与えることが述べられた後，本案審理において操業段階での企業の環境責任がどのように影響するかについて議論されている。近年，公正衡平待遇義務規定等の IIA 規定の違反を認定するために「投資家の正当な期待」という概念が用いられているが，様々な要素が投資家の正当な期待に影響しており，投資家による操業段階での違法行為がこのような正当な期待に影響する文脈を構成しないと考える理由はないという。さらに本章では，このような投資家による「正当な期待」請求において被害者の視点を導入する概念として SLO（社会的操業許可）が挙げられている。SLO はローカルなステークホルダーからの事業に対する承認を意味しており，投資家が SLO を喪失することで社会的な不和が起こり政府による介入を正当化することになり，国家が投資家の正当な期待を保護する根拠が低減するという影響をもたらす。本章ではさらに，IIA に基づく紛争解決メカニズムにおいて，企業の環境責任が補償額算定に対しても影響を与え得ると論じられる。

そして結論である第7章では，ここまで本書で検証してきた被害者の利益と視点を導入するための方法はすべてホスト国の行為に依存しており，常にホスト国が被害者の利益を代表するという保証はないことが指摘される。そしてその上で UNCITRAL（国際連合国際商取引法委員会）の第3作業部会において現在議論されている，ISDS（投資家対国家の紛争解決手続）制度改革に関する提案を挙げ，本書での分析がこれらの提案に対し与えた影響を考察し，現行制度の限界に対処するための改革案を検討することで本書を結んでいる。

3　コメント

大多数の IIA がホスト国の国際義務のみを規定し，世界各地で活動する投資家の義務には何ら言及していない片務的な性質を有していることは本書冒頭で指摘される通りである。このような IIA の片務性の問題については世界各国も認識しており，ISDS 制度改革のために設置された UNCITRAL の第3作業部会においても，投資家を直接拘束する国際義務の在り方が議論されている。そこでは様々な改革案が掲げられているが，このような改革案は実現しなければ現状に影響を与えない。IIA の片務的性質を変えるための根本的な改革が非常に困難である現状を認識し，実現するまでに長い時間がかかる

文献紹介

改革案を論じるのではなく，既存のIIAに基づく紛争解決メカニズムにおいて利用可能な方法を探求したことが本書の最大の特徴であり，最大の意義でもある。

　本書では特に，投資家がホスト国に対して申し立てた主請求に対しホスト国側から申し立てる反対請求に多くの紙幅を費やしており，現在ではあまり活用されていない反対請求に大きなポテンシャルを見出している。投資仲裁における反対請求に関する研究は近年少しずつ増えてきてはいる印象を受けるものの，本書ほど詳細に，体系立てて投資仲裁における反対請求について論じた研究は管見の限りない。本書においても指摘される通り，投資仲裁において反対請求は管轄権と受理可能性が認められにくく，本案審理まで達した数少ない場合であっても，適用法の問題等もありホスト国の請求が認められた事例は非常に少ないという現実がある。著者は環境汚染被害者の救済という観点からこのような投資仲裁の現状を憂い，投資仲裁において反対請求が認められるための理論を探求している。そして被害者の代わりに国家が提起する反対請求に関する管轄権と受理可能性が認められる可能性が低くないことを理論的に証明し，本案審理において国内法・国際法のいずれを適用法とした場合であってもそれぞれの問題を克服するための方法が論じられている。この意味で本書は被害者の救済という視点を持ちながらそのために理論をおろそかにせず丁寧に論証されている点で国際投資法の理論に貢献するという意義が高いだけでなく，今後投資仲裁において本書が参照されることで既存の投資仲裁判断例に関連して指摘されてきた反対請求の問題を克服することが望まれる研究である。

　IIAはひとまとめに議論されることが多いが，実際には多数の条約を指しておりそれぞれ規定の文言が異なる。たとえ一貫性のある理論を提示できたとしても，文言が異なるIIAにおいては当該理論の適用が排除されるということもあり得る。本書はこのようなIIA規定の文言の差異にも着目し，膨大な数のIIAデータセットを分析することによって，本書において論じられた理論が適用できない文言を採用しているIIAがわずかであることを確認している。また，IIAデータセットを年代ごとに分けて分析することで，近年のIIAの傾向を明らかにすることにも成功している。理論的な整合性のみを探求するのではなく，それが実際に既存のIIAの解釈としても整合することを明らかにしているという点においても，本書の意義は大きい。

　本書には以上に述べた意義がある一方で，課題も残されている。本書では，IIAの欠点を補うためにホスト国の国内法への言及が随所でなされている。例えば，第5章の5．3．3．2では国際法を適用法規とする反対請求について，多くの国において国際法の国内法化が進んでいること等を根拠として国際法の影響を通じた国内法上の救済の可能性が論じられている。しかしながら本書においても指摘されている通り，各国の国内法については司法能力や被害者救済レベルにかなりの差があり，また国の司法府が腐敗している場合もあるのが現状である。したがって国内法上の救済を得られる可能性があることと実際に十分な救済を得ることができるか否かは別問題であり，現実的な問題

として被害者に十分な救済が与えられるとは考えづらい。また，本書で紹介された反対請求やホスト国による規制措置など被害者の利益と視点を導入するための方法は本書でも指摘される通りすべてホスト国による行為に依存しており，常にホスト国が被害者の利益を代表する保証はない。本書は多国籍企業の活動によって損害を被った被害者の救済という視点を貫いているが，本書でなされてきた議論が現状では必ずしも被害者の十分な救済につながらないという課題が指摘できる。ただしこの点については本書の課題というより IIA を含む現在の国際法規範の課題であり，著者ももちろんこのような課題を認識している。ドラスティックな改革案よりも実現可能性が高い選択肢として現行 IIA の枠組みの中で利用可能な方法を模索した本書が，現行制度の限界に対処するための改革案を検討する章で結ばれているのは，このような現行制度の課題と限界を認識してのことであろう。本書が Cambridge University Press という名門の出版社から英語で刊行されたことにより，改めて反対請求等既存の国際法規範内で利用可能な手段のポテンシャルが認識されることに繋がると思われる。本書の刊行により現行制度の「利用し尽くされていないポテンシャル」がどのように活かされるのか，今後の実行の発展に期待したい。

（東京大学大学院総合文化研究科助教）

Lukasz Gruszczynski and Joanne Scott,

The WTO Agreement on Sanitary and Phytosanitary Measures:
A Commentary, Second Edition

（Oxford University Press, 2023; xliii+327pp.）

内 記 香 子

1　はじめに

　紹介者は2023年11月，台湾の国立清華大学で行われた本書の著者である Gruszczynski 教授による本書のブックトークに参加する機会を得た。Gruszczynski 教授はトークの始まりに次のように述べた。「この WTO の危機と言われる時代でも SPS 委員会内の議論はあいかわらず活発です。」それを聴いて安心した，と参加者がそんな表情を浮かべるなかでトークは進んだ。

　本書は衛生植物検疫措置に関する協定（SPS 協定）のコメンタリーである。紹介者は，本誌16号（2007年）に本書の第 1 版の文献紹介をしたが，第 1 版は Scott 教授ひとりによって執筆されたものだったが，第 2 版の本書は，第 1 版の構造をなるべくそのままに Gruszczynski 教授ひとりによってアップデートされたものだという。Gruszczynski

文献紹介

教授は，European University Institute（イタリア）で2008年にSPS協定を題材に博士号を取得（審査委員のひとりがScott教授だったとのこと），その博士論文をもとにした著書を2010年に出版しており（L. Gruszczynski, *Regulating Health and Environmental Risks under WTO Law: A Critical Analysis of the SPS Agreement* (OUP, 2010)）SPS研究でよく知られた研究者である。

第1版と2版の章立てを比べると，第1版が8章構成だったのに対し2版は10章立てとなっている。第2版では，1版の8章をベースに，第3章の「科学とSPS」から「暫定的措置」を独立させて章を作り，また第10章を新設して自由貿易協定のSPS章の分析を追加している（「第1章 序論」「第2章 SPS委員会」「第3章 科学とSPS」「第4章 暫定的措置」「第5章 追加的義務」「第6章 透明性」「第7章 管理・検査・承認手続き」「第8章 国際的な基準」「第9章 SPSと発展途上国」「第10章 SPS協定を越えて」）。章立ての変更のほか第2版で書き加えられた点については，本書のイントロダクションに説明されている（xxxvii頁）。この文献紹介では，第2章（SPS委員会）と，新設された第10章について詳しく紹介したい。SPS委員会の役割がよく知られるようになったのは，2007年の第1版の紹介文でも書いたとおり，Scott教授による研究の貢献が大きい。また，新設の第10章の自由貿易協定のSPS章の分析から，SPS協定の影響がどのように波及しているのか考えてみたい。

2　SPS委員会の現在

第2章のSPS委員会の紹介部分は，第1版と大きく変わりはなくScott教授の文章がそのまま残されているところにアップデートされた部分が組み込んである。第1版が出版された当時，WTO紛争解決手続の全盛期であり，WTO研究者の多くがWTO紛争の分析に注力していた。そんなときに第1版でSPS委員会の役割が詳しく紹介され，また本書でも変わらず，SPS委員会とは，我々法律家がいまだよく知らない世界（34頁），と表現される。そして，年に3回開催されるSPS委員会の重要な2つの機能としての「情報交換とピアレビュー」と「規範の精緻化（norm elaboration）」も第1版から変わらない説明である。SPS委員会の「情報交換とピアレビュー」とは，「特定の貿易上の関心事項（specific trade concerns）」（以下，関心事項）を他の加盟国のSPS措置に対して懸念を表明し意見交換する場を提供していることをいうが，こうした加盟国間のインターラクションは協力的な関係のなかで問題解決をするアプローチだと表現される（45頁）（なお，第1版の時と異なる点として2016年から各国の通報と関心事項をサーチできるデータベースが作られている。See, ePing SPS & TBT Platform ⟨https://www.epingalert.org⟩）。そしてこれに関するSPS委員会の3つの機能として，「措置をとる際に対外的な影響を考える機会」，「途上国にとっての学習機会」そして「WTO紛争解決手続きの影（shadow）としての問題解決の機会」があるとされる（44頁）。

以上の説明は第1版から変わらず2版に維持されているが，SPS委員会を取り巻く状況はかなり変わった。すなわち，WTO上級委員会が機能を停止し，さらに世界はCO-

VID-19を経験した。この点において第2版では次のような現状が追記されている。パンデミックの間, SPS 委員会は対面からオンラインに変わり, 現在はハイブリッド開催になっているという (47頁)(パンデミックが始まってから, 首都ベースの代表の参加が増えたため関心事項の提起の数 (とりわけ新規案件ではなく旧案件の繰り返しの提起) も増えた, とされる (38頁))。SPS 協定の機能はもともと, 加盟国代表の対面のインタラクションをベースにしていた。ハイブリッド開催の良さは, ジュネーブまで渡航できない途上国の代表がオンラインで参加できる一方で, オンラインの問題点としては各国代表間の交流が難しく協調的な関係が築きにくいことであるという (47頁)。

SPS 委員会の WTO 紛争解決手続きの影としての機能はどうなったであろうか。すなわち, SPS 委員会の紛争解決の場としての効果 (effectiveness) の問題である。WTO の SPS 協定のウェブページにいくと最新の数字を (逆三角形の図で) 確認できる。1995年から2024年4月末まで, 関心事項は579件提起され, 紛争解決手続きへとエスカレートしたのは54件となっている (さらにそこから裁定が発出されたのは14件) (WTO, Regular work at the WTO helps members ease trade tensions 〈https://www.wto.org/english/tratop_e/sps_e/sps_e.htm〉)。確かに, かなりの関心事項が SPS 委員会レベルで解決されており, 本書においても SPS 委員会における関心事項を提起するメカニズムは比較的, 効果的で (effective) でかなり効率的 (efficient) と推測できる, とされる (43頁)。ただし, 紛争のエスカレーションの理論の点からは, 委員会で解決できなければ, WTO 紛争にエスカレートしてしまう, というプレッシャーにより SPS 委員会で紛争解決されると考えられるはずであるが, 本書ではこの点は深く議論はされていない。WTO 上級委員会の機能が停止して4年, 上級委員会がなくとも, SPS 委員会レベルで問題の解決は進んでいるのだろうか。

SPS 委員会では, 関心事項の年次レポートを出しており, どのような関心事項がどのような割合で提起されているか等の統計を出している (最新の年次レポートは WTO, Committee on Sanitary and Phytosanitary Measures-Annual Overview-Implementation of SPS Transparency Provisions and Specific Trade Concerns, 1 February 2024, G/SPS/GEN/204/Rev.24)。提起された関心事項が解決されたかどうかについては, 95年から54% (311件) が解決あるいは一部解決されたというが (ibid., p.2), 別途, 2020年から2022年の2年間で31件が解決, 14件が一部解決という数字が出ている (WTO, Committee on Sanitary and Phytosanitary Measures, Update on Specific Trade Concerns: Resolved/Partially Resolved STCs, 8 November 2022, G/SPS/GEN/2062/Rev.1)。上級委員会の機能不全の SPS 委員会への影響についての分析がほしいところである。

3 自由貿易協定上の SPS 章

第2版で新設された第10章の自由貿易協定 (以下, FTA) の SPS 章の比較は, 10項目について分析が行われている (284頁)(ハーモナイゼイション, 科学的義務, 地域化, 同等性, 緊急措置, 管理・検査・承認手続, 透明性, バイテク製品の貿易, 組織的

取り決め，協議・紛争解決）。SPS協定が規定するすべての項目を含むFTA協定は存在しないようであるが（304頁），本章では，EUカナダ包括的経済貿易協定（CETA），日EU経済連携協定（日EU-EPA），地域的な包括的経済連携（RCEP），環太平洋パートナーシップに関する包括的及び先進的な協定（CPTPP），米国・メキシコ・カナダ協定（USMCA）の5つを分析対象としている。ここでは，10項目をすべて紹介することはできないが，そのいくつかを取り上げてみたい。

上述5つのFTAすべてにSPS協定の権利義務を確認するという一般規定があるものの，5つを比較してみるとかなりバリエーションがみられる項目がある。たとえば科学的義務について本書によれば，CETAには科学的義務の独立した条文はなく，通報と委員会の条文のなかに科学的意見とかリスク評価という文言があるのみである。次にシンプルなのが日EU-EPAで，SPS協定第5条に従ってリスク評価をするという規定ぶりである（6.6条）。残りのRCEP, USMCA, CPTPPの3協定については，科学的義務の条文に「リスク分析（risk analysis）」というSPS協定にはない概念を使っている点が特徴である。リスク分析とは，CPTPPに定義があり（7.1条）リスク評価・リスクマネージメント・リスクコミュニケーションの3つのプロセスのことをいう。3協定のなかで最もシンプルな規定ぶりとなっているのはRCEPで，「リスク分析」の条文（5.7条）のなかにリスクマネージメントという用語はあるがリスク評価や科学という文言はない。他方で最も詳細なのがUSMCAで「科学とリスク分析」という包括的な条文（9.6条）のなかに，リスク評価・リスクマネージメントに関する規定，さらに措置をとる際に恣意的または不当な差別をしないこと，より貿易制限的でない措置をとること等の規定が含まれている。CPTPPの規定もこのUSMCAの規定に似ている。

Gruszczynski教授は，FTAに「リスクマネージメント」という概念が使われている点について，（リスク評価という概念しかない）SPS協定からの離脱かどうかと疑問を投げかけるが，そうではない，と述べている（288頁）。同教授の考えは，SPS協定にある科学的義務でない義務（non-science-based obligations），すなわちSPS協定2条3，5条5，5条6のいわゆる無差別の原則や必要性原則は，措置をとる際の選択肢を示す「リスクマネージメント」の要素の一つであることから，FTAとSPS協定に齟齬はないという。

さらに5つのFTAに特徴的なのは，SPS協定5条7の科学的証拠が不十分なときの暫定的措置に関する条文を有している協定が少ない点である。SPS研究のなかでは，5条7もSPS協定に特徴的な義務と解されてきたが，本書によれば，USMCAと日EU-EPAだけが暫定的措置に関する規定を置いている（288頁）。USMCAでは上述リスク分析の条文のなかに，SPS協定5条7とほぼ同じ要件の暫定的措置に関する条項の規定をおいており（9.6（5）条），日EU-EPAは「緊急措置」のなかに，科学的証拠が不十分な場合に，利用可能な情報に基づいて緊急措置として暫定的措置がとることができる，と規定する（6.13（3）条）。Gruszczynski教授は，SPS協定5条7のような暫定的措

置の条文がFTAにないことは「SPSマイナス」と考えられるか，という疑問については，そうではない，という。なぜなら，FTAに関連条文が存在しないからといって，SPS協定5条7が適用されないわけではないからである，と説明する（304～305頁）。

同様のことは，いわゆるハーモナイゼイションに関する条文についても言え，SPS協定3条に類似した条文を持つのはUSMCAとCPTPPだけである（284～285頁）。SPS協定3条1と同じ趣旨の条項を入れているのはUSMCA（9.6（3）条）であり，さらに高い要求をしているCPTPPは措置を国際基準に「適合」させることを求める（適合しない場合は，客観的な科学的証拠に基づくことを求める）（7.9（2）条）。しかし本書では，SPS協定3条に類似したハーモナイゼイションの条文はFTAに多く存在しないものの，国際基準を参照することを求める条文などが多数存在しており，調和化がないがしろにされているわけではないとされる（285頁）。

もう1点バリエーションが大きいのは紛争解決手続である。本書によればCETAおよびUSMCAはFTA上のSPS紛争に紛争解決手続章が適用されることについて基本的に制限を設けていないが，RCEPはSPS章に紛争解決手続章を適用しない点で異なり，CPTPPおよび日EU-EPAは（いくつかの条文を紛争解決手続章から排除しており）その中間に位置づけられるという（301～302頁）。こうしたFTA間の非一貫性は政治的な理由によるものでFTA締約国の志向を反映していると説明される（302頁）。

以上のように，FTAのSPS章の規定には多様性があるものの，「SPSプラス」の条文も数多く存在するとされる。地域主義・同等性・透明性についてはSPS協定を上回る技術的な条文が多くみられるし，管理・検査・承認手続に関する大多数の規定についてはSPS協定附属書Cを拡大したものであるという（290～295頁）。したがってFTAのSPS章はSPS協定を手続的に補完するものであって，FTA間の多様性はSPS協定が導入した概念や規範の核心部分に変更や影響を与えるものではないと結論している（305頁）。

4　むすびにかえて

以上，簡単に本書を概観したが，アップデートされたコメンタリーはインタビュー情報にも基づいていて大変興味深い。とくにFTAのSPS章がこれほど多様化していたのが意外であり，新設の10章は情報が豊富と感じた。他方，上級委員会機能が止まりWTOの危機におけるSPS委員会の役割についてもう少し考察があってもよかった。委員会の2つの機能（紛争解決のおよび規範の精緻化の機能）は，上級委員会の不在によって何らかの変化があったのかどうか。こうした感想はあるものの，本書が提供するSPSの世界観は第1版と変わらず新鮮であることを読者にもぜひ味わってほしい。

（名古屋大学大学院環境学研究科教授）

文献紹介

Zoe Phillips Williams,
The Political Economy of Investment Arbitration
(Oxford University Press, 2022, xii+203pp.)

土 屋 志 穂

1　はじめに

持続可能な開発のための国際研究所経済法・政策プログラムの研究員である著者は，投資法および投資家対国家の紛争解決（ISDS）に焦点を当て，特に鉱業分野における投資家対国家仲裁と国内政治の関係や，投資仲裁における第三者による資金調達の台頭などを研究する新進気鋭の研究者である。本書は著者のこれまでの研究を集約した最初の書籍であり，ISDS の背後に存在する複雑な国際政治経済問題を扱う。以下では，本書の構成を紹介したのちに，若干の評釈を行う。

2　本書の構成

本書は全8章から構成されており，第1章の既存の国際政治経済学における国際投資仲裁の議論に触れて問題提起を行う。第2章では第3章および第4章の統計分析の前提として様々な国際投資仲裁事例を質的にコーディングし，国際投資における広範なパターンを提示する。第3章と第4章では，それぞれ国家の官僚的能力と投資に対する国家の選好の変化に注目し，理論と統計分析を用いて投資仲裁の背後に存在する原因を提示する。第5章から第7章は，第4章までの分析で明らかにならなかった関係を有するケースについて，当事者へのインタビューを交えてより詳細に検討する。第8章では本研究の国際投資保護制度の改革への貢献を論じる。

第1章では，国際法学や国際政治経済学における国内の政治決定と投資保護レジームの相互作用に関する批判的見解の分析から国内利害関係者の選好が投資家対国家の紛争に寄与するという仮説を導き出す。特に，国際政治経済学が広く受け入れてきた民主主義国家が多くの投資を誘致し収用の可能性が低いという見解について筆者は懐疑的である。また，ISDS によるコストを考慮して，新しい政策や立法の可決を控えることで規制の冷え込み（regulatory chill）が生じ必要な公益保護政策が実施できない事態が起こるという見解についても，投資仲裁に関わるコストが高いとするならば，ホスト国は外国人投資家との仲裁を選んで対立するという点に疑問が提示される。そこで，筆者は国家がどのような政策措置のために，また誰の要請に基づいてこのコストを負担するのかを理解することが重要であると指摘する。ただし，投資に否定的な影響を及ぼす国家の政策措置は多岐にわたる。これを1つの現象として理解するために，筆者は投資に対する国家の行動変化がどのようにもたらされたかという視点を共通項として分析し，国内の官僚の能力の問題と国内利害関係者の投資に対する選好の変化に重きを置く。

第2章では，投資仲裁に至った投資家対国家の紛争を従属変数として，国際投資協定（IIA）の実態（ホーム国が先進国で，ホスト国が途上国であること），IIA締約国であるホスト国の収入レベル（ホスト国には中所得国が多い），非申立国となる頻度などの指標に基づいてコーディングを行う。この分析から，①被申立国になる国には中所得国と高所得国が含まれ，高所得国である自由主義・民主主義の先進国も投資家が不満に思う措置をとらないことはなく，投資仲裁を免れることはできないこと，②公共政策の影響が大きく利害関係者と利益への影響範囲の大きい採掘産業やエネルギー関連の投資が最も頻繁に投資仲裁の請求を受けていること，③先進国における紛争は立法機関との関連が強く，途上国では投資家が行政機関や司法機関の措置に異議を唱えることが多いという知見が得られた。

　第3章ではまず，条約の遵守アプローチ論の分析により国家の能力の高さと条約遵守の間には正の相関関係があることを肯定する。しかし，IIAに加盟して多くの仲裁に直面するようになった状況で，国家が条約義務や投資協定の結果を十分に理解していないというのは考えにくい。したがって，投資保護レジームに対する国家の理解とそれによる能力の欠如という制約に応じた限定合理性に関する経済学的な観点を踏まえて，行政機関や規制主体が国際規制を政策形成に統合するのに必要な能力を有していないこと，とりわけ投資がなされる産業全体を実効的に規制する能力の有無が紛争に寄与することを分析する。これらの分析から考察された仮説につき，他の条件が一定であれば，投資家にとって安定的で有利な環境を維持する能力が低い途上国の方が投資家との紛争に巻き込まれ易いことをロジスティック回帰分析から明らかにする。他方で，国民一人当たりのGDPもその成長率も仲裁の請求件数には影響を及ぼしていないが，ガバナンスの質が高い国家ほど請求件数が少ないという結果が得られた。

　第4章では，第3章で投資仲裁に関する過去の経験が国家の投資協定や仲裁に関する「認識」を図る指標として有用でないということが明らかになったことから，なぜ国家が仲裁のコストを認識しつつも，投資家との仲裁を選ぶのかという疑問への回答を提示しようとする。まず，投資家とホスト国の関係に関する国際政治経済学の理論，とりわけ陳腐化交渉の理論と国内観衆のコストに関する議論を再検討し，民主主義制度が反投資家的な行動に対する防波堤になるのではないと分析する。選出された議員に対して国民に悪影響を及ぼす決定の説明責任を問うことができる国内観衆の能力次第で，投資家の利益を損なう行動をとるよう政策立案者に圧力が加えられ，結果として投資仲裁を引き起こされる可能性があることが示唆された。次に，国内観衆の役割について，体制のタイプや拒否権プレイヤーの数，政権イデオロギー，GDPなど様々な変数を用いた実証分析を行う。これらの結果，選挙民主主義指数がある国年の仲裁の請求件数と一貫して統計的に有意な正の相関関係を有し，民主的な争いないし選挙が投資仲裁を誘発する措置を国家に採用させる可能性があることを示唆していることが明らかにされた。

　第5章から第7章は，第2章から第4章までの理論分析および統計分析によって得ら

れた知見で十分に明らかにならなかった仮定を、仲裁判断の分析と当事者へのインタビューをもとに論じようとするものである。Pacific Rim Cayman v El Salvador のケース（第5章）では、Pacific Rim 社が鉱山の開発許可を得る過程において地元住民の反対運動を引き起こし、これが大統領選挙の争点となった結果、政府により事実上の採掘禁止措置が下されたことに端を発する仲裁である。仲裁廷は、Pacific Rim 社の申請不備を認め請求を棄却した。筆者は本件が仲裁に至った原因として、投資に対する国内の選好が果たした役割が大きいことを指摘する。そして、政府が投資仲裁にかかるコストと国内の選好による潜在的利益の計算を行い、利益が仲裁のコストを超えると考えたために仲裁に踏み切ったことが分析された。

Bilcon of Delaware Ltd. v Canada のケース（第6章）で、仲裁廷はカナダ政府の NAFTA1105条（慣習法上の国際最低基準違反）を認定した。Bilcon 社が建設予定の採石場と海上ターミナルについて地元住民や利害関係者の強い反対から、連邦とノバスコシア州は共同審査パネル（JRP）を設置し、JRP が Bilcon 社のプロジェクトが「地域社会の中核的価値」にもたらす脅威を勧告したことにより、Bilcon 社の申請はカナダ政府により却下された。しかし、JRP が導入した基準は、プロジェクトの環境健全性を判断されるものとして投資家が抱いた正当な期待に反していると仲裁廷は判断した。当該基準の策定にあたり国内利害関係者の利益が強く反映された結果、国家の選好を変化させた。また、カナダのような発達した官僚組織を有する先進国でも投資家が ISDS へ訴えることを予測できない場合、途上国にとって ISDS がもたらす政策立案への不確定性への懸念が増大することも指摘された。

第7章は、移行経済国のハンガリーが外資系発電事業者と争った2件の仲裁判断を扱う。ハンガリーは1990年代に複数社に長期の電力購入契約（PPA）を締結し、国営企業 MVM がこれを購入することとしていた。EU 加盟に当たり電力市場の自由化を進めるため PPA の再交渉が必要となったが、AES Summit Generation 社および Electrabel 社と合意できなかった。そこで政府は発電事業者が得ている「過剰な利益」を制限するため、2003年まで維持されていた行政管理価格を再導入することを決定した。この価格政令が AES 社との仲裁に発展した。また、欧州委員会（EC）の調査で PPA が違法な国家補助と認定されたため、ハンガリーは PPA を全面的に終了させたが、これが Electrabel 社との仲裁を引き起こした。仲裁廷は、いずれの判断においても投資家は、管理価格が再導入されないという正当な期待を持ちえないとして、公正衡平待遇原則の違反を認めなかった。また、Electrabel 社との紛争において、EC の決定に基づく PPA の終了についてハンガリーは責任を負わないとした。本件は、筆者の分析によれば第5章および第6章のケースと異なり、国内利害関係者の利益は投資紛争にそれほど大きくかかわらない。しかし、国家主体（本件では MVM）の利益や EC からの外部の圧力といった広範な政治的・経済的政策の変更が国家の選好の変化を促し、最終的に投資仲裁へとつながったのである。

第 8 章では議論を総括しつつ，本研究が投資保護制度改革に対して持つ意義を提示する。国家の措置が IIA に抵触する可能性を審査するメカニズムは官僚の能力不足から生じる紛争を防止し，国内利害関係者を含めて投資プロジェクトの潜在的な利害関係者の選好をよりよく理解することは投資家対国家の紛争の発生回避に役立つ。筆者は投資家，国家，国内利害関係者の利害をよりよく均衡させることができる投資協定と ISDS の両方を推進することが投資保護制度の改革において求められていると結論付けた。

3　コメント

　ホスト国が投資仲裁をなぜ受け入れる（仲裁に至る前に解決しない）のか，あるいは投資家がなぜ投資仲裁を起こすのかというのは当然の疑問である。投資仲裁に関する国家の政策空間への制限に関する懸念を考慮すれば，ホスト国は国内公益を実現しなければならない一方で，国際投資仲裁に訴えられるリスクも考慮しなければならない。仲裁に至る原因を明らかにすることで，投資対象となった産業の規制に関する官僚の能力不足による紛争を回避することができ，投資に対する国内利害関係者の選好を理解することで仲裁に至るリスクを減らすことができるだろう。しかし，このような分析は学問的限界もあり国際法学では多くなかった。筆者も分析対象として言及するが，投資仲裁を定量的な実証分析に基づいて，機能的効果の面から論じる研究が Schultz と Dupont によってなされている（T. Schultz and C. Dupont, 'Investment Arbitration: Promoting the Rule of Law or Over-empowering Investors? A Quantitative Empirical Study', *European Journal of International Law*, vol.25(2015), 1147-1168.)。この研究によれば，投資仲裁は「裕福な国家の投資家が貧しい国の政府に対して経済的利益を手にするための剣」であり，国際投資法は国家の利益よりも投資家の利益を優遇する形で投資保護基準を定めるために利用され，先進国が発展途上国の国内法を支配する役割を担っていると指摘される。しかし，筆者が明らかにするように，民主的な先進国も，選挙との関係で国家の選好が変化したことにより講じた政策措置によって投資仲裁に訴えられるのであり，常に途上国が先進国よりも投資仲裁に訴えられやすいというわけではないのである。この点において筆者の本研究による知見を取り入れることは有用である。

　他方で，公正衡平待遇の基準の１つである投資家の正当な期待の判断において，国内利害関係者の選好を考慮する研究もある。特に，石川が提示する社会操業許可（social license to operate; SLO）の概念（Tomoko Ishikawa, *Corporate Environmental Responsibility in Investor-State Dispute Settlement: The Unexhausted Potential of Current Mechanisms*, Cambridge University Press, 2023.）は本書のケーススタディでの分析に通ずるところがある。Pacific Rim Cayman v El Salvador や Bilcon of Delaware Ltd. v Canada のケースにおける地元住民の反対運動はまさに SLO の喪失の問題と言えるだろう。このような正当な期待の分析に関する研究は本書の研究とも親和性が高い。

　他方，本書に課題がないわけではない。第１に，国内利害関係者の選好の変化が国家の選好の変化を促し，政策措置を変更させたことで投資仲裁に発展したという因果関係

文献紹介

について，必ずしもこの関係が成り立つとは限らないように思われる。第2に，国家の正当な政策空間を侵害するISDSを排除して，国内裁判所や常設の国際投資裁判所で投資紛争を解決しようとする改革においても，同様の結果が得られるかどうかが不明瞭なのではないかという疑問がある。大西洋横断貿易投資パートナーシップ（TTIP）や環太平洋パートナーシップ（TPP）の交渉でも問題となったISDS改革との関係において，本研究が有意かについてはさらなる検討を要すると思われる。今後の筆者の研究で本研究の立証が期待される。

4 おわりに

本書は，国際投資仲裁に至る原因を国際政治経済学に立脚した手法で分析した点が目新しい。特に，投資仲裁の原因と国内主体や制度との間の相互関係についての研究は国際投資保護制度の包括的理解のために希求されてきた。本書は国際政治経済学にとってのみならず，国際法学，国際経済法学にとっても待望の1冊であると言えよう。

（拓殖大学政経学部准教授）

Sam Ricketson & Jane C. Ginsburg,

International Copyright and Neighbouring Rights:
The Berne Convention and Beyond, 3rd Edition

（Oxford University Press, 2022, lxxxii +1482pp.）

佐 藤 恵 太

1 本書の成り立ち

本書は，著作権関連のマルチ開放条約の全体像を，最も詳細に分析する体系的書物のひとつであり，Sam Ricketson名誉教授（メルボルン大学）とJane Ginsburg教授（コロンビア大学）の2人による共同執筆である。Ricketson教授は，文学的美術的著作物に関するベルヌ条約の100年間を分析する大著（S. Ricketson; The Berne Convention for the Protection of Literary and Artistic Works : 1886-1986（1987），本書初版にあたる）をはじめとして，知的財産法関連の条約法を中心に詳細な分析で知られるオーストラリアの研究者である。彼の労作を出発点としているせいか，本書のベルヌ条約の記載は，ことのほか詳細でかつ網羅的である。

また，本書第2版から参加したGinsburg教授は，アメリカ著作権法学だけでなく，ALAI（国際著作権保護協会，ベルヌ条約締結を提唱し条約草案等を提起して牽引した著作権国際団体）を副会長としてリードする著作権法学の第一人者であり，特に知的財産をめぐる国際私法のルール統一を試みる作業や，アメリカ合衆国における追及権の立

法作業（美術の著作物の著作者とその遺族に，原作品の第2譲渡以降の譲渡に対して一定の金銭を請求できるフランス発祥の制度で，EUでは実現しているが，合衆国では最終的には失敗した）などをリードした研究者である。Ginsburg教授は早稲田大学の招き等で度々来日しているので，日本の著作権法研究者にも馴染みが深い。両教授とも，現在，WIPOにおける新条約審議の場である著作権常設委員会（SCCR）において，各国法調査における重要な役割を担っている。

なお，本書第2版は，2015年に2冊本として出版されており，巻末に過去の条約本文や外交会議記録を含む史料的側面にも配慮したものであるため，大部すぎるきらいはあるが，現在でも利用価値のあるものと考えられる。さすがに今回の第3版では，Appendixが大幅に削減されて現行の条約に限定され，また，ベルヌ条約以外の条約に関連する記載もコンパクトに収められた印象である。

2　本書の構成

本書は，現行ベルヌ条約の分析を中核におき，その前史とベルヌ以外の著作権に関連するマルチ条約の分析を展開し，最後に国際私法関連（国際裁判管轄と準拠法）の分析を加えている。各項目は，第2版との対応関係を示すためなのか，通番が振られているが，5部20章立てで，目次は以下のとおりである（通番は，部をまたいでふられている）。

I　The History and Development of International Copyright and Neighbouring Rights Conventions（1章から4章）
II　Preliminary Matters: Berne and Related Agreements in the Framework of Public International Law（5章）
III　The Berne Convention and Beyond（6章から17章）
IV　Other Conventions on Copyright and Neighbouring Rights（18, 19章）
V　Private International Law Aspects of International Copyright and Neighbouring Rights Protection（20章）

特徴的なのは，本書の中核をなす現行ベルヌ条約の各規定についての解説が，規定の解説（一部沿革を含む）−その後の条約での変化，という立体的構成で記載されている点である。すなわち，主要項目について，①その規定に至る沿革（多くはIに記載されているが），②現状における当該規定の解釈についての詳細な説明，③ベルヌ条約後の主要条約における取り扱い（Beyond Berne）という構成とされている。項目ごとにベルヌ条約の現状とその後の進展が明確かつ詳細に記載されていて，使いやすい構成である。

3　本書の意義

本文1400頁余に成る大著は，ベルヌ条約の沿革についての最も詳しい文献である。条約審議の過程の討議の様子をことのほか詳しく分析しており（特に，本書3.01項から4.19項），外交会議の公式記録にも多くあたることで正確性を担保する工夫がなされて

いる（外交会議における特定国代表の発言等までも引用されている）。ベルヌ条約は，数次の外交会議と，それに先立つ専門家会合，準備会合等による多数国間の審議だけでなく，プロトコルを制定しようとする試み等の経緯を経て，デジタルアジェンダの特別取極（ベルヌ条約20条）であるWIPO著作権条約等につながっており，こういった経緯を正確に，かつ詳細に記載した類書は見当たらない。網羅的できちんと裏鳥がなされた記載は，この分野の研究者向きといってもよい質の高さと思われる。記載が詳細かつ網羅的であるだけに，全体を鳥瞰するには不向きかもしれないが，それは長所の裏返しということであろう（その点は，Goldstein/ Hugenholz, International Copyright Law, Principles, Law, and Practice, 4thed.2019等の書物が適しているかもしれないし，Ginsburg教授には，共著のケースブックもある（Ginsburg/Treppoz, International Copyright Law; U.S. and E.U. perspectives Text and Cases, 2015））。

記載の詳細さも，度を超すほどである。その詳しさは，著者の洞察の深さによるものであろう。例えば，美術の著作物の実例として，彫刻を説明する際には，固定されていない「はかない（evanescent）」作品である砂の城，レーザービームで作られたホログラム，生きた人間によって作られたtableaux vivants（活人画，適切な衣装を身に着けた役者らの集団が，ポーズをとって絵画のような情景をつくる様子）の保護可能性に言及されているし（本書8.45項，ただし，これが条約審議の場で語られた例か否かは，本書に明示されていない），続く版画「Engravings and lithography」についても，その手法について，エッチングだけでなく，photogravure，リノカット，シルクスクリーン等，多くの手法に言及しつつ，1784年のアーティストHogartへの言及があり，著者の知見の幅広さを示している。これほどに深い解釈論，背景分析を示す書は，他に見当たらないように思う。

著者のこだわりは，タイトルにも現れている。というのは，EUを中心に，neighbouring rightの表記をRelated Rightに改める傾向にあるところ，従前の用語を使い続けている（現行のローマ条約に基礎を置く諸権利という趣旨に限定して19章で説明されていることからみると，半導体集積回路の回路配置保護権を含む意味でも用いられることがあるrelated rightの用語は，敢えて避けたと推測されるが，これが意図的か否かは不明）。他にも，用語へのこだわりは随所にみられる。そもそもcopyrightという用語でよいのかという点も検討の跡が記されているし，大陸（欧州）諸国の用語法と英語を用いる諸国の用語法の「ずれ」が原因とみられるニュアンスの相違を問題意識として示している。例えば，巻頭のNote on terminologyには，著者が用語法に迷ったものとして，copyright，performing right, Act, WIPOまたはInternational Bureau等の用語についての断り書きがある。

正確な記載は，国内法の言及でも貫徹されており，条約法に関する書物のなかには，中途半端に国内法を説明する結果，その記載が条約の説明なのか国内法なのか判別がつかない例もみられるが，本書が国内法や（国内法の）裁判例に言及する際は，条約審議

に関係する場合に限定されているようで，かつ，明確に区別するように意識しているようにみえる。条約審議の実情を知る意味で，提案国の国内法等をあわせて知ることができるのは，本書の重要な，優れた特徴と思われる。そして，その特徴をさらに際立たせているのは，過去—現在—未来を基軸とする明確な分析軸を立てて分析し記載している点である。

　もうひとつ大きな特徴として指摘すべきは，Ginsburg教授の執筆した第Ⅴ部であろう。「国際著作権法」というタイトルの書物では，条約のみを扱うのが慣例と思われるが，本書では，国際裁判管轄と準拠法の側面も，詳細に分析している。どこからみても，本書の記載の詳細さ，正確さは飛び抜けており，著作権法学にかかわる研究者のひとりとして，お二人のような洞察力と正確な記載を突き詰める根気を有する研究者が，著作権法学にとどまり続けていることに感謝すら感じている。

　4　若干のコメント

　本書は，いわば体系的書物なので，Reviewは，やや場違いな気がするものの，最後に少しだけ感想を述べておきたい。

　まず，著者が，過去—現在—未来を基軸とする明確な分析軸を立てて分析している，本書の特徴についてである。本書副題の「The Berne Convention and Beyond」の「Beyond」にそれが表れていて，燦然たる特徴であることは間違いはない。ただ，著者は，ベルヌ条約以後の著作権関連条約（WIPO著作権条約，TRIPs協定など）を意味する語として「Beyond」選んだものと考えられる。つまり，「Beyond」は，現行の各条約と条約改正審議項目の枠内での「その後」なのである。これは，体系的書物の限界といってもよいのかもしれない。もちろん，本書ではGeoblockingのような新しい問題も扱っているし（14.33項），ベルヌ条約に規定された内容が，その後の条約でどのように補填され改善されたかという記載も多数みられる点は，類書にない特徴といってよい。ただ，著作権法のそもそも論（authors' rightか，英米法流のcopyrightか）や，合衆国で一時騒がれたNext Great Copyright法案（インターネット技術発展を受けて，ベルヌの無方式体制を改めて，登録主義を前提としつつ新たな枠組みをつくろうという法案）であるとか，著作権のしくみを排他的権利から金銭請求権へ移行させようとする見解のように，従来の枠組みを大きく動かそうとする議論には言及がほとんどないようにみえる（評者の見落としかもしれないが）。わずかに，Concluding Commentsにおいて，国際レベルの公式の合意（＝条約を指すのであろう）のためには，これに先立つ国内・地域レベルのコンセンサスが必要であり，それを整える作業がWIPOを中心に進められていると言及されるのみである（本書19.135項，Ricketson教授の主担当部分）。これがお二人の共通認識なのであれば，著作権法の原理的な部分でのお二人の見解が明確には示されていないこととなりそうで，ベルヌ体制にパッチをあてていくという，現行の条約のアプローチを堅持しているかのようである。それはそれで，見識ではあるが，ベルヌ条約改正をあきらめてWIPO著作権条約等の別条約による実体法ハーモナイズへの道程へと

国際社会が舵を切った今，もう少し詳細にベルヌ体制の行く先であるとか，デジタル対応への羅針盤を論じてもよかったのではないか。特に，Ricketson 教授は，1992年のコロンビア大学における Manges Lecture で，すでに機械により作製されたアウトプットは，著作物ではないと看破する議論を披露しており（Ginsburg 教授が書かれた，IIC 49巻131頁以下の Editorial の紹介による），まるで，1992年に AI 時代を予測していたかのような見解を示されているだけに，本書で，著作権法の（遠い）将来について，もう少し踏み込んだ記述をほしかったところである。もともと欧州の大陸諸国中心ではじまったベルヌ条約体制であるが，その割には，現状の地域協定である EU の各種レギュレーション・指令への言及が極めて少ないのも気になるところである。ベルヌ条約当初の審議経緯の記載では，各国の国内法を参照しているのであるから，最近の条約審議において重要なプレイヤー EU のルールに言及していないのは，欧州域外の研究者の書物としての矜持なのかもしれないが，むしろバランスが悪いというべきか。

そうはいっても，本書が示す条約制定経緯や解釈論に関する詳細かつ網羅的な記述の価値は，失われることはないだろう。条約制定・改正等に多くの努力を費やした先達の到達点とそれに至る経過を正確に示す金字塔として，今後も参照し続けられるべき，比類なき不可欠の書である。

　　　　　　　　　　　　　　　（中央大学大学院法務研究科教授）

中野俊一郎

『国際仲裁と国際私法』

（信山社，2023年，xii+213頁）

馮　茜

1　はじめに

　仲裁は，今日の世界において，国際的な私人間の紛争を解決する重要な手段である。国際的な私人間の法律関係を対象とし，法の抵触を解決する国際私法という学問は，仲裁手続において，どのような場面で，どのような役割を果たしているか。近年，紛争解決方法の脱国家化が進み，仲裁に関する法的規律が国際的に平準化され，いわゆる仲裁の世界法化の動きが見られる。この動きの中で，国際私法の解釈，適用は，どのような影響を受け，また，これにどのように対応すべきか。将来，国際仲裁における国際私法はどのような方向に発展していくか。本書は，これらの問題意識から，国際仲裁における法適用の諸問題を考察し，国際仲裁法の発展の最新動向を紹介するものである。また，本書は，著者である中野俊一郎名誉教授の最近20年間の研究成果のうち，国際仲裁

と国際私法に関する既刊の論考を，一部書き改めた上でまとめたものである。

2　本書の概要

本書は全4章から構成される。

第1章「国際仲裁の合意」は2節からなる。第1節では，仲裁合意の分離独立性の意味を検討している。まず，実質法の領域では，紛争解決についての合意である仲裁条項は他の契約条項とは異なった性質を有し，主契約の無効は直ちに仲裁条項の無効を導くものではなく，別個に判断されるべきである。また，抵触法の領域では，主契約と仲裁条項は別個の準拠法に服しうる。さらに，分離独立性の考え方は，調停や交渉の合意，準拠法合意にもあてはまるという。第2節では，仲裁合意の準拠法決定を検討している。日本を含む多くの国は，UNCITRAL国際商事仲裁モデル法（以下，「モデル法」という）にならい，仲裁判断の取消事由，執行拒絶事由として仲裁合意の有効性が問題となる局面について，当事者によって選択された法と仲裁地法の2段階連結規定をおいている。著者によれば，このような抵触規則は，妨訴抗弁や仲裁廷の管轄判断に際して仲裁合意の効力が問題となる場合にも妥当するという。本節は，さらに，仲裁合意の締結能力，仲裁合意の方式，仲裁可能性，消費者・労働者の保護，及び，仲裁合意の分離独立性等，仲裁合意の準拠法の適用が問題となりうるそれぞれの場合について検討を行っている。

第2章「国際仲裁における実体準拠法」は3節からなる。国際仲裁における実体準拠法決定について，仲裁法36条は，モデル法28条にならい，当事者自治を認め（1項），当事者による準拠法選択がない場合には最密接関係地法を適用するとの規定をおいている（2項）。第1節は，同条をめぐって議論を展開している。著者によれば，当事者自治について，当事者の予見可能性を保障するために，当事者による明示の準拠法指定は，最大限広く認められるべきであり，継続的取引において契約中にたまたま準拠法指定が欠落したような場合であっても，黙示の準拠法指定が認められうるという。当事者による準拠法選択がない場合の準拠法決定については，比較法的に見ると，仲裁廷が自らが適用されると考える抵触法により決定される法を適用する方法（間接指定の方法），仲裁廷が自らが妥当と考える法に従って判断する方法（直接指定の方法），及び，仲裁廷が紛争に最も密接に関係する法を適用する方法（最密接関係法による方法）の3つに分かれている。著者によれば，これら3つの方法は大きく異なっているように見えるが，直接指定の方法には一定の抵触法的な考慮が必要であり，事件との最密接関係性が抵触法共通の一般基準だとすれば，最密接関係法による方法と間接指定の方法には実質的な違いはない。他方，これらの方法は，国際仲裁独自の柔軟な準拠法決定を目指す点で共通性があるという。第2節では，国際仲裁における国際的強行法規の扱いを検討している。国際的強行法規を基礎づける要素として，著者は，紛争解決の完全性に対する当事者の期待，国際取引社会全体の利益の実現に協力する義務，当事者に終局的仲裁判断を提供する任務，及び，実効性のある仲裁判断を提供する任務を論じている。著者

によれば，第三国の強行法規が仲裁廷によって適用されるためには，特定国の公序を超えた普遍的妥当性，正当性を有するという，超国家的公序との整合性が必要である。国際的強行法規の効果面での扱いとして，当該法規が定める法律効果を直接認めるか，強行法規を準拠実質法の構成要素に組み込んで考慮するかは，仲裁廷の裁量に委ねられるという。第3節では，国際仲裁において仲裁廷はいかにして実体準拠法を調査し，適用するかについて検討している。著者によれば，仲裁地の民事訴訟における外国法に対する扱いを仲裁にそのまま転用することはできず，仲裁手続法独自の扱いを検討する必要があるという。比較法的には，仲裁廷の義務としての職権的手法，当事者主義的手法，及び，外国法の内容確定を基本的には当事者のイニシアチブに委ね，それが十分に機能しない場合には仲裁廷の職権介入を許すというハイブリッドアプローチの3つの方法が存在する。著者によれば，ハイブリッドアプローチは，手続の柔軟性を保ちつつ具体的妥当性を確保しうるため，国際仲裁実務に最も適合的である。仲裁廷が職権で介入する場合には，当事者の審問請求権の保障，不意打ちの防止が重要であるという。

第3章「国際仲裁における仲裁判断の取消し及び執行」は3節からなる。第1節では，仲裁廷が実体判断基準に従わず，又はそれを誤って適用して仲裁判断を下した場合に，仲裁判断は取り消されうるかという問題を検討している。著者によれば，仲裁廷が当事者が指定した実体判断基準に準拠しなかったことが当事者の審問請求権の侵害にあたるような場合には，仲裁法44条1項4号の仲裁手続における防御不可能に基づき，仲裁判断が取り消されうる。当事者の審問請求権の侵害に至らない場合であっても，当事者意思の尊重の要請を重視するために，仲裁判断の取消しを認める余地があり，取消しを導く核心的な根拠は，仲裁合意又は仲裁手続における申立ての範囲の逸脱（5号）であるという。当事者による準拠法選択がなく最密接関係地法が適用される場合には，原則として，仲裁判断取消申立ての対象にならないが，仲裁廷による国際的強行法規の適用に過誤があったとして公序違反（8号）に至った場合には，取消しを認める余地があるという。第2節では，米国コモン・ロー独自の仲裁判断取消事由である「法の明らかな無視」を検討している。この法理を支える実質的根拠としては，適用されるべき法（特に強行法規）の無視が司法制度の正当性・完全性を害することや，法を明らかに無視して仲裁判断を下すことが仲裁人権限を越えること，同法理が弱者保護の機能を果たすことが挙げられている。裁判実務上，この取消原因が主張されるケースは多く存在したが，仲裁判断が取り消されるという結果に至る確率は高くなかった。仲裁判断の終局性を確保し，仲裁の自律性・実効性を高めることを重視し，米国では，同法理に対する疑問が強まっている。著者によれば，我が国における解釈論・立法論として，この取消原因を構想することは適当でないが，特に法適用の正確さが求められるような問題領域については，この事由に基づく取消しを考える実益はありうるという。（第3節）米国では，仲裁判断を執行するために，簡易な手続で裁判所による確認を受けて判決に転換し，判決として執行する制度がある。本節では，このような仲裁判断を確認する外国判

決の執行を検討している。ドイツ法上の「執行許可に対する執行許可なし」の原則との比較法的な検討を通じて，著者は，外国執行許可は国内での執行判決付与の対象にならないと考えている。また，確認された仲裁判断と確認判決の関係について，米国では，仲裁判断は，訴訟原因が確認判決中に溶解したので，言渡地外で執行請求の対象とならないとの見解にも唱えられている中，債権者は仲裁判断と確認判決を選択的に援用できるとした先例が存在する。著者によれば，執行国である我が国が，自国法の解釈上，仲裁判断と確認判決のいずれを執行許可の対象とすべきかにつき，米国の仲裁判断確認手続の実質的機能を重視すれば，確認判決を外国裁判所による執行許可と同視し，外国仲裁判断それ自体を承認・執行の対象とすべきであるという。

第4章「国際仲裁と国家法秩序」は3節からなる。国際仲裁は，仲裁地の国家法秩序に組み込まれることよって裁判に代替する法的効力をもつという考え方が一般的である。第1節では，国際仲裁と仲裁地国法秩序の関係あり方を検討している。著者は，国際仲裁が仲裁地国法秩序の厳格なコントロールに服するという考え方（強い組み込みの考え方）と国際仲裁に対する仲裁地国法秩序のコントロールが国際民事訴訟に対する法廷地国のコントロールよりも相対的に緩やかになるという考え方（弱い組み込みの考え方）によって，国際仲裁における実体判断基準の決定と仲裁地で取り消された仲裁判断の承認・執行に関する諸問題を検討している。第2節では，国際私法は国際社会における法規範の多元性にどのように対応するかについて検討している。抵触法の領域においては，最初は単一の国家法への客観的連結によって法規範の多元性を克服するということに主眼を置いていたが，その後，複数の国家法を組み合わせて適用し，当事者の意思を介して法規範の多元性を積極的に活用することへの移行が見られる。著者によれば，今後の国際私法の立法のあり方を考える際に，法規範の多元性を適切な形で活用できるかどうかが一つの評価基準になりうるという。また，国際取引紛争解決について，国際仲裁の脱国家化の動きが進んでいると同時に，最近では，シンガポール国際商事裁判所（SICC）の創設やドバイ国際金融センター（DIFC）裁判所における判決の仲裁判断化等，裁判所での紛争解決にも脱国家化の動きが見られる。これらの動きは，国際取引紛争の解決手段としてより合理性，実行性や中立性の高いものを求める取引社会のニーズに応えようとするものであるという。仲裁法は，法的規律の内容が世界的かつ広範に平準化され，国家法秩序との結びつきが弱くなっている。第3節では，このような仲裁法の「世界法」化に応じた国際私法の解釈・適用を検討している。著者によれば，仲裁法の規律内容の国際的共通性は，抵触法の領域において「手続は仲裁地法」の原則のもつ意味を希薄化させており，仲裁合意の方式や仲裁合意の分離独立性など一部の実体問題には渉外実質法の直接適用が可能であるという。また，抵触法が必要である事項であっても，抵触規則の内容に広く共通性が認められる問題については，仲裁抵触規則の世界法的な解釈が必要である。さらに，それができない問題については，可能な限り法廷地法の介入を避けて，公序をより普遍的なものとして構成するべきであるという。

文献紹介

3　コメント

　本書では，世界的かつ広範に平準化され，国家法秩序との結びつきが弱くなっているという仲裁法の世界法化の考えが，第1章から第4章までの議論の根底に一貫して存在している。まず，仲裁合意の準拠法や仲裁における実体準拠法決定などの仲裁と国際私法が交差している伝統的な問題について，本書は，我が国の判例，学説のみならず，ドイツなどモデル法を採用している国の議論も踏まえて，我が国の仲裁法の解釈を検討し，我が国の仲裁法の解釈からモデル法一般の解釈に至るまで，広く有益な議論を展開している。

　また，本書は，仲裁の脱国家化の途上におけるいくつかの難解な問題を抽出して検討を行っている。例えば，国際的強行法規の適用という一般国際私法上でも困難な問題は，その基礎付けと適用方法等について，不明確な点が多く存在する。本書が提示した，仲裁の「国際性」を強調し，仲裁廷は国際取引社会の公益実現に協力する義務を負い，超国家的公序が構想されるべきであるという見解は，第三国強行法規の適用について，説得的な根拠付けを与える。公正かつ適法な審理の観点からも，このような国際的強行法規の適用可能性により，仲裁の裁判代替性を高めることができるだろう。しかし，仲裁地国が重視される国際仲裁の現状においては，超国家的公序によって第三国強行法規が適用された場合と，仲裁地の公序違反により仲裁判断が取り消された場合との関係は必ずしも明確になっていない（高杉直「中野報告コメント」国際商取引学会年報24号（2022年）39頁，中村達也「国際仲裁における仲裁可能性と絶対的強行法規の適用について」國士舘法學第53号（2020年）52頁）。また，超国家的公序と国内公序の切り分けには曖昧さが残り，実務上の運用における困難が想定される。これらの問題については，更なる検討による解明が期待される。

　さらに，本書は，国際取引紛争の解決手段の脱国家化の発展動向に注目している。本書で紹介されているSICCやDIFCが行っているような，当事者の意思によって裁判と仲裁をフレキシブルに組み合わせる方法のほかに，近年，仲裁と調停を組み合わせたシンガポール仲裁センター（SIAC）とシンガポール調停センター（SIMC）のArb-Med-Arb手続も注目に値する。SIAC仲裁の当事者は，合意により，SIMC調停に移行することができる。調停によって解決に至った場合，仲裁廷は，当事者が合意した条件で和解に基づく仲裁判断を下すことができる（SIACのウェブサイトを参照，at https://siac.org.sg/the-singapore-arb-med-arb-clause (as of May 27, 2024)）。これらの動きに伴って国際私法も様々な変容を遂げている。一方で，国際仲裁（国際取引紛争解決）独自の柔軟な準拠法決定の考え方，当事者自治原則とその制限，脱国家化が進む仲裁と国家法秩序の関係等について，本書において提示された議論及び見解は，仲裁だけではなく，国際取引紛争の解決手段全体の検討にも，有益な示唆を与えるものである。

　［付記］　本稿は，JSPS科研費JP21K13194, JP22H00045の助成を受けたものである。

（大阪大学社会技術共創研究センター特任助教（常勤））

文献紹介

Eric A. Posner,

How Antitrust Failed Workers

(Oxford University Press, 2021, 207 pp.)

宍　戸　　聖

1　はじめに

　本書は，著名な法学者である Eric Posner が人材獲得市場（以下，「労働市場」ともいう。）における買い手独占（monopsony）を１つの重要な社会問題として認知したうえで，その社会問題の増長の背景には反トラスト法の緩慢な執行があるとし，反トラスト法によるこの問題の解決可能性を論じるものである。

　著者は Eric A. Posner and Eric Glen Weyl, *Radical Markets: Uprooting Capitalism and Democracy for a Just Society*（Princeton University Press, 2018）や Eric Posner, "Law and the Emotions," *Georgetown Law Journal*, Vol.89, pp.1977-2012（2001）といった，実証経済学や理論的産業組織論，さらには心理学や哲学といった学際的な知見を基礎に，時には各分野の第一人者との共著で，直感的な帰結に対する疑問を提起する著作をこれまでに幾つも公表している。本書も，経済学の知見をベースに，「反トラスト法執行の対象は製品市場である」という緩やかに存在していた暗黙の共通了解に疑問を提起するものである。著者は本書の刊行以前から2024年現在まで継続して共著・単著で労働市場における反トラスト政策のあり方を検討する複数の研究業績を公表しており，本書はその研究の一環と位置付けられる。

2　本書の構成

　本書は３つの篇（part）と９つの章で構成されている。以下，紙幅の都合により特に日本語での紹介意義が大きいと思われる点を中心に紹介をする。

　第１篇は労働市場における買い手独占（labor monopsony）と反トラスト法との関係性について整理を行っている。

　Posner はまず，1933年の Joan Robinson の研究まで遡り，買い手独占力を巡る経済学的知見の発展を展望している。Robinson は人材獲得市場（labor market［筆者注：本文中では労働者を雇用する競争を行う場として labor market という言葉が用いられている］）が競争的であれば Marx のいう意味での使用者による労働者の搾取（労働者の賃金を低く留め置くタイプの搾取）は起きないと指摘する。その後，人材獲得市場における使用者の買い手独占力に着目した実証研究も登場するようになり，労働経済学分野が発展していくのとともに，政府も賃金や労働条件において労働者を保護する法制度の整備を進めていたが，反トラスト法は本来その射程に人材獲得市場を含むにもかかわらずもっぱら製品市場を対象に執行されてきたというのが Posner の整理である。

文献紹介

　そのうえで，製品市場における市場力の源泉になぞらえて，人材獲得市場における買い手独占力の主たる源泉は，サーチフリクション，ジョブの差別化，人材獲得市場の集中化の3点であるとする。従来製品市場をもっぱらの対象として反トラスト訴訟が提起されてきた背景には，政府の不介入や集団訴訟におけるインセンティブの問題，労働法制の存在等があるが，この人材獲得市場における買い手独占力と製品市場における売り手独占力との間にみられるリティゲーションギャップは他の法制度によっても満たされていないとして，反トラスト法がこのギャップに介入する必要性が指摘されている。
　第2篇は共謀（3章），買い手独占（4章），企業結合（5章），競業避止（6章）の各行為類型について，製品市場と人材獲得市場の場合それぞれで現行の法制度の下における分析枠組みがどのようになっているのか，人材獲得市場における買い手独占力を考慮要因に含める場合にどのような分析が必要になるのか，どのように現行の反トラスト法で対応できるのかをそれぞれ整理・分析している。
　3章では，シャーマン法1条のもとで問題となりうる人材獲得市場での共謀の例として，賃金をめぐる協定や相互の労働者の引き抜き回避，雇用における地域分割，賃金の水準において協調するための給与に関する情報交換が挙げられている。人材獲得市場においては労働条件が公にされないことが多いことや労働者の離職等の行動に関する情報を持っていることから，共謀を特定することが難しいことも指摘されており，また，製品市場における意識的並行行為の問題が人材獲得市場においては並行的な賃金の設定というかたちであらわれうることも指摘されている。さらに，垂直的制限の文脈では，製品市場における再販売価格の拘束のアナロジーとしてドライバーが乗客に提示する料金をUberのようなライドシェアプラットフォームがコントロールする場合の例や，非価格の雇用条件に関する垂直での共謀の例への言及がなされている。
　4章では，製品市場における独占力と同様，労働市場における買い手独占力はそれ自体が反トラスト法上非難される訳ではないことを確認したうえで，労働市場の画定と，当該市場において買い手独占力を持つ使用者が行いうる反競争的行為が紹介されている。
　人材獲得市場の画定はジョブのタイプと地理的範囲とを考慮して行われると整理され，前者についてはSSNIPの価格引き上げを賃金の引き下げに置き換えたSSNRW (small but significant and nontransitory reduction in wages) を用いることが提案されている。なお，地理的範囲についてはコロナ禍でみられたような在宅ワークによる地理的範囲の拡大についても言及があり，通勤パターンのデータやアンケート調査を用いて画定されると説明されている。画定された人材獲得市場に買い手独占力が存在するかどうかは市場の集中度や市場シェア，労働者の供給弾力性（賃金を下げたときに労働者が退職する，または入職しないかどうか）に着目して判断されるとする。
　シャーマン法2条が独占化として規制するのは反競争的行為により市場における独占が維持または拡大される場合である。Posnerは，人材獲得市場における買い手独占者が

行いうる反競争的行為として，略奪的雇用（競争者等を排除するために一時的に賃金を競争水準よりも高く引き上げる），取引拒絶（同じ人材獲得市場で競争する唯一の競争者兼取引相手に対し，取引拒絶を行い，市場から排除することで，人材獲得市場における買い手独占力も維持・強化する），アウトソーシング（労働者の安全性等の基準を守らない小規模の事業者に独占者が業務をアウトソースする，人材獲得市場における買い手独占者を作り出すようなアウトソース等），被用者の支配（競業避止義務を課す等により人材獲得市場に参入障壁を設け，退職等を妨げる）を紹介している。

以上を踏まえ，4章の最後では，人材獲得市場の問題を取り扱うために①狭い市場画定を認める，②サーチフリクションを踏まえより低い市場シェアによる市場力の認定を認める，③高度集中市場における買収や競業避止義務の利用，不適切に個人事業主として取り扱うといった反競争的行為に依拠した請求を広く受け入れることの3点を，人材獲得市場における買い手独占力の問題に対応するためにシャーマン法2条が再構成されるべき点として挙げている。

5章では，企業結合規制の文脈で，市場画定と集中度の分析やDWP（downward wage pressure）を通じた労働市場の分析手法が紹介されている。DWPというのは，UPPの発想を元に労働者の賃金のマークダウンと転換率を用いた分析の手法である。マークダウンとは労働者の賃金が労働者の限界収入生産物を下回る割合を，転換率とは結合当時会社の一方が賃金を引き下げた場合にもう一方の当時会社に逃げる労働者の割合をいう。

6章は競業避止について，その効果を確認した上で反トラスト法上の問題を提起している。Posnerの整理によれば，競業避止には労働者の流動性を低め，それにより使用者の労働者の訓練等への投資を回収することを可能にするという効果があり，これ自体は社会の利益である。一方で，労働者が退職するリスクを弱め，労働者の交渉力を低下させる効果も持つ。この効果は複雑に顕現するため，現実には競業避止によって増大する労働者への投資がもたらす労働者の生産性の向上という正の効果と，競業避止によって労働者が競争者からより高額の賃金を受け取る機会が妨げられ，労働者の交渉力が弱められるという負の効果を差し引きで検討する必要がある。Posnerは実証経済学の研究成果をもとに，厳格な競業避止が労働者の賃金を低下させる効果をもつ傾向にあると論じ，競業避止によってもたらされる種々の問題への反トラスト法による対応について，人材獲得市場の特性を踏まえた合理の原則の枠組みのあり方や違法性の推定に対する正当化の主張のあり方を検討している。

第3編は反トラスト法を超えて，他の法制度の枠組みの利用も視野にいれた人材獲得市場における買い手独占の問題への対応を論じている。まず，7章で人材獲得市場における買い手独占力及び人材獲得市場の高度な集中が労働者の賃金を低下させるといった反競争的効果を持つことを経済学のモデル分析を参照して確認し，8章で最低賃金規制や失業保険制度，福利厚生の義務等の種々の労働関係法制のサーベイを経て，この問題

が現行の法制度では対応しきれないものであると述べている。9章はギグワーカーや個人事業主の問題を独立して取り上げ，従業員との法的性質の違いを丹念に解説したうえで「離散的（discrete）」な仕事と「相関的（relational）」な仕事との区別を強調している。Posnerによれば，この区別は市場の構造を抽象的に把握するうえで重要であり，ギグワーカーが従業員（employee）なのか請負の個人事業主（原文ではcontractor）なのかを巡る誤分類（misclassification）の問題を反トラスト法の文脈で考える際に役立つとされる。

最後にPosnerは，これらを踏まえて裁判所や規制当局による人材獲得市場における買い手独占者に対する積極的介入の必要性や，結論として学説の発展の必要性を述べたうえで，この問題の将来的な発展型としてAIによる労務管理や労働が可能となった未来に言及し，これまで以上に「社会全体の利益が増大しても格差が増大する懸念」が生じる可能性とその懸念に対する反トラスト法が持ちうる役割を語っている。

3　所　感

著者は2018年から現在まで継続して，人材獲得市場における買い手独占力を取り巻く反トラスト法上の問題について単著ないし共著で論文を公表しており，本書もその研究の一環である。日本でも，人材獲得市場における買い手独占が競争政策上の問題になりうるということは公取委の人材報告書を契機として「フェアネス（日本経済法学会編『日本経済法学会年報第43号「競争法とフェアネス」』（有斐閣，2022年））」や独禁法の目的論との関わりを軸に広く知られているが（例えば，買い手独占の問題を前提に網羅的に独禁法上の問題を整理した論稿に，武田邦宣「人材獲得市場における共同行為と独占禁止法」ジュリスト1523号（2018年）36頁がある），具体的な行為類型ごとの網羅的かつ体系的といえるだけの規模の学術的な整理はいまだにないことを考えると，Posnerが2018年時点からnoncompetesやno-poach agreementsにとどまらず広く買い手独占力の維持拡大の問題が生じる理論的な可能性に言及しており（Suresh Naidu, Eric Posner & E. Glen Weyl, "Antitrust Remedies for Labor Market Power," Harvard Law Review Vol.132, 536 (2018); Suresh Naidu and Posner, Eric A. Posner, "Labor Monopsony and the Limits of the Law"（January 13, 2019）. Available at SSRN: https://ssrn.com/abstract=3365374. なお，後者の論文は2022年にJournal of Human Resources Vol. 57に掲載されている。），2021年に本書を刊行していることには大きな意義がある。本書の第2篇は，使用者が労働者を巡る買い手市場において持つ市場支配力の問題に現行の反トラスト法の枠組みで対応するための解釈論を網羅的かつ説得的に述べるものである。この整理を行っているからこそ，第3篇の反トラスト法の枠組みを超えた領域を視野にいれた議論が説得力を持っているといえよう。この意味で，本書の分析はデジタルプラットフォームの隆盛を受けて各法域で競争法・競争政策の目的が改めて問われている現代においてタイムリーかつ有力なものといえる。ただし，本書の議論の前提となっている人材獲得市場の買い手独占化，市場の高度集中化については米国の社会・経済状況を前提

とするデータに依拠するものでることには注意が必要である（日本国内における人材獲得市場の集中度は、最低賃金に関する制度の導入が与える影響の分析を通じて推測できる。この点は佐々木勝「賃金はどのように決まるのか－素朴な疑問にこたえる」日本労働研究雑誌611号（2011）4頁、7頁以下を参照。労働市場の集中が賃金と負の相関関係にあることは José Azar et al., "LABOR MARKET CONCENTRATION," *Journal of Human Resources* Vol.57（2017）S.167も参照。労働市場の買い手独占を想定すると、実質賃金と雇用量に正の相関が成り立ち、このような仮説は1930年代の統計的検証の結果とも整合的である。*See* John Pencavel et al., "KEYNESIAN CONTROVERSIES ON WAGES," *The Economic Journal*, vol. 125, no. 583, 2015, pp. 295-349.)。

（成蹊大学法学部准教授）

〈2023年貿易・投資紛争事例の概況〉

貿易紛争事例

濱田太郎

WTO
1 多数国間暫定上訴仲裁アレンジメント（MPIA）及びDSU25条仲裁
2 採択されたパネル報告
3 未採択パネル報告
米国・メキシコ・カナダ協定（USMCA）
環太平洋パートナーシップ包括的先進的協定（CPTPP）

＊本事例分析では、「2022年貿易紛争事例」以降の貿易紛争の各報告の概要を紹介する。

WTO

1 多数国間暫定上訴仲裁アレンジメント（MPIA）[1]及びDSU25条仲裁

事例なし。

2 採択されたパネル報告

(1) オーストラリア－中国 AD/CVD (DS603)

本件は、2024年4月26日にパネル報告が採択された。中国が、原調査、中間見直し、サンセット見直し、行政見直しにおけるオーストラリアによる風力発電用タワー、ステンレス流し台、鉄道車輪に対するアンチダンピング及び相殺措置を訴えた事案である。

オーストラリアは、風力発電用タワーのサンセット見直しにおいて、合理的根拠なく輸出者の記録した費用を無視し、AD協定2.2.1.1条に違反した。[2] 正常価額の構成において輸出者の鋼板費用を引き上げ、非協力的輸出者及びその他すべての輸出者に調整することなく適用し、AD協定2.2条に違反した。[3] AD協定2.2条上根拠がない「関連性」テストに基づき、国内販売と輸出販売との適切な比較を行わず、AD協定2.2条に違反した。[4]

オーストラリアは、ステンレス流し台のサンセット見直しにおいて、合理的根拠なく配送費等のみ調整した代替費用が中国における生産費用を示すと認定しAD協定2.2条に違反し、通常の取引経路でこれらの代替費用を適用しAD協定2.2.1条に違反した。[5] 通常の取引経路で不当な正常価額を用いAD協定2.4条に違反した。正常価額と輸出価額の公正な比較を行っておらず、AD協定2.4条に違反した。[6]

252

オーストラリアは，鉄道車輪の原調査において，正常価額を計算する際に合理的理由なく生産者の製造原価の記録を無視し，AD協定2.2.1.1条に違反した。合理的理由なく引き上げられた費用を中国における生産者の状況に調整することなくその中国における生産費用とみなし，AD協定2.2条に違反した。実際の金額に基づき利益を計算せず，また，代替的な製造原価を適用し，AD協定2.2.2条(i)に違反した。

オーストラリアは，風力発電用タワー，ステンレス流し台のサンセット見直し及び鉄道車輪の原調査においてAD協定2条に違反した限度でAD協定9.3条およびGATT6条2項にも違反した。

(2) EU及び一部加盟国ーパーム油（DS600）

本件は，2024年4月26日にパネル報告が採択された。本件はマレーシアがEU及び同一部加盟国を訴えた紛争である。インドネシアがEUを訴えた類似案件（DS593）については，パネル報告が2024年5月6日に公表予定とされているが，予定経過後の本稿執筆時点で未公表である。

EUの再生可能エネルギー指令は，EU全体でエネルギー総消費量に再生エネルギーが占める割合を2030年までに少なくとも32％とする導入目標を設け，運輸部門における総エネルギー消費量の少なくとも14％とする導入目標を設けた。ただし，食用飼料用作物から製造されるバイオ燃料等については運輸部門における総エネルギー消費量の最大7％までしかその利用を認めないことという上限規制を設けた。加えて，バイオ燃料等の原料作物以外の作物が栽培されていた農地でバイオ燃料等の原料作物が栽培され，前者の作物の生産のために森林等を伐採して新たに農地が造成されることとなれば，森林が吸収していた温室効果ガスが排出されることとなり，こうした原料作物からバイオ燃料等を製造してもカーボンニュートラルとは言い難い。そこで，こうした土地利用の変化を間接的土地利用変化（ILUC）と定義し，森林や泥炭地等を農地に転用して栽培した原料作物を高ILUCリスクと認定した。パーム油の原料となるアブラヤシの栽培は高ILUCリスクとされ，高ILUCリスクと認定された食用等作物から製造されるバイオ燃料等の上限を定め，2030年までにその段階的削減を図ることとした。

以下，パネルの認定を端的にまとめる。7％規制，高ILUCリスク制限とその段階的削減は，TBT協定附属書1第1項にいう強制規格に当たる。高ILUCリスク制限とその段階的削減は，いずれのバイオ燃料が高ILUCリスクであるか決定するために使用されるデータの適時な見直しを行わず，低ILUCリスク認定手続の制度設計とその実施に問題点があり，同様の条件の下にある加盟国間で恣意的または不当な差別が行われているため，TBT協定2.1条に違反する（反対意見あり）。

EUが7％規制，高ILUCリスク制限とその段階的削減に関する措置をその提案段階で通報しなかったことは，TBT協定2.9.2条に違反する。また，これらについて意見表明の機会を与えなかったことは，TBT協定2.9.4条に違反する。

低ILUCリスク認証手続はTBT協定附属書1第3項にいう適合性評価手続に当た

る。同認証手続の実施は，制度上の欠陥を有しており，国際貿易に不必要な障害をもたらしているため，TBT協定5.1.2条に違反する[17]。

EUが低ILUCリスク認証手続について適当な早い段階で出版物に公告しなかったことはTBT協定5.6.1条に違反し，その提案段階で通報しなかったことはTBT協定5.6.2条に違反し，意見表明の機会を与えなかったことはTBT協定5.6.4条に違反する[18]。

高ILUCリスク制限とその段階的撤廃は，マレーシア産のパーム油由来のバイオ燃料に対しEU原産の同種の産品に与えられるよりも不利な待遇を付与し，GATT3条4項に違反する[19]。高ILUCリスク制限とその段階的削減は，マレーシア産パーム油由来のバイオ燃料に，第三国から輸入される同種の産品に与えられる有利な待遇を付与しておらず，GATT1条1項に違反する[20]。

パーム油由来のバイオ燃料が低ILUCリスクであると認証されるために必要な手続や適切な基準を設けておらず，EUは高ILUCリスク制限およびその段階的削減を不合理な方法で実施しており，GATT10条3項(a)に違反する[21]。

GATT20条に関して，高ILUCリスク制限とその段階的削減は，同(g)号にいう有限天然資源の保存に関する措置，または，同(b)号にいう人や動植物の生命・健康を保護するために必要な措置に該当する。しかし，EUは，いずれのバイオ燃料が高ILUCリスクであるかを決定するために使用されるデータの適時な見直しを行わず，また，低ILUCリスク認定手続の制度設計とその実施に問題点があり，同様の条件の下にある加盟国間で恣意的または不当な差別が行われている方法で実施されており，同柱書に違反する（反対意見あり）[22]。

フランスのバイオ燃料の組み入れに関する優遇税（TIRIB）に関して，適格バイオ燃料からパーム油由来のバイオ燃料を除外することは，輸入されたパーム油由来のバイオ燃料に対し国産の菜種および大豆油由来のバイオ燃料に適用される内国税を上回る税を適用することになるため，GATT3条2項1文に違反する[23]。加えて，適格バイオ燃料からパーム油由来のバイオ燃料を除外することは，輸入されたパーム油由来のバイオ燃料と直接競合・代替可能な産品に当たる国産の菜種および大豆油由来のバイオ燃料とは異なる課税が行われ，こうした課税が国内生産を保護するために適用されるものであるため，GATT3条2項2文に違反する[24]。

TIRIBにおける適格バイオ燃料からパーム油由来のバイオ燃料を除外することは，輸入された菜種および大豆油由来のバイオ燃料に対する待遇を同種のパーム油由来のバイオ燃料に即時無条件で与えないため，GATT1条1項に違反する[25]。

GATT20条に関して，TIRIBにおける適格バイオ燃料からのパーム油由来のバイオ燃料を除外することは，同(g)号にいう有限天然資源の保存に関する措置，または，同(b)号にいう人や動植物の生命・健康を保護するために必要な措置に該当する。しかし，高ILUCリスクのバイオ燃料を決定するために使用されたデータの見直しをEUが適時に行わず，低ILUCリスクのパーム油の由来バイオ燃料として認証されるための規定や柔

軟性が存在せず，同様の条件の下にある加盟国間で恣意的または不当な差別が行われている方法で実施されており，同柱書に違反する（反対意見あり）。

(3) 米国－スペイン産完熟オリーブに対するAD/CVD（DS577）（21.5条パネル）

本件は，2024年3月19日にパネル報告が採択された。本件は，「2022年貿易紛争事例」で解説が行われた事案の履行確認パネル（21.5条パネル）報告である。

原パネル報告は，1930年関税法771B条それ自体がGATT6条3項および補助金協定10条に違反すると認定した。本件パネルは，各加盟国は国内法それ自体がWTO協定上の義務に違反する国内法を「再解釈」，「再評価」，「再検討」し，WTO協定に適合的に適用する可能性を排除していないとした。その上で，ウルグアイ・ラウンド協定法129条に基づく米国商務省の仮決定及び最終決定における1930年関税法771B条に関する修正解釈・適用においては，同条がGATT6条3項および補助金協定10条と整合的な移転分析を行うために必要とされるすべての関連する事実と状況が考慮されていないとして，米国が採択されたDSB勧告を履行しておらず，法令自体がGATT6条3項及び補助金協定10条に違反することをEUが立証したと認定した。

3　未採択パネル報告

(1) トルコ－米国産品に対する追加関税（DS561）

本件は，2023年12月19日にパネル報告が公表されたが，2024年1月26日にトルコがパネル報告を不服として上訴意思を通告した（いわゆる空上訴）。米国が1962年通商拡大法232条に基づき鉄鋼及びアルミニウム製品に課した関税引き上げに対し，トルコ等が報復措置として米国産品に課した関税引き上げ（追加関税措置）が本件の争点である。なお，中国が報復措置として米国産品に課した追加関税措置に関する紛争（DS558）でも同様の判断が出ており，中国が空上訴している。

トルコは米国の1962年通商拡大法232条に基づく鉄鋼及びアルミニウム製品の関税引き上げをセーフガード措置とみなし，譲許その他の義務の水準の均衡を図るため，輸入品に課される関税に追加して追加関税措置を適用した。しかし，米国の措置はGATT19条以外の規定に従った措置，すなわちGATT21条に基づいてとる米国の措置として法的に特徴付けられており，セーフガード協定11.1条(c)に規定される通り，セーフガード協定は米国の措置には適用されない。その結果，トルコの追加関税措置にセーフガード協定第8.2条およびGATT19条3項(a)は適用されず，GATT1条および2条が適用される。追加関税措置は，他国産品に認められている待遇を米国産品に即時かつ無条件に認めず，GATT1条1項に違反する。米国産品に譲許表に規定された譲許税率を超える関税を課しGATT2条1項(b)に違反する。米国産品に譲許表に規定された待遇より不利な待遇を付与しGATT2条1項(a)に違反する。

(2) インド－ICT製品（DS584）（日本）

本件は，2023年4月17日にパネル報告が公表されたが，2023年12月8日にインドが上訴意思を通告した。インドは，EUが訴えた類似案件（DS582）のパネル報告も上訴意

思を通告している。台湾が訴えた類似案件（DS588）についてはパネル報告の採択または上訴期限を2024年4月26日まで延長する合意が成立したが，期限経過後の本稿執筆時点でもその後何ら動きは見られない。

いずれの紛争においても，携帯電話，基地局等についてインドが譲許表で譲許された譲許税率を超えた関税を課し，譲許表で譲許された待遇よりも不利な待遇を付与し，GATT2条1項(a)および(b)に違反すると主張されている。他方で，インドは，ウィーン条約法条約（VCLT）48条にいう錯誤無効，1980年ガット締約国団決定に基づく譲許表の修正等を主張した。

情報技術協定（ITA）は紛争解決了解にいう対象協定ではなく，本紛争で争点となっているインドの法的義務を規定しておらず，譲許表に定めるインドの関税譲許の範囲を制限するものでもない。したがって，インドの譲許表上の譲許とインドが特定の産品に与えている待遇を比較し，GATT2条1項(a)及び(b)の適用を検討することが適切である[34]。

インドはVCLT48条の実体的要件を満たさない。同1項に関し，HS2002に基づく譲許表をHS2007に基づく譲許表に修正した時点で，インドは自国の譲許の範囲がITAの約束の範囲に限定されており，HS2007への修正によりその範囲が拡大されることはないと想定していたというインドの主張は認める[35]。しかし，インドは，この想定が譲許表に拘束されることへの同意の本質的な根拠を構成することについて説得力ある証拠を提示できず立証責任を果たしていない[36]。同第2項に関し，HS2007に基づく譲許表の修正により関税譲許が拡大したかどうかを検討する機会があったにもかかわらずインドはこうした懸念を表明しておらず，インドは同条にいう錯誤無効を主張することはできない[37]。

パネル設置時点では譲許表の一部品目については譲許表で定められた譲許税率を超えた通常の関税が課されており，GATT2条1項(b)に違反する[38]。また，当該産品は譲許表で規定された待遇より不利な待遇が付与されており，GATT2条1項(a)に違反する[39]。

(3) 米国－ベトナム産魚フィレに対するAD（DS536）

本件は，2024年5月16日にパネル報告の公表が予定されていたが，予定経過後の本稿執筆時点でも何ら動きは見られない。

米国・メキシコ・カナダ協定（USMCA）[40]

(1) 米国－自動車原産地（メキシコ，カナダ）

本件は，2023年1月11日にパネル報告が公表された[41]。メキシコとカナダが，乗用車と小型トラックに対する特恵関税待遇の適用について米国と争った事案である。

USMCAが定める自動車の原産地規則は協定本体と自動車付属書に定めがある。この新たな原産地規則はNAFTAの規定を大幅に改正したものであり，経過措置として自動車付属書では「選択的ステージング制度（ASR）」が定められている（同8条）。

米国がASRの承認に際し，協定及び自動車付属書が意図する要件以外の要件を課し

たことは，自動車付属書8条及び統一規則19条(4)に違反する。[42]

　自動車付属書表A.2第1欄に定める基幹部品のうち3.7条にいう原産品となるものは，自動車の域内付加価値（RVC）の計算に際し，原産材料として含めることができる（ロールアップを適用することができる）[43]。したがって，米国の解釈および適用は，自動車付属書3条および協定4.5条に違反する。[44]

(2) カナダ－乳製品関税割当（米国）

　本件は，2023年11月24日にパネル報告が公表された。米国が，カナダによる14品目の乳製品に対する関税割当の適格申請者への配分方法を争った事案である。米国がカナダの乳製品の関税割当を争うのは2回目である（「2022年貿易紛争事例」参照）。本件では，カナダが適格申請者の業種を限定していること，業種毎に異なる市場占拠率に応じた配分を行っていること，申請者に一定の活動要件を課していること，未使用の割当の返還と再割当制度を有することが協定に反するかが争われた。

　関税割当の配分について適格な申請者に限定する以外協定上何らの指針も規定していない。米国の解釈は，カナダに対し米国が選択した適格申請者に関税割当を配分する義務を課しているというものであり，条文の通常の意味はこのような解釈を支持しない。[45]カナダの適格性の解釈裁量は自由裁量ではないもののある程度の柔軟性を有している。[46]特定の種類の申請者に限定することは，関税割当付属書3項(c)，協定3.A.2条6項(a)に違反しない（反対意見あり）。[47]

　カナダが業種毎に異なる市場占拠率の基準を適用して配分を決定していることは，協定3.A.2条11項(b)，同条4項(b)，同条11項(e)，同条11項(c)，同条10項，同条6項(a)に違反しない（反対意見あり）。[48]

　カナダが申請者に対し活動要件を要求することは，関税割当付属書3項(c)及び協定3.A.2条6項(a)，同条10項に違反しない。[49]

　未使用割当の返還と再割当は，協定3.A.2条15項および同条6項に違反しない。

(3) メキシコ－サンマルティン鉱山（米国）

　本件は，USMCAが定める米国・メキシコ間施設（事業場）特定的迅速対応労働制度における初の迅速対応労働パネル報告である。本件は，2024年4月26日に同パネル報告が公表された。

　施設特定的迅速対応労働制度は，米国・メキシコ間及びカナダ・メキシコ間の二国間で設けられた特殊の紛争解決制度である（前者は付属書31-A，後者は付属書31-Bが規律）。

　本件は，2007年から継続するストライキを無視して使用者が同鉱山の操業を再開したこと等が，付属書23-Aに基づきメキシコが国内法上保障すべき結社の自由と団体交渉権の権利否認に当たるとして，米国がメキシコを訴えた事案である。

　同鉱山の産出する産品は締約国間で競合する産品であり，同鉱山は付属書31-A.15条(ii)号にいう対象施設（事業場）と認められる。同制度の適用対象は，条約の不遡及適用

原則から，付属書23-A が対象とする権利否認が USMCA 発効後に発生し，かつ，2019年改正連邦労働法に基づくもののみに制限される[50]。同鉱山における権利否認は旧法令に基づくものであり，パネルは管轄権を有さない。

環太平洋パートナーシップ包括的先進的協定（CPTPP）[51]

(1) カナダ－乳製品関税割当（ニュージーランド）

本件は，CPTPP の紛争解決章に基づき設置された初のパネル報告である。本件は，2023年9月6日にパネル報告が公表された。ニュージーランドが，カナダによる16品目の乳製品に対する関税割当を争った事案である。

カナダが加工業者に対し関税割当の優先配分を行うために特別枠を設けることは，カナダがアクセスを制限しないことを保障する CPTPP 2.30条1項(b)に違反する[52]。他の適格申請者が関税割当を十分に利用する機会を制限する特別枠を設けて関税割当を運用しており，2.29条1項に違反する[53]。

カナダが輸入業者への通知を通じて適格申請者の追加基準を規定したことは，配分を行う締約国の裁量の範囲内であり，2.30条1項(a)に違反しない（反対意見あり）[54]。

ニュージーランドは，輸入業者への通知を通じて加工業者等に優先配分を行う特別枠を設け，条約上の定めのない関税割当の利用に関する新たな制限や適格要件をカナダが規定し2.29条2項(a)に違反したと主張した。しかし，条文の構造等から見て2.29条2項(a)は産品に焦点を当てた規定であり，申請者に焦点を当てた適格性基準は産品に焦点を当てた2.29条2項(a)の禁止の適用対象外である[55]。輸入業者への通知は，産品の輸入について何らの新たな制限または資格要件を導入していないため，2.29条2項(a)に違反しない（反対意見あり）[56]。

1) 紛争事例一覧 https://wtoplurilaterals.info/plural_initiative/the-mpia/（2024年5月25日最終閲覧）
2) Report of the Panel, *Australia – Anti-dumping and Countervailing Duty Measures on Certain Products from China*, WT/DS603/R, para. 7.80.
3) *Ibid.*, para.7.99.
4) *Ibid.*, para.7.138.
5) *Ibid.*, para7.186.
6) *Ibid.*, para.7.194.
7) *Ibid.*, para.7.309.
8) *Ibid.*, para.7.320.
9) *Ibid.*, paras.7.337-338.
10) *Ibid.*, paras.7.143 and 7.264-265.
11) 本件紛争の論点を分析した論文として，石川義道「パーム油バイオ燃料に関する EU の措置と WTO 紛争」須網隆夫・中川淳司・古谷修一編『国際経済法の現代的展開　清水章雄先生古稀記念』（信山社，2023年）参照．
12) Report of the Panel, *European Union and Certain Member States – Certain Measures con-*

cerning *Palm Oil and Oil Palm Crop-based Biofuels*, WT/DS600/R, para.7.139.
13) *Ibid.*, para.7.636.
14) *Ibid.*, para.7.732.
15) *Ibid.*, para.7.733.
16) *Ibid.*, para.7.787.
17) *Ibid.*, para.7.838.
18) *Ibid.*, paras.7.882-7.884.
19) *Ibid.*, para.7.1006.
20) *Ibid.*, para.7.1039.
21) *Ibid.*, para.7.1065.
22) *Ibid.*, para.7.1099.
23) *Ibid.*, para.7.1117.
24) *Ibid.*, para.7.1226.
25) *Ibid.*, para.7.1264.
26) *Ibid.*, para.7.1298.
27) Report of the Panel, *United States – Anti-dumping and Countervailing Duties on Ripe Olives from Spain Recourse to Article 21.5 of the DSU by the European Union*, WT/DS577/RW, para.7.16.
28) *Ibid.*, paras.7.67-7.72.
29) Report of the Panel, *Turkey – Additional Duties on Certain Products from the United States*, WT/DS561/R, paras.7.79-7.80.
30) *Ibid.*, para.7.81.
31) *Ibid.*, para.7.113.
32) *Ibid.*, para.7.150.
33) *Ibid.*, paras.7.151-7.153.
34) Report of the Panel, *India – Tariff Treatment on Certain Goods*, WT/DS584/R, paras.7.67-7.82.
35) *Ibid.*, para.7.118.
36) *Ibid.*, para.7.139.
37) *Ibid.*, paras7.203-7.214.
38) *Ibid.*, paras.7.320-7.321.
39) *Ibid.*, paras.7.334-7.335.
40) 紛争事例一覧 https://ustr.gov/issue-areas/enforcement/dispute-settlement-proceedings/fta-dispute-settlement/usmca/chapter-31-disputes（2024年5月25日最終閲覧）
41) 本件の事例分析として、梅島修「米国－自動車原産地規則・USMCA仲裁報告－交渉で獲得できなかった事項を解釈によって獲得する試みの失敗－」『RIETI Policy Discussion Paper Series 23-P-034』(2023年) 参照。
42) Final Report of the Arbitral Panel, *United States – Automotive Rules of Origin*, USA-MEX-CDA-2022-31-01, para.97.
43) *Ibid.*, para.150.
44) *Ibid.*, para.209.
45) Final Report of the Panel, *Canada – Dairy Tariff-rate Quota Allocation Measures 2023*, CDA-USA-2023-31-01 paras.83-85.
46) *Ibid.*, paras.89-93.
47) *Ibid.*, para.309.

48) *Ibid.*, para.310.
49) *Ibid.*, para.311.
50) Final Determination of the Panel, *Mexico – Measures Concerning Labor Rights at the San Martin Mine*, MEX-USA-2023-31A-01, paras.116-118.
51) パネル報告 https://www.mfat.govt.nz/assets/Trade-General/WTO-Disputes/Canada-Dairy/Final-Report-of-the-Panel.pdf（2024年5月25日最終閲覧）
52) Final Report of the Panel, *Canada – Dairy Tariff Rate Quota Allocation Measures*, CDA-NZ-2022-28-01, para.201.
53) *Ibid.*,para.202.
54) *Ibid.*,para.203.
55) *Ibid.*,paras.182-199.
56) *Ibid.*,para.204.

（専修大学法学部教授）

〈2023年貿易・投資紛争事例の概況〉

投資仲裁決定

猪 瀬 貴 道

1　概　況
2　気候変動関連の動向
3　ロシア・ウクライナ関連の動向
4　その他の動向

＊投資仲裁について，2023年中に事件が登録された事例，公表された仲裁判断・決定，および関連する国内裁判所の判決等のうち注目されるものを紹介する。事件名は原則としてUNCTADのデータベースの短縮表記を用いて[1]（　）内に投資仲裁の根拠（投資条約名，投資契約など）および適用された仲裁規則を明記する。事件名の詳細は注に記載する。

1　概　況

まず，2023年における投資仲裁の概況を確認する。仲裁申立ての状況は，ICSID仲裁手続については，事件番号 ARB/23/1 から ARB/23/53 まで53件，ICSID追加制度（AF）仲裁手続については，事件番号 ARB(AF)/23/1 から ARB(AF)/22/3 の3件の計56件登録された。[2] 2022年の41件から増加している。このほか，ICSIDが仲裁機関となるが，UNCITRAL仲裁規則を適用する手続が3件，Ad hoc 仲裁規則を適用する手続が1件登録されている。[3] 2023年に新たにICSIDに登録された事件（AF，他の仲裁規則による手続を含む）のうち52件は投資条約[4]（そのうちECTが5件，FTA投資章が18件，BITが29件），5件が投資契約に基づくもので，国内法（投資法，鉱業法など）に基づくものは4件である。[5] また，ICSIDにおける仲裁判断の取消手続が11件登録されている。2023年に仲裁廷が構成された（再構成および取消手続特別委員会の構成を含む）のは58件である。投資条約を根拠とする仲裁のみを対象とするUNCTADのデータベースに登録された2023年に開始された事件は60件あり，[6] 仲裁規則別では，ICSIDが45件，ICSID（AF）が3件，UNCITRAL（仲裁規則制定年は区別せず）が8件，Ad Hoc 規則が1件，不明が3件となっている。

2023年に仲裁判断・決定がなされて公開された事例は，ICSID仲裁手続では66件である。[7] UNCTADのデータベースには，2023年中になされた判断・決定が66件登録された。[8] そのうち被申立国（投資受入国）の「勝訴」が28件，申立人（投資家）の「勝訴」

が16件，違反認定も賠償なしが1件，その他（解決，保留，打切り）が20件，不明が1件である。また，仲裁判断に対する後続手続（ICSID条約上の取消手続，国内裁判所における審査など）における決定は，UNCTADのデータベースに26件登録された[9]。

以下では，2023年の投資仲裁決定のなかで，気候変動関連，ロシア・ウクライナ関連の動向を中心に整理する。

2 気候変動関連の動向

環境問題については，それらに対処するための国家の行為（規制措置等）によって，外国投資家の投資に損害が生じた場合に，投資仲裁が提起される場合がある[10]。そして，仲裁判断において高額の損害賠償を命じられることもある。

環境問題のうち気候変動については，2015年の第21回国連気候変動枠組条約締約国会議（COP21）において，2020年以降の温室効果ガス排出削減等のための新たな国際枠組みとして，パリ協定が採択された（2016年発効）この協定は，世界の平均気温の上昇を「産業革命以前の水準より2度未満（可能ならば1.5度）に抑える」ことで，気候変動の影響を大幅に削減することを目指している。パリ協定以降，気候変動枠組条約の締約国は，気候変動政策を見直し，大規模なエネルギー転換に取り組んでいる。

既存の投資条約は，気候変動に言及していないものが多い。そのため，気候変動対策のための規制等が投資条約上の義務に違反するとして，投資家から投資仲裁が提起される場合がある。2023年にも，いくつかの事例が登録されている。そのうち Zeph Investments v. Australia (II)（ASEAN Australia New Zealand FTA, UNCITRAL and/or Ad Hoc）[11]は，2022年11月にオーストラリア・クイーンズランド州土地裁判所（Queensland Land Court）が，申立人投資家である Zeph 社の完全子会社である Waratah Coal 社が同州で計画している Galilee 炭鉱の採掘リースと環境権限につき，同炭鉱で生産される石炭の燃焼に伴う GHG プロトコールにおけるスコープ3排出量（原材料仕入れや販売後に排出される温室効果ガス排出量）[12]を考慮して，気候変動と人権への影響の証拠に基づいて拒否すべきであるとクイーンズランド州当局に勧告し[13]，当局が，勧告に従って許可を拒否したこと[14]に対して，提起されたものである。Zeph 社は，オーストラリア人 Clive Palmer 氏の所有するシンガポール会社で，本件以外にも西オーストラリア州の Balmoral South 鉄鉱石プロジェクトなど，数件の投資仲裁を提起しているとされる[15]。本件は，気候変動に関連した理由によるプロジェクトの承認や認可の拒否や撤回を含む，特定のプロジェクトに関する国の決定に関するものである点に特徴がある[16]。これまでの環境関連の事例は，より広範な国の脱炭素政策の一環をなす既存の規制枠組みの変更から生じている。例えば，スペイン，イタリア，チェコ，ルーマニアにおける脱炭素化を目的とした太陽光発電セクターの開発を促進するために導入されたインセンティブ制度が，投資家に不利益をもたらすとされる改正や撤回が行われたことに起因する事例が知られている[17]。

オランダによる石炭発電エネルギーの段階的廃止決定に関して，2021年にエネルギー

憲章条約（ECT）に基づき仲裁提起された *Uniper v. Netherlands*（ECT, ICSID）[18]および *RWE v. Netherlands*（ECT, ICSID）[19]は、2023年に仲裁手続が打ち切られた。*Uniper v. Netherlands* は、ロシアによるウクライナ侵攻に伴う欧州エネルギー市場の混乱の余波を受け、申立人投資家である Uniper 社が、ドイツ政府の救済（株式の過半数取得等）を受けることになり、その条件として本件仲裁における請求の取り下げが付されており、同社株主総会の承認および EU 国家補助法に基づく EU 委員会の承認を受けて請求が取り下げられ、仲裁廷は、2023年3月17日に手続の打ち切りを決定する命令を出した。[20] この命令では、オランダからの費用請求について認めなかった点も注目される。[21] 両事件については、「仲裁廷が構成されるまでは、仲裁手続の可否を裁判所に申し立てることができる」と規定するドイツ民事訴訟法（ZPO）1032条2項（*sui generis* anti-arbitration）に依拠して、仲裁廷が構成される前に、オランダがドイツ手続を開始した。ドイツ手続に対して、それぞれの仲裁手続においては、申立人投資家による暫定措置の要請がなされたが認められず、2022年9月1日にケルン高等裁判所（OLG Köln）は、いずれもオランダの主張を認め、EU 域内であることにより受理不可能（inadmissible）と判断した。[22] *RWE v. Netherlands* の仲裁手続は、OLG Köln 判決を受けて、2022年10月20日に両当事者の合意に基づき手続の一時停止（suspension of the proceeding）が決定された。ドイツ手続は最高裁に上告され、その結果が出る前に前述の通り *Uniper v. Netherlands* の仲裁手続は打ち切られた。ドイツ最高裁（BGH）は、両事件とベルリン上級地方裁判所（Kammergericht）が ZPO1032条2項の適用を否定した *Mainstream Renewable and others v. Germany*（ECT, ICSID）[23]を合わせた3件について、2023年7月27日の決定（Beschluss）において、ICSID 条約に規定される *Kompetenz-Kompetenz* 原則によって ZPO 第1032条2項の適用が原則排除されるとしつつ、EU 域内投資仲裁については、OLG Köln の判断と同様に、EU 加盟国裁判所は EU 法に完全な効力を与えなければならないという EU 法上の *effet utile* 原則に基づき、ZPO1032条2項の適用を肯定し、投資受入国側の主張を認めた。この結果を受けて、*RWE v. Netherlands* の仲裁手続についても、申立人投資家が手続の中止を申請して2024年初頭に手続が打ち切られた。[24]

これに対して、オランダ・アムステルダム控訴裁判所では、気候変動問題ではなく金融サービスに関するものであるが、*LC Corp v. Poland*（Netherlands - Poland BIT, UNCITRAL）について、被申立国である投資受入国からの EU 法との抵触を理由とする仲裁手続の中止についての暫定措置について緊急性がないとして2023年8月29日に棄却している。[25]

被申立国である投資受入国によるこの種のドイツ国内手続をはじめとする国内手続の利用については、仲裁手続において国内手続を阻止する暫定措置が求められる例がある。上記, *Mainstream Renewable and others v. Germany* においては、ICSID 条約第26条が保証する ICSID 手続きの排他性に違反する可能性があることを指摘しつつも、暫定

措置の要請が，投資受入国による反仲裁宣言手続から時間が相当程度経過した後，BGHで投資受入国に有利な判断が出される可能性が高まった時点でなされたことから，緊急性がないと判断した[26]。ただし，被申立国である投資受入国に対し，申立人である投資家らが仲裁を続行するのを阻止する目的でさらなる国内裁判を起こさないようにするか，少なくとも追加裁判を起こす前に申立人らと仲裁廷に十分な事前通知をするよう指示した。一方，*WOC Photovoltaik and others v. Spain*（ECT, ICSID）では，同様のドイツ手続を提起した被申立国である投資受入国に対して，ドイツ手続の一時停止または中止を指示した[27]。

なお，ECTについては，現代化（modernisation）交渉が2022年6月に原則合意され，2022年11月22日の第33回エネルギー憲章会議で最終文書の投票を予定したもののEUの反対があって2023年4月に延期された[28]。その後，ドイツ，スロベニア，ポーランド，オランダ，フランス，スペイン，ルクセンブルグ，デンマークのEU諸国によるECTからの脱退表明があり，それを受けて欧州委員会は，EUおよびEuratomのECTからの協調的脱退についての非公式文書を発表している[29]。ただし，ECT脱退後も，sunset条項により，とくにEU域外国との関係においては，既存の投資について保護を与える必要がある[30]。

3　ロシア・ウクライナ関連の動向

つづいて，2014年のロシアによるクリミア併合および2022年からのウクライナ侵攻に関連した投資仲裁事例についての動きを紹介する。

まず，2014年のクリミア併合に関する事例では，石油・ガス事業の投資の国有化に関する *Naftogaz and others v. Russia*（Russian Federation - Ukraine BIT, UNCITRAL）[31]，送電および電力供給に関する投資の国有化に関する *DTEK v. Russia*（Russian Federation - Ukraine BIT, UNCITRAL）[32]，2023年4月と11月にそれぞれウクライナ投資家の請求が認められた。これらの事例では，クリミア地域がBIT上の「（ロシア）領土」といえるかという問題がある。いずれの仲裁廷も意見が分かれたが，多数意見は，クリミアをロシアの実効支配下にあるBIT上の「領土」としている。BITの発効，投資の時期，収用（国有化）の時期などの前後関係も問題となったが，BITの対象とされて，BIT上の収用条項違反が認定された。

なお，DTEKの所有者であるRinat Akhmetov氏は，2022年からのウクライナ侵攻に関連して，所有するMetinvest Groupを通して財産権の侵害等を主張してロシアを相手取り欧州人権裁判所（ECtHR）に提訴しているほか，SCM社を通しBITに基づく仲裁（*SCM v. Russia*（Russian Federation - Ukraine BIT, N/A））[33]も申立てている。

2022年からのウクライナ侵攻に関連しては，フィンランドの国営エネルギー会社Fortum社[34]，ドイツの石油・ガス会社Wintershall社[35]，デンマークのビール会社Carlsberg Group[36]なども関連するBITに基づいてロシアを相手取った仲裁申立てを検討していることが明らかになっている。

他方，西側諸国によるロシアに対する制裁に関連して，ロシア投資家による仲裁申立ての検討も明らかになっている。2023年7月11日，ポーランド開発技術省（Ministry of Development and Technology）が，ロシアの肥料会社 Acron 社の子会社3社（ルクセンブルグに本社を置く Norica Holding 社，キプロスに本社を置く Opansa Enterprises Limited 社および Rainbee Holdings Limited 社）の資産を一時的に管理下に置くことを決定したと発表したことに対して，Acron グループは，ポーランド国内裁判，欧州司法裁判所（ECJ），国際仲裁を通して異議申し立てをすることを発表している。[37] 2023年6月10日にカナダ政府によって貨物機1機をトロントの空港に足止めされたロシアの航空会社 Volga-Dnepr Cargo Airlines が，8月14日に Canada - Russian Federation BIT に基づいてカナダに正式な紛争通知書を送付している。[38] ロシアの建設会 MJSC LSR Group は，同社のドイツの完全子会社 Aeroc Investment Deutschland のウクライナの完全子会社である Aeroc LLC 社が，2023年7月にウクライナによって資産差し押さえがなされたことを受けて，Germany - Ukraine BIT に基づく手続を検討している。[39] ロシア人によって保有されるルクセンブルクの ABH Holdings 社は，2023年7月22日に実施されたウクライナ Sense 銀行の国有化に関連して，Belgium=Luxembourg（BELU）-Ukraine BIT に基づいいてウクライナに紛争通知書を提出して，後に ICSID に2024年の最初の事件として登録された。[40]

4　その他の動向

2023年には，いくつかの仲裁手続で手続濫用（abuse of process）に関連した判断がなされた。手続濫用の認定の閾値は高いことを強調して，紛争が予見された後で，紛争解決に投資条約上の手続を利用するために投資構造の変更などが行われたことが必要であるとしている。2022年末に判断がなされた *Ipek v. Türkiye*（Turkey - United Kingdom BIT, ICSID）においては，投資家と投資受入国との間の紛争がすでに予見可能となった後に投資が再編されたという状況から，手続濫用が認定された。[41] 他方，2023年に入ってからの事例では手続濫用は否定されている。たとえば，*Orazul v. Argentina*（Argentina - Spain BIT, ICSID）では，濫用を認定するための閾値は「高い」ことを強調した上で予見可能または既存の紛争はなく，スペイン法人設立は税務上の理由から行われたものであるとして，手続濫用の申し立ては棄却された。[42] *Consorcio Cementero del Sur v. Bolivia*（Plurinational State of Bolivia - Peru BIT, UNCITRAL）においても，権利濫用または悪意の申し立ては高い証明基準を満たさなければならず，例外的な状況においてのみ認められるべきであると強調されている。[43] *Lee-Chin v. Dominican Republic*（CARICOM - Dominican Republic FTA, UNCITRAL）においては，意図的な権利濫用の証拠は乏しく，当時の当事者間の意見の相違は，投資紛争を予見可能なものとするには不十分であったと判断されている。[44] *Glencore v. Bolivia*（Plurinational State of Bolivia - United Kingdom BIT, UNCITRAL），*Rand v. Serbia*（Canada - Serbia BIT / Cyprus - Serbia BIT, ICSID），[45][46] *Elliott v. South Korea*（Republic of Korea - United States FTA,

UNCITRAL)においても同様に手続濫用は否定された。

日本関連では，日本政府が初めて被申立国となったことが明らかにされた *Shift Energy v. Japan*（Hong Kong - Japan BIT, UNCITRAL）の2023年2月1日に仲裁判断が出されたとされる。詳細は公開されていないものの，すべての請求が棄却されたとされる。

そのほか，2023年には，前述の気候変動関連でも取り上げたドイツ国内手続のように，注目される投資仲裁に関連する国内手続の決定もいくつか出されている。気候変動関連のドイツ手続のように，仲裁手続の中止や停止を求めるもののほか，仲裁判断が出された後の手続として，仲裁判断の承認・執行に関する手続，仲裁判断の取消しや修正を求める手続（いわゆる set-aside 手続）がある。同一の紛争原因から，複数の当事者による複数の仲裁手続，それに並行する国内手続，仲裁手続後の国内手続が，複雑に絡み合う状況が生じており，紛争の最終的解決まで長期化しているとともに，相互関係や判断の調和などについて検討が必要である。

典型的な例として，インドにおける電気通信ベンチャーに関連する紛争に関する2023年の動向を簡単に紹介する。関連する仲裁手続である *Devas v. Antrix*（ICC 商事仲裁），*CC/Devas v. India*（I）（India - Mauritius BIT, UNCITRAL），*Deutsche Telekom v. India*（Germany - India BIT, UNCITRAL）の仲裁判断が出された後も，さまざまな手続が提起されている。*Devas v. Antrix* については，インド国内手続では汚職を理由に仲裁判断が無効とされ，オランダ国内手続では仲裁判断の執行が認められず，米国国内手続における仲裁判断の取消し手続では人的管轄権に誤りを認めて仲裁判断が取消された。*CC/Devas v. India*（I）については，オランダ最高裁においてインドによる仲裁判断の破棄の訴えが棄却され，カナダおよびオーストラリア国内手続において執行が認められている。*Deutsche Telekom v. India* については，スイス国内手続におけるインドによるセットアサイド手続では修正が認められず，ドイツおよびシンガポール国内手続において執行が認められている。なお，2022年に再度申立てられた *CC/Devas v. India*（II）（India - Mauritius BIT, UNCITRAL）では，モーリシャス最高裁判所が仲裁の継続を差止め，仲裁廷がインドに対し仲裁を妨害しないよう命じるという状況にある。

1) Investment Dispute Settlement Navigator | UNCTAD Investment Policy Hub <https://investmentpolicy.unctad.org/investment-dispute-settlement>.（以下，インターネット上の資料についてはいずれも最終アクセス日2024年5月31日）
2) Cases Overview | ICSID <https://icsid.worldbank.org/cases>.
3) また，調停（Conciliation）手続が1件登録されている。
4) 二国間投資条約（BIT），投資章を含むFTAなど締約国間の投資を規律する条約の総称として本稿では「投資条約」を用いる。
5) うち1件はFTA投資章も根拠としている。
6) UNCTAD, *supra* note. 1.
7) ICSID, *supra* note. 2.

266

8）UNCTAD, *supra* note. 1.
9）UNCTAD, *supra* note. 1.
10）環境問題と投資条約制度に関して，*See*, Kate Miles, *Research Handbook on Environment and Investment Law*, Edward Elgar, 2019, Tomás Restrepo Rodriguez, *Investment Treaty Law and Climate Change*, Springer Cham, 2023.
11）*Zeph Investments Pte. Ltd. v. The Commonwealth of Australia*, PCA Case No. 2023-40.
12）Homepage｜GHG Protocol, <https://ghgprotocol.org>.
13）QLD Land Court recommends refusal of thermal coal mine on climate change and human rights grounds｜Herbert Smith Freehills｜Global law firm, <https://www.herbertsmithfreehills.com/notes/environmentaustralia/2022-11/qld-land-court-recommends-refusal-of-thermal-coal-mine-on-climate-change-and-human-rights-grounds/>.
14）Waratah Galilee Coal Mine EA refused｜Department of Environment, Science and Innovation（DESI), Queensland, <https://www.desi.qld.gov.au/our-department/news-media/mediareleases/2023/waratah-galilee-coal-mine-ea-refused>.
15）Investment Arbitration Reporter, <https://www.iareporter.com/articles/clive-palmer-owned-company-files-second-treaty-claim-against-australia-this-time-over-coal-mining-project/>.
16）同種の事例として，*TransCanada Corporation and TransCanada PipeLines Limited v. United States of America（I）*, ICSID Case No. ARB/16/21（NAFTA, ICSID), Discontinuance, *Rockhopper Italia S.p.A., Rockhopper Mediterranean Ltd., and Rockhopper Exploration Plc v. Italian Republic*, ICSID Case No. ARB/17/14（ECT, ICSID), Decided in favour of investor. *Lone Pine Resources Inc. v. The Government of Canada*, ICSID Case No. UNCT/15/2（NAFTA, UNCITRAL), Decided in favour of State がある。
17）玉田大「再生可能エネルギー固定価格買取制度の法的問題――投資協定仲裁における争点」RIETI Discussion Paper Series 17-J-060（2017年10月）<https://www.rieti.go.jp/jp/publications/dp/17j060.pdf> を参照。
18）*Uniper SE, Uniper Benelux Holding B.V. and Uniper Benelux N.V. v. Kingdom of the Netherlands*（ICSID Case No. ARB/21/22).
19）*RWE AG and RWE Eemshaven Holding II BV v. Kingdom of the Netherlands*（ICSID Case No. ARB/21/4).
20）*Uniper v. Netherlands*, Order Taking Note of the Discontinuance of the Proceeding and Decision on Costs, dated on Mar. 17, 2023.
21）Investment Arbitration Reporter, <https://www.iareporter.com/articles/discontinuance-order-in-uniper-v-netherlands-surfaces-revealing-that-the-tribunal-rejected-request-for-costs-finding-no-support-for-general-rule-that-respondent-should-not-bear-the-cost-of-withdraw/>.
22）Oberlandesgericht Köln, 19 SchH 14/21（*Uniper v. Netherlands*), 19 SchH 15/21（*RWE v. Netherlands*). *See also*, OLG Köln, Pressemitteilung, Anträge von inländischen Gesellschaften auf Durchführung eines internationalen Schiedsverfahrens gegen einen EU-Mitgliedstaat unzulässig, <https://www.olg-koeln.nrw.de/behoerde/presse/004_zt_letzte-pm_archiv_zwangs/002_archiv/003_zt_archiv_2022/008_PM_08-09-2022--Schiedsverfahren-gegen-EU-Mitgliedstaat.pdf>, Investment Arbitration Reporter, <https://www.iareporter.com/articles/revealed-unpacking-german-court-decision-that-declared-dutch-coal-phase-out-icsid-ect-arbitration-to-be-inadmissible-due-to-its-intra-eu-nature/>.
23）*Mainstream Renewable Power Ltd and others v. Federal Republic of Germany*（ICSID Case No. ARB/21/26).
24）*Mainstream Renewable and others v. Germany* については手続が継続している。

25) 地裁レベル（Rechtbank Amsterdam）において，暫定措置（2022年9月1日），本案（2023年3月8日）ともに棄却され，本案上訴に伴い，控訴裁判所（Gerechtshof Amsterdam）において，暫定措置が改めて求められたものである。LC Corp B.V. v. Poland | italaw, <https://www.italaw.com/cases/10104/>.
26) *Mainstream Renewable and others v. Germany*, Procedural Order No. 8, dated on 17 Jul. 2023.
27) *WOC Photovoltaik Portfolio GmbH & Co. KG and others v. Kingdom of Spain*（ICSID Case No. ARB/22/12), Decision on the Claimant's Application for Provisional Measures, dated on 3 May 2023.
28) その後，無期限延期となっている。
29) European Commission, Coordinated EU withdrawal from the Energy Charter Treaty, 7 Jul. 2023, <https://energy.ec.europa.eu/publications/coordinated-eu-withdrawal-energy-charter-treaty_en>.
30) EU域内については，sunset条項の適用を除外する合意の可能性がある。
31) *NJSC Naftogaz of Ukraine, PJSC State Joint Stock Company Chornomornaftogaz, PJSC Ukrgasvydobuvannya and others v. The Russian Federation*（PCA Case No. 2017-16), Final Award, dated on 12 Apr. 2023（Correction to the Final Award, dated on 16 June 2023).
32) *JSC DTEK Krymenergo v. the Russian Federation*（PCA Case No. 2018-41), Award, dated on 1 Nov. 2023.
33) *SCM Group v. Russian Federation*, Press Release of SCM Group on Further Legal Action Against Russian Federation, dated on 11 Apr. 2023.
34) Investment Arbitration Reporter, <https://www.iareporter.com/articles/finnish-state-owned-energy-company-submits-treaty-based-notices-of-dispute-to-russia/>.
35) Investment Arbitration Reporter, <https://www.iareporter.com/articles/wintershall-says-it-is-looking-into-legal-claims-against-russia-in-relation-to-expropriation-of-its-russian-assets/>.
36) Investment Arbitration Reporter, <https://www.iareporter.com/articles/carlsberg-puts-russia-on-notice-of-dispute-alleging-that-the-state-illegally-expropriated-its-business-in-the-wake-of-the-russian-invasion-of-ukraine/>.
37) Investment Arbitration Reporter, < https://www.iareporter.com/articles/russian-fertilizer-company-threatens-arbitration-claim-over-polands-decision-to-place-its-assets-under-administration/>, Acron Group to Challenge Illegal Decision by Polish Ministry of Economic Development and Technology to Expropriate Stake in Grupa Azoty <https://www.acron.ru/en/press-center/press-releases/200997/>.
38) Investment Arbitration Reporter, <https://www.iareporter.com/articles/russian-airline-files-notice-of-dispute-over-canadas-decision-to-seize-aircraft/>.
39) Investment Arbitration Reporter, <https://www.iareporter.com/articles/russian-construction-company-reportedly-threatens-to-lodge-arbitration-against-ukraine/>.
40) Investment Arbitration Reporter, <https://www.iareporter.com/articles/luxembourg-based-company-reportedly-linked-to-russian-interests-puts-ukraine-on-notice-of-dispute-over-nationalization-of-bank/>, ABH Holdings S.A. v. Ukraine, ICSID Case No. ARB/24/1.
41) *Ipek Investment Limited v. Republic of Türkiye*（ICSID Case No. ARB/18/18), Award, dated on 8 Dec. 2022, paras. 317-429.
42) *Orazul International España Holdings S.L. v. Argentine Republic*（ICSID Case No. ARB/19/25), Award, dated on 14 Dec. 2023, paras. 455-465.
43) *Consorcio Cementero del Sur S.A., Yura Inversiones Bolivia S.A., Grupo de Inversiones*

Gloria Bolivia S.A., Sociedad Boliviana de Cemento S.A. v. Plurinational State of Bolivia (PCA Case No. 2020-47), Award on Jurisdiction - 27 Nov. 2023.

44) *Michael Anthony Lee-Chin v. Dominican Republic* (ICSID Case No. UNCT/18/3), Final Award, dated on 6 Oct. 2023, paras. 205-216.

45) *Glencore Finance (Bermuda) Ltd. v. Plurinational State of Bolivia* (PCA Case No. 2016-39), Award, dated on 8 Sep. 2023, paras. 156-172.

46) *Rand Investments Ltd., Allison Ruth Rand, Kathleen Elizabeth Rand and others v. Republic of Serbia* (ICSID Case No. ARB/18/8), Award, dated on 29 Jun. 2023, paras. 464-470.

47) *Elliott Associates L.P. v. Republic of Korea* (PCA Case No. 2018-51), Award, dated on 20 juin 2023, paras. 504-509.

48) *Shift Energy Japan KK v. Japan*, Award, dated on 1 Feb. 2023, not in public.

49) Investment Arbitration Reporter, < https://www.iareporter.com/articles/japan-prevails-in-its-first-known-treaty-arbitration/>.

50) *Ibid*. なお，投資家選定の仲裁人Stanimir A. Alexandrov氏による反対意見が付されている。

51) 一連の流れは，italaw, <https://www.italaw.com/cases/1962>, <https://www.italaw.com/cases/2275>, <https://www.italaw.com/cases/11358> などを参照。

52) *CC/Devas (Mauritius) Ltd., Devas Employees Mauritius Private Limited, and Telcom Devas Mauritius Limited v. Republic of India* (I) (PCA Case No. 2013-09).

53) *Deutsche Telekom AG v. The Republic of India* (PCA Case No. 2014-10).

54) italaw, <https://www.italaw.com/cases/11358>.

（北里大学一般教育部教授）

編集後記

　年報第33号をお届けする。2023年秋の日本国際経済法学会第33回研究大会は，コロナ禍以前同様の対面形式で開催されたが，本号には，同研究大会での研究報告に基づく座長コメント 2 本と論説10本，それに加えて，文献紹介 6 本，2023年の貿易・投資紛争事例の概況を掲載することができた。各執筆者には，限られた執筆期間と字数制限の中でご寄稿いただいたことに感謝申し上げたい。

　前号に引き続き，本号も第11期（2021~24年）編集委員会による編集である。第11期編集委員会のメンバーは，副主任の北坂尚洋（福岡大学）のほか，濱田太郎（専修大学），石川知子（名古屋大学），柴田潤子（神戸大学），泉克幸（関西大学）の各氏である。本号でも，編集委員会のメンバーには，編集方針の決定，論説執筆者の選定，文献紹介のための選書と執筆候補者の選定および依頼の打診などをお願いした。本号の公刊ができたのも委員の皆様のご尽力によるものであり，心より御礼申し上げる。特に北坂副主任におかれては，本号の編集にあたっても実質的に編集主任の役割を担っていただいた。重ねて御礼を申し上げたい。

　本号も従来のスタイルで発行することができた。2024年秋開催の第34回研究大会も従来の対面形式での開催が予定されている。次号（第34号）の編集は，次期の編集委員会に引き継がれることになる。次号の編集についても，引き続き，会員の皆様および学会役員のご支援とご協力をお願いしたい。

　最後になったが，法律文化社の畑光社長と編集部の舟木和久氏には，毎年のことながら厳しいスケジュールの中で柔軟に対応していただき，ご苦労をおかけした。心より感謝したい。

高杉　　直

執筆者紹介 （執筆順）

梅島　　修	高崎経済大学経済学部教授・学部長
風木　　淳	政策研究大学院大学政策研究院シニアフェロー
森田　清隆	一般社団法人日本経済団体連合会国際協力本部長
阿部　克則	学習院大学法学部教授
土田　和博	早稲田大学法学学術院教授
林　　秀弥	名古屋大学大学院法学研究科教授
玉井　克哉	東京大学先端科学技術研究センター教授 信州大学経法学部教授
淀川　詔子	西村あさひ法律事務所・外国法共同事業パートナー弁護士
加藤　紫帆	東京大学社会科学研究所准教授
早川　　修	元立命館アジア太平洋大学アジア太平洋学部教授
田村　侑也	金沢大学人間社会研究域法学系講師
渕川　和彦	慶應義塾大学法学部准教授
新谷　里美	東京大学大学院総合文化研究科助教
内記　香子	名古屋大学大学院環境学研究科教授
土屋　志穂	拓殖大学政経学部准教授
佐藤　恵太	中央大学大学院法務研究科教授
馮　　　茜	大阪大学社会技術共創研究センター特任助教（常勤）
宍戸　　聖	成蹊大学法学部准教授
濱田　太郎	専修大学法学部教授
猪瀬　貴道	北里大学一般教育部教授

日本国際経済法学会年報 第33号 2024年
経済安全保障による企業活動への影響と国際経済法
経済規制法規の域外適用をめぐる新たな展開

2024年11月20日発行

編集兼発行者 日本国際経済法学会
代表者 須網隆夫

〒602-8580 京都市上京区今出川通烏丸東入
同志社大学法学部（瀬領真悟研究室）
Email：secretariat@jaiel.or.jp

発売所 株式会社 法律文化社

〒603-8053 京都市北区上賀茂岩ヶ垣内町71
電話 075(791)7131 FAX 075(721)8400
URL：https://www.hou-bun.com/

©2024 THE JAPAN ASSOCIATION OF INTERNATIONAL ECONOMIC LAW, Printed in Japan
ISBN978-4-589-04372-6

日本国際経済法学会編

日本国際経済法学会年報

第27号（2018年） 国際通商法秩序の現状と将来を考える　WTO上級委員会のマンデートを再考する
A5判・290頁・定価4510円

第28号（2019年） 知的財産保護の国際的実現における現代的課題　国際経済法・国際取引法における仮想通貨の諸問題
A5判・314頁・定価4730円

第29号（2020年） デジタル貿易新ルール形成の現在　国境を越えるデジタル市場におけるデータ
A5判・242頁・定価4180円

第30号（2021年）
A5判・288頁・定価4510円

Brexit，日英EPAとイギリス国際経済法制の今後　座長コメント…須網隆夫／Brexit・日英EPA後の英国貿易協定・投資協定に関する法的・制度的諸問題…石戸信平／適用免除規定の運用から見るBrexit後のイギリス競争法の行方…渡辺昭成／Brexitによる英国・EUの金融規制の枠組みの変化…大間知麗子／Brexit後の移民規制…大西楠テア／英国のEU離脱と日英包括的経済連携協定…福永佳史

「自由で開かれたインド太平洋」における貿易・投資秩序の将来　インド太平洋地域の制度競合・共存構造…大矢根聡／RCEPと日中韓…柳赫秀／ASEAN競争法制と地域経済統合…若林亜理砂／アジア地域経済統合と国内投資法制の整備…岩瀬真央美

自由論題　相殺関税及びアンチダンピング制度の損害要件の整合性…坂入遼／ガット20条における規制目的の役割と意義…邵洪範

第31号（2022年）
A5判・260頁・定価4290円

日本国際経済法学会創立30周年記念企画　日本国際経済法学会創立30周年に寄せて…須網隆夫／Commemorative Lecture for the 30th Anniversary of the Japan Association of International Economic Law…Joost Pauwelyn／貿易と労働…濱田太郎／営業秘密侵害事件の国際裁判管轄権…北坂尚洋

ボーダレス経済の深化　座長コメント…増田史子／グローバルな私法統一と地域統合の構図…曽野裕夫／越境消費者紛争における救済…林貴美／ディスカッション…増田史子・曽野裕夫・林貴美

国家の再登場　座長コメント…中川淳司／国家安全保障に基づく経済的規制措置…中谷和弘／米中の戦略的競争と国際経済秩序の構造変化…川島富士雄／競争維持，個人情報保護の観点からのデジタルプラットフォーム規制と国家の再登場…土田和博／ディスカッション…中川淳司・中谷和弘・川島富士雄・土田和博

自由論題　外国補助金を受けた企業結合に対する規制…関根豪政

第32号（2023年）
A5判・262頁・定価4510円

国際経済紛争処理のフロンティア　座長コメント…福永有夏／WTO紛争処理制度におけるあっせん・調停・仲介・仲裁等の代替的紛争解決（ADR）手続の機能…小林友彦／国際約束に基づく投資家対国の紛争解決手続をめぐる時代の変遷と未来…富松由希子／国際商事紛争の解決に用いられる仲裁と調停の連結に関する諸問題…中村達也

国際的な経済活動と持続可能な開発目標（SDGs）　座長コメント…内記香子／世界銀行融資を規律する法とSDGs…佐俣紀仁／持続可能な開発目標（SDGs）と競争法…多田英明／知的財産法とSDGs…桝田祥子

自由論題　RTAの原産地規則の最近の動向および迂回輸出に関する考察…佐藤俊介／WTOセーフガードの因果関係規律について…西村祥平／米国二次的制裁再考…不破茂

表示価格は消費税10%を含んだ価格です

上記以外にもバックナンバー（第4号～第26号）がございます。ご注文は最寄りの書店または法律文化社までお願いします。　TEL 075-702-5830／FAX 075-721-8400　URL:https://www.hou-bun.com/